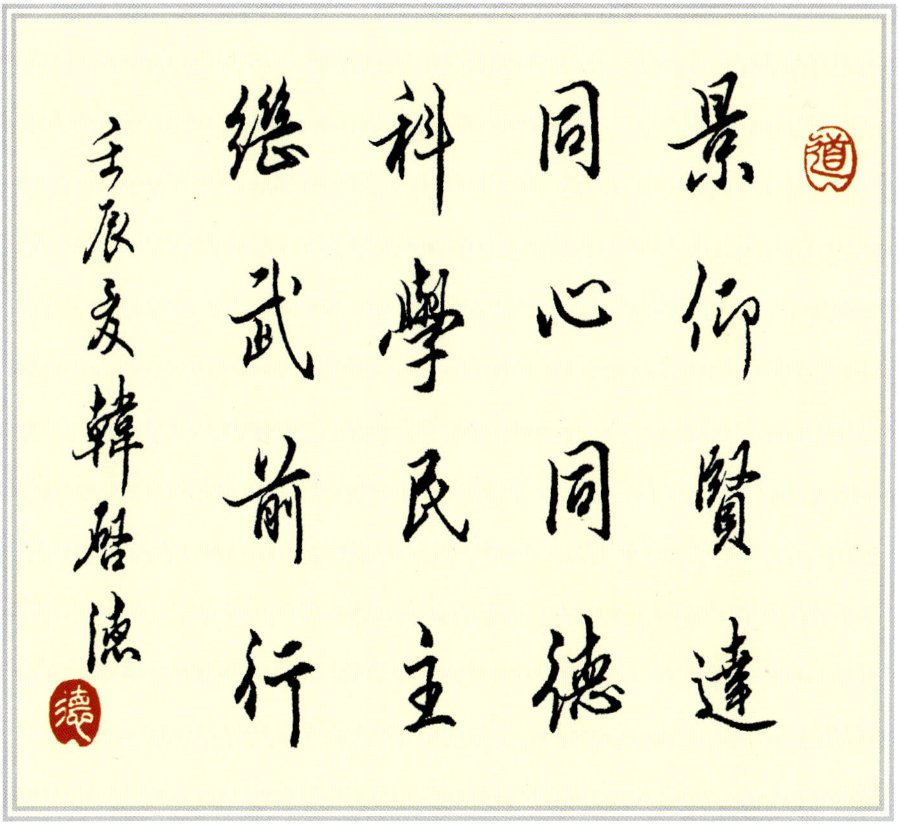
景仰賢達
同心同德
科學民主
繼武前行
壬辰夏 韓啓德

1918年左右，冯沅君（左二）与长姊（左一）、大嫂（左三）、二嫂（左四）。

在北大国学门读书时的冯沅君

1930年留学法国的冯沅君

20 世纪 50 年代的冯沅君教授

陆侃如冯沅君夫妇在青岛的故居（位于鱼山路 36 号）

晚年的冯沅君与陆侃如

九三学社人物丛书

冯沅君传

赵海菱　张汉东　岳　鹏　著

學苑出版社

图书在版编目（CIP）数据

冯沅君传／赵海菱，张汉东，岳鹏著．—北京：学苑出版社，2012.9

（九三学社人物丛书）

ISBN 978-7-5077-4087-5

Ⅰ．①冯…　Ⅱ．①赵…　②张…　③岳…　Ⅲ．①冯沅君（1900～1974）－传记　Ⅳ．①K825.6

中国版本图书馆 CIP 数据核字（2012）第 185757 号

责任编辑：许　力　方晓喆
封面设计：智行东方
出版发行：学苑出版社
社　　址：北京市丰台区南方庄 2 号院 1 号楼
邮政编码：100079
网　　址：www.book001.com
电子邮箱：xueyuan@public.bta.net.cn
销售电话：010-67675512、67678944、67601101（邮购）
印 刷 厂：高碑店鑫宏源印刷厂
开本尺寸：787×1092　　1/32
印　　张：11.5
字　　数：200 千字
版　　次：2012 年 9 月第 1 版
印　　次：2012 年 9 月第 1 次印刷
定　　价：26.00 元

总　序

九三学社是在中共抗日民族统一战线政策影响和感召下，于抗日战争后期成立的，她参与新中国的建立，成为在中国共产党领导下爱国统一战线中八个民主党派之一。在共和国成立以来的60多年里，九三学社始终弘扬爱国、民主、科学的传统，与中国共产党风雨同舟，共同探索中国特色社会主义政治发展道路，在国家建设、改革、发展征途上留下了闪光的足迹。在此历史进程中，九三学社发展成为拥有13万多名社员、组织比较健全、有较强参政能力和较高社会地位的政党。

九三学社走过的历程，是一部无数优秀人物引领广大同仁一往无前、执著追求的奋斗史。抗日战争时期，面对国破家亡、山河破碎，九三学社创始人或多方奔走，参与抗日，或介绍新知，宣传救国。解放战争时期，面对独裁专制、民不聊生，九三学社同仁或大声疾呼民主，反对暴政，或积极主张科学，倡导革新。新中国成立后，面对百废待兴的局面，九三学社同仁和全国人民一起殚精竭虑、奋斗不止。九三学社各个时期旗帜性人物身上体现出的崇高风范和优秀品质，是我社最宝贵的精神财富。回顾九三学社的历史，我们有勇往直前、舍生取义的革命家和社会活动家，有淡泊名利、刻苦钻研的科学家，有不畏权势、追求真理的人文学者，有忍辱负重、甘为人梯的教育工作者……他们共同铸就了九三学社一以贯之的灵魂——爱国、民主、科学，九三学社的优良传统在他们身上得到最好的诠释。

九三学社中央一直重视整理保存社史、发挥社史资政育人的作用，2007年又启动了以史料抢救和整理为重点、包括七个方面内容的社史工程。几年来，社史工程取得了显著成绩，《社史研究通讯》的编辑出版、社史专题片的拍摄、口述史工作的启动、社史文物收集等各个方面都有不同进展。“九三学社人物丛书”作为社史工程的一项重要内容，经过各方面辛勤的努力，也结出了丰硕的成果，第一批图书已完成了撰写、编辑，即将出版。这套丛书选取九三学社重要创始人、早期著名社员、历任社中央领导，以及在本人所从事领域里取得突出成就的旗帜性人物，力图以翔实的史料和平实的语言再现前辈先哲们曲折丰富的人生历程和绚丽夺目的光辉业绩。我相信，丛书的出版必将激发我社成员和广大读者继承他们的优良传统，体会他们忧国忧民的赤子情怀，感受他们坚毅从容的人格风范，学习他们精益求精的科学精神，为巩固、完善和发展中国共产党领导的多党合作和政治协商基本政治制度，为中华民族的伟大复兴，做出更大贡献。

是为序。

韩启德

2012年8月

目　录

第一章　书香门第的女儿

1917 年，冯淑兰考入北京女子高等师范学校国文系，成为中国第一批文科女大学生之一。1922 年，冯淑兰从该校毕业，以优异成绩考入北京大学国学研究所，成为中国历史上第一位女研究生。在“五四”新思潮中，冯淑兰开始小说创作，很快蜚声文坛，得到鲁迅先生的高度评价，当时有“黄（庐隐）、凌（叔华）、冯（淑兰）、谢（冰心）”之称。后来，冯淑兰改名冯沅君，从事古典文学研究，著有《中国诗史》（与陆侃如合著）、《南戏拾遗》、《古剧说汇》、《冯沅君古典文学论文集》等。新中国成立后，她成为第一位一级女教授。在她生前任教的山东大学，“冯沅君”至今仍是令人景仰的名字。

第一节　家族往事

冯家祖籍山西高平，靠做生意为生。清朝初年，他们辗转来到了河南唐河祁仪乡。当时的祁仪，多是外地迁来的移民。明代中叶，荆襄流民起义爆发，声势浩大，起义军在湖北、河南、陕西数省交界处与官军激战六七年之久。这一带百姓死的死、逃的逃，伏牛山、桐柏山、荆山一带，山村多成丘墟。祁仪乃湖北、河南两省接壤之地，自然不能幸免。那时此地血流成河，路人稀少，荒无人烟。祁仪一带的土著居民，能躲过劫难的实在寥寥无几。动乱平息后，明朝政府从湖广、江南、四川、陕西、山西等地移民开垦荒地。这一代移民很不走运，没多久，明末战乱再起，移民一批批地死去。清朝初年，天下初定，清政府又从各省向这里移民。祁仪一带，如今还有“回子庄”、“侉子营”、“蛮子营”等村名，隐约透露着当地居民的来历。不过，当地人大多已不清楚自己是移民后代，或者不清楚他们的先辈来自何方，他们早把自己当成了土著。地域的认同感是非常容易形成的，方言、饮食习惯等等总是很快就入乡随俗，上一代过年喜欢吃年糕，这一辈就习惯吃饺子了。正是在祁仪这块土地上，冯家从一个小商人门户，发展为书香门第、世家大族。关于他们的发家，当地流传着一个有趣的故事。

有年夏天的一个傍晚，大雨倾盆，一个卖布老人的布匹给淋得透湿，无奈只好寄存在冯家，说好过几天来拿。天晴后，冯家好心地把布匹拿出来晒干了，收藏起来等待老人来取。可是很多天过去了，却没人来。后来，冯家发现老鼠把布边给咬坏了，这样下去，弄不好布料都会给老鼠糟蹋了，以后怎么向老人交代！冯家人思来想去，最后决定先把布卖了，老人来时再把钱如数给他。结果老人一直没有来。冯家靠这笔钱做起了布匹生意……祁仪人说，这是该他家发达起来，这是冥冥之中有神仙相助！这样的稀奇事或许真的发生过，但一个家族真正的兴旺发达，不会真靠神仙帮助，关键还是靠自己努力。冯家做布匹生意，付出的是别人双倍的心血。那时 15 里外的马振抚乡逢双日起集，而祁仪是单日起集，于是冯家人单日在祁仪出摊，双日则摸黑起床，挑着布匹走 15 里山路，天明时分赶到马振抚。走的时候，随身带些小米和高粱面稠粥，如果这一天生意好，就将粥全吃掉；生意不好，只吃一半，余下的留着第二天再吃。凭着坚持不懈的克勤克俭，冯家人积攒到足够的资金，开了家花布行，生意逐渐做大，后来陆续购置田产，置办了一份偌大的家业。

到了冯家三兄妹的曾祖冯殿吉这一辈时，他们已是当地有名的富商。

冯殿吉习武，购置了很多兵器，十八般武艺样样精通，有些兵器还传了下来。据冯友兰回忆，他少年时代，家中有满屋子的兵器。为冯家守护院子的，是位武功高深的拳师。他教友兰等人使用这些兵器，于是几个男孩子都热衷于舞枪弄棒强身健体。日后，冯友兰形成了一个特殊癖好，那就是逛古董铺，收藏明清兵器。冯殿吉生性豪爽，广交宾朋，开销巨大。再加上他既乐善好施，又不事生产，家中田产典当很多。30 多岁上，冯殿吉病逝，留下正妻涂氏、8 岁的独子冯玉文及偏房茹氏。多亏茹氏是个善于持家的女人，她接过家业，辛苦操劳，节省苦熬，硬是把典当出去的田产赎了回来。如今冯氏子孙传说着她这样一件事儿：她从来不吃肉，家人都认为她吃斋，后来有一次家里请客，剩菜里有些肉块，厨师要将剩菜倒掉，被茹太夫人阻止了，只见她将肉块拣出来，自己吃下了，家人这才知道她原来不是吃斋，而是节俭。

茹氏不仅赎回了田产，并且重做布匹生意，字号叫作“福盛馆”。从这个名字上就可看出茹氏的心志，她是要重新打造冯氏家族昔日的辉煌。自此，他们这个支系就被称为“福盛馆”冯家。由于她经营有方，冯家得以中兴。冯沅君的少年时代，家有 1500 亩田地。家族可以为子弟聘请私塾先生，而且众多同辈兄弟能够到外地读书，都是因为有了这样雄厚的经济基础。

然而孤儿寡母支撑一个半农半商的家庭，其中心酸实非外人所能尽知。当时镇上有个李姓大地主，称霸一方，他们家的孩子经常欺负冯玉文，设各种恶作剧对他进行侮辱。一次在街上玩耍，对方又来无礼纠缠，玉文忍无可忍，与李家小孩动手打了起来。李家大人看到大为恼火，上来就打。冯玉文转身往家跑，李家人紧追不放，一直追到冯家。茹氏无奈关了大门，但李家仍不肯善罢甘休，翻墙进去继续追打。茹氏只好关了二门，李家又翻墙进去。结果冯家人屈辱地躲进堂屋，李家痛骂一场后才扬长而去。夜深人静，茹氏搂着年幼的儿子，流下了眼泪：咱们没权没势，这样遭人欺侮，何时是个尽头！她想起一句古话："一等人忠臣孝子，两件事读书耕田。"于是教育玉文说："人活着就要争一口气！好勇斗狠，不是正途，你也斗不过人家，咱们所能做的，只有发奋读书，争取走上官途。"

于是从冯玉文开始，冯家开始尝试科举之路。冯玉文敏感多思，悟性很高，擅长写诗。从存世的《梅村诗稿》来看，其诗作意境开阔、笔力雄健，很有气概。茹氏对玉文充满了期望。可是，天不遂人愿，就在玉文参加县里的科举考试时，话不投机竟得罪了主考官，没能考取秀才，怏怏而回。自此，他决定放弃自己的仕进心愿，转而用全部精力培养儿子。他在家中辟出学屋院（私塾院），专门用为子女读书的场所。他平生极其节俭，每餐只吃一个素菜，为子女延请名师却不惜代价。那时，祁仪人去县城要坐牛车，“吱吱嘎嘎”地要走上一天才能到达。为了请来名师，冯玉文没少坐着牛车四处寻访，最终请来了百里外的新野县举人赵一士。那时举人的社会地位很高，为了聘请他，冯玉文跑了好多次，终于以诚心打动了赵举人。冯家给赵一士开出了很高的薪酬，对他敬重之至。每天早晨，到了赵一士该起床的时候，冯玉文都穿戴整齐，到床前恭请，每顿用餐也都谦恭相陪。家里不管来了什么客人，宴请时总是请赵举人坐在上位。这些后来都成了冯家的老规矩。每逢年节，先生要回家的时候，冯家都会奉上节礼钱，恭送其返乡。

相传，在当时的祁仪，冯玉文有两个外号，一个叫“冯四善人”，一个叫“冯四眼子”。在家族中，他排行老四；“眼子”在河南方言中是不精明、容易被人“忽悠”的意思，说明冯玉文的为人厚道，遇事愿意吃亏。灾荒年间，他会开仓舍粥；穷人欠钱，他摆摆手就不要了。这样的人，对自己请来的名师更是忠厚相待。赵一士深为主人的良苦用心所感动，教书尽心尽力。冯玉文的三个儿子冯云异、冯台异、冯汉异学习用功，个个才学出众，先后考上秀才，有了功名。老二冯台异后来更是考取了举人、进士。冯家竖起了举人旗杆，挂上了进士牌匾，一时成为祁仪盛事，冯家一跃而成为本地名门望族。这对当地社会风气影响很大。当时但凡小康之家，不管是经营田庄的还是从事商业、手工业活动的，都喜欢购买书籍。一代人读了书，都会尽自己最大努力，让子孙在读书方面超过自己。如此一来，这一带便逐渐文风昌盛，人才辈出，成为诗礼之乡。

冯玉文的儿女，皆擅咏诗。老大云异，有《知非斋诗集》问世；老二台异，即冯沅君的父亲，有《复斋诗集》传世；冯玉文还有一女名士钧，天资颖慧，富有奇思妙想，惜妙龄病逝，家人将其生前留下的诗稿编辑为《梅花窗诗草》。

如今，冯氏故宅早已不见昔日的雕梁画栋、青砖碧瓦，现在这里成了祁仪乡政府办公大院。"文化大革命"时，原来的屋舍都被拆除了，建筑格局也面目全非。冯家所有的一切，只剩下两棵树，一棵是银杏，另一棵是腊梅。这两棵树，树龄都在150岁以上，是沅君的祖父冯玉文亲手栽植的。银杏树高大挺拔，秋天来临，片片金黄的叶子在微风的吹拂下轻轻地吟唱，仿佛在诉说主人一家昔日的辉煌。腊梅风骨傲然，寒冬时节，鹅黄色的花苞缀满老枝，香气飘溢，令人心旷神怡。冯玉文的《梅村诗稿》、冯士钧的《梅花窗诗草》，想必都是蘸着这醉人的清芬而写就的吧。

淑兰与哥哥们一样，先读《三字经》，再读“四书五经”——顺序是《论语》、《孟子》、《大学》、《中庸》，然后是《诗》、《书》、《礼》、《易》、《春秋》。一本书必须从头诵到尾，才算读完，这个叫做“包本”。除此之外，冯玉文还给孩子们买了本新书，叫做《地球韵言》，是一种地理普及读物，当时算是“新学”。这样的家庭教育，也算得上是新旧兼备了。冯玉文还很注意孩子们的艺术修养，请老师教他们绘画。兄弟中，景兰学画悟性最高，后来景兰的地质绘图备受称赞，即是幼年打下的基础。

诗礼人家，信奉一句话：“忠厚传家久，诗书继世长。”冯玉文对子孙的教育倾注了毕生心血，谆谆教诲他们要勤勉读书、本色做人：

诗书万卷道无穷，扼要一言执厥中。
莫学浮华新习气，谨遵淳朴旧家风。
但能遏欲斯存理，若不徇私即大公。
寄语儿孙须记取，自来本色是英雄。

无论守旧与维新，到底男儿贵立身。
有势利心难免俗，知诗书味不骄人。
无源沟浍流终涸，不义金银富易贫。
寄语儿孙须记取，欲知后果看前因。

字里行间，显示着老人对人生的洞察和智慧。这些诗句对他们一生的为人为学，都有着莫大的影响和裨益。

第二节　涉江

1898年冯台异考中进士之际，正是清王朝内忧外患加剧之时。1895年爆发的甲午之战，以清朝的割地赔款而告结束。一些较有远见的大臣如张之洞等极力反对签订丧权辱国的《马关条约》，但未能如愿。张之洞当时任湖广总督，他大力开展洋务运动，先后建立湖北铁路局、湖北枪炮厂、湖北纺织官局；开办大冶铁矿、内河船运和电讯事业；兴筑卢汉（卢沟桥至汉口）、粤汉（广州到武昌）、川汉（成都到汉口）等铁路；后又编练新军；在鄂、苏两地广设新式学堂，在武昌兴办了一所外语学校——“方言学堂”，聘请大名士梁鼎芬担任监督（相当于校长）。梁鼎芬，字星海，号节庵，广东番禺人，光绪六年（1880）进士，光绪九年授翰林院编修。梁氏诗文书法，名噪一时。中法战争中，时任直隶总督兼北洋大臣的李鸿章力主议和，梁鼎芬拍案而起，弹劾李鸿章有六大可杀之罪，指责李鸿章与法国议约时在中越问题上处理失当。梁鼎芬的上疏开罪慈禧，官职连降五级，梁于是愤而辞官。还乡后，梁鼎芬出任惠州丰湖书院院长。张之洞对之十分器重，任两广总督时，聘梁为肇庆端溪书院院长、广雅书院首任院长。张之洞移任湖广总督后，梁鼎芬追随其充当幕僚，并主讲于两湖书院，有《节庵先生遗诗》及续编、《节庵先生遗稿》、《节庵先生扇墨》等行世。

冯台异中进士后，一直在湖北“候补”（等知县有空缺时补入）。1904 年，他到武昌方言学堂赴任，即被张之洞聘为学堂的教务长（会计庶务委员），主持该校的日常工作，可见张氏对他的器重。后来，张之洞拟修建川汉、粤汉两条铁路，安排冯台异沿途考察。冯台异有了固定的差事后，便从武昌写信，请妻儿过去团圆。当时京汉铁路已经开通，他们可以先坐马车到驻马店，再在驻马店乘火车去汉口。可冯氏家族的人说女眷坐火车，车上男女混杂，不成体统，不如乘船去，自家包一条船，安安静静的，不受外人打扰。小淑兰有个姑母，家住唐河岸边，她的一个佃户家里有船，坐他的船十分可靠，大家决定包他的船去汉口。于是，8 岁的冯友兰、6 岁的冯景兰、4 岁的冯淑兰（他们的大姐冯温兰没有随去）随母亲第一次从家乡祁仪小镇，行了 30 多里路，来到姑母家，到唐河岸边上船。这时，冯友兰“四书”和《诗经》已经“包本”，景兰正在读“四书”，淑兰还没开始读书。小孩子们第一次出远门，无比兴奋，看什么都新鲜，一路上像小鸟般叽叽喳喳，说笑不停。

那佃户的船是条内河运输的小船，船舱低矮，只能坐着，不能直腰站立。一上船，船家就告诉他们诸多禁忌，如不能说“滚”字，更不能说“翻”字。三天后，他们顺风顺水地到达了襄樊。到达襄樊的头天晚上，船家特意进船舱告诫说：“明儿个船要进汉水，这是大江，可跟咱家乡的小河不同，在小河上说句错话还不要紧，到大江上可不能说错话！”三个孩子都很乖，不再说一句话，只是好奇地趴在船窗边向外面张望。小淑兰出神地望着江面。江鸥在翩跹地飞翔，岸边的树木和芦苇缓缓地向身后移动，低矮的屋顶上升腾着缕缕乳白色的炊烟……不知为何，她是这么喜欢这种变动不定的感觉。七天后，船到了汉口。船先停在汉口，派人给他们的父亲送信。父亲来了，说在武昌，房子等等一切都安排就绪，不过若是下了这条船再上渡船，然后又下渡船，实在麻烦得很，不如就乘这条船去武昌。船家听说要他开船渡长江，吓得魂飞魄散。经过劝解说服，船家终于胆战心惊地答应下来，但是再三叮嘱大家，过长江时，一定要把船舱的窗户全都关上，不准说一句话。小淑兰闭起眼睛，她感觉自己化身为一尾小鱼，自如地在江水中畅游着……睁开眼时，武昌到了。

天地泰，日月光，听我唱歌赞学堂。

圣天子，图自强，除却兴学别无方。

这是百年前武昌最流行的歌曲，叫作《学堂歌》，词作者乃是大名鼎鼎的张之洞。在张之洞的经营下，武汉成为全国实行洋务运动最成功的城市，开矿、建厂、修铁路，并建起了不少大、中、小学堂。初到武昌，冯友兰很快学会了这首歌。小孩子们嚷着要去上学，冯台异思想并不保守，对学堂也不排斥，但夫妇二人觉得，先将国文的基础打好，然后再去学堂读书也不迟。武昌府知府、大名士梁鼎芬担任学堂监督，平时很少来学堂，该校的所有事务实际上是由冯台异负责。当时方言学堂的学生待遇很好，管吃管住，每月还发几两银子零用，学生毕业后可以到外交界做事。冯友兰等年纪小，不能进学堂学习。在冯台异一家的住处附近，也有小学，但他们夫妻二人认为，小学里的学生，多是富贵人家的子弟，小孩子进去跟他们沾染了纨绔习气就不好了。于是决定让兄妹三人在家学习，由于请不起教书先生，暂且由母亲吴清芝教育孩子们。

很多好教师教不好自己的孩子，但吴清芝却很有办法。孩子们每背会一册书，她一定会煮两枚鸡蛋，或者拿四枚铜元买来一块五香牛肉，以示奖励。这个办法大概对小孩子很管用，两年下来，友兰的《周易》、《礼记》、《左传》全都“包本”，景兰的《诗经》、《书经》“包本”，五六岁的淑兰进度最快，竟然将“四书”全部“包本”。大概武昌的五香牛肉味道确实不错。小淑兰有个怪癖，就是最怕吃鸡蛋，一吃鸡蛋就会肚子疼。她每次要母亲惩罚谁时，总是说：“让他吃鸡蛋！让他吃鸡蛋！”

吴清芝性情温和，沉静寡语，极少疾言厉色，但对孩子却从不娇惯。淑兰成年后，曾回忆说，母亲对子女管教很严，尤其是读书方面，不能有丝毫的马虎和懈怠。她那时年龄小，又体弱多病，但母亲并不因此放松对她的要求。她本是个性情率真活泼的孩子，但有母亲在场时，她通常会乖乖地捧着一本书来读，自然地压抑下爱说爱动的心。

吴清芝教育孩子们要谦虚谨慎，要懂得“满招损，谦受益”的道理。她极少当面夸奖孩子聪明，而是时时提醒他们的不足之处。冯友兰 12 岁时写的文章已经非常出色，冯台异认为足以凭之考取秀才。吴清芝喜上心头，但却不让冯友兰知道。

吴清芝生性慈和，但不主张一味退让。她说：“遇事当让不让，是为强梁，不可也。不当让而让，是为无用，亦不可也。”她还主张在为人处事上要善于动脑筋，而不能蛮干："会办事的人能走近路，故事半功倍；不会办事的人走冤枉路，故事倍功半。"

来武昌两年后，冯台异被派往崇阳县做县令。这时薪水较为优厚，于是请了专门的老师教友兰和景兰读书。淑兰尚小，仍由母亲教导。冯台异只做了一年多县令，就因病去世。此时友兰 13 岁，景兰 10 岁，淑兰 8 岁。吴清芝带着他们扶柩北归。刚到家，就为他们延聘名师。吴氏在这方面出手大方，礼数周到。家庭遭受巨大变故，她却没让儿女读书之事受到影响。

第三节　贤母

冯台异相貌清瘦，才思敏捷，温文尔雅，处事勤谨；吴清芝长圆脸庞，眼睛大而有神，性情外柔内刚，处事很有主见。他们的结合，虽然是出于家族包办，但两人情投意合、甜蜜恩爱，这从冯台异的一些诗作中可以得到印证。当年冯台异多次进京应试（从己丑年中举至戊戌年中进士之间），经过汝坟桥，总是住进同一家旅店，曾留下不少题壁诗：

记得新春话别时，临岐温存挽征衣。
曾闻天上玉堂好，莫为思侬愿早归。

文场一战竟抛戈，知尔同声唤奈何！
料得相逢应慰藉，妾家薄命累郎多。

苦教夫婿觅封侯，柳色青青怕上楼。
谁料天涯仍落拓，相逢莫问黑貂裘。

珠玑才调锦年华，久别当知初念差。
一掬临风相思泪，而今应长海棠花。

年来事事不如人，惯逐群仙步后尘。
才藻如卿堪第一，奈何偏现女儿身！

萱堂辞罢感长征，晨馐夕膳代奉迎。
归去慈帏仍健羡，晓妆台下谢卿卿。①

吴清芝是一个颇有见识的女子，虽然不是学富五车，但她遇事很有主见，不像许多家庭妇女那样，唯丈夫的观点是从。一家人在武昌居住时，黄鹤楼旁有一相士名气很大，官场中人都慕名而来，请他看相，冯台异也不例外。这天，此人为冯台异相面，说他仕途通达，而且妻贤子孝。冯台异听后颇为高兴，说能不能亨通还不知道，但妻贤子孝“已经得到了验证”。吴清芝当即打断他道：“这都是些奉承话。他靠一张嘴挣钱吃饭，哪敢

① 摘引自《小镇走出的大家》，姚伟撰文，陆续发表于2007年3月《大河报》。

说别人妻不贤子不孝？”说得冯台异顿时默不作声。

冯台异为官勤谨，事必躬亲。由于政务繁杂，经常要熬到深夜才能休息。家人劝他珍重身体，他总是一笑了之：“我还没到老态龙钟的时候呢！”哪知1908年夏天的一个午后，他正在县衙办公，忽然感到一阵天旋地转，晕倒在地，就再也没有睁开眼。医生诊断为突发性脑溢血致死。吴清芝望着眼前尚未成年的儿女们，不禁失声痛哭。然而，坚强的她没让自己长时间地沉浸在悲伤中。她清醒地意识到，家庭的重担从此就落在了她一个人身上，她不仅要抚养子女们成人，而且还要培育他们成为有用之才，才不辱没家风。这年的9月，萧瑟秋风里，吴清芝扶丈夫灵柩与孩子们一起，返回到故乡祁仪。

后来，冯台异的棺椁安葬在郝庄。有扶乩占卜的人找上门来，声称能招亡者的魂魄谈论家事和未来，家里人都嚷着要请进来看看。吴清芝听到后非常气愤，忙令停止，对家人说：“人死如灯灭，这个比喻非常恰当，不要相信那些无稽之谈。”她很清楚，未来的路要靠自己一步步踏踏实实地走下去，鬼魂不独帮不了自己，反而会添乱。

吴清芝知书达礼，处事明敏，见解超群，治家井然有序，深得丈夫和长辈的赞许。据说她刚嫁入冯家时，那位令冯家中兴的茹太夫人默默观察了几天，开口道：“吴姐能置五顷地。”过了几天，茹太夫人又改了口：“不对，我说错了，能置十顷地。”

吴清芝后来并没有为冯家置那么多田产，但她对冯家的贡献远过于此。她带着子女随丈夫宦游湖北四年，其间因客观条件所限，不能请老师教读，她便亲自教冯友兰、冯景兰、冯淑兰读书。也就是在那时，她帮助他们兄妹形成了良好的学习习惯。当时冯家还没钟表，吴清芝自己做了简单的日晷：在地面刻画线条，以日影计时，影至某线休息，至某线读书、写字，都有严格规定，长期坚持。她自己曾说：“我教书无什么长处，只是有耐心、持之以恒罢了。”

冯友兰曾多次说，一个人成功的条件，主要是天赋、勤奋和机遇，其中勤奋是决定性因素。冯氏三兄妹终生勤奋，皆大有作为，实在与母亲的言传身教有莫大的关系。

第四节　乱世

1908 年秋天，中年丧夫的吴清芝带着几个年幼的孩子千里迢迢回到了唐河祁仪镇，丈夫的灵柩还没来得及安葬。这天，小淑兰刚从书房里背诵完《诗经 · 豳风·七月》出来，吴清芝正低头忙着做棉衣，忽然就看见淑兰的叔父神色慌张地跑了过来，低声告诉母亲一个令人惊惧的消息：“土匪王八老虎要来扫荡了！”冯家是当地的名门望族，一向也是土匪侵掠的重要目标。从前冯家人曾经众志成城给这帮土匪以重创，这次据说是要复仇来了！母亲将淑兰领到一间阁楼上，帮她穿上尽可能多的棉衣，说：“红胡子们要来了，你快跟三叔母她们躲到林庄去吧！我得照顾你奶奶，还有你父亲的灵柩。”小淑兰听罢，双腿吓得抖个不停。

林庄是冯家的别墅之一，离这里约有50多里路。那里有他们的800多亩地、200多间草房、60多间瓦房。她们坐牛车，直到晚上9点多钟才到达。住了整整1个月，母亲见没发生什么事，便让人把她们接回来，但是晚上大家睡觉都不敢脱衣裳。哪天夜里，只要听到附近的一声狗叫或者有重物落地的声音，大家就再也不敢入睡。

有天晚上10点钟，忽然村庄附近传来三声枪响，守夜人在瞭望台上看见村东头半里内有三五点灯火，于是人们都认为是王八老虎来了。大家一窝蜂地向村外豆子地里跑去。秋雨连绵，田地本自疏松，大家的鞋子都粘在了泥里，很多人都摔倒了，连滚带爬，满身泥巴。一个陈家二嫂，她3岁的幼女被豆秆刺痛，“哇哇”哭了起来，陈嫂赶快用手去捂，不料竟将这个白白胖胖的小女孩给闷死了。还有安家大女儿，怕被土匪抢走，拼命向豆田中间跑，慌乱间竟跌进一座被毁坏的大墓里。墓里的积水直齐到腰间，她大气不敢出，整整泡了两个多钟头，次日便卧床不起。极度惊吓以及刺骨寒气，使她患上了不治之症。可怜一个貌美如花的年轻生命就这样生生给断送了。

那个年头，土匪横行，哪个地方的百姓不是这样担惊受怕地过日子呢！

1915 年深秋，土匪尤其猖獗，唐河县乡镇如毕店、湖阳、元潭等地都惨遭洗劫。这晚 11 点钟左右，三四百个土匪浩浩荡荡地开过来了，大家迷迷糊糊地向镇北大门逃去。出北门 2 里，有条小河，平时河水较浅，这年夏天由于雨量过大，山上的雨水流到了河里，桥梁都给冲垮了。大家惊慌失措地从齐腰深的冷水中走过去，衣服全湿透了，箍在身上冰冷冰冷的。一个个嘴唇发紫、脸色惨白，谁也不敢说一句话。

黑暗中，忽然望见南方起了三处大火，天空火红一片。淑兰一家呆呆地望着，泪流满面。他们谁都明白，东面的那堆大火，焚烧的正是他们家的“福盛馆”。

几天后，土匪走了。人们哆哆嗦嗦地回到了废墟，看到的悲惨景象令人胆颤神伤：尸骸，血衣，一只耳朵，乱发，一条胳膊……那条凳上有许多肉渣——听人说，刘家三少爷被土匪给乱刀剁碎了，王家二女儿被土匪带走了……

第五节　冯家有女初长成

1912年，著名的上海中国公学恢复招生，推举黄兴为校长，以黄兴的名义向各省发送电报，[①]让选派学生来此读书。河南省对此非常重视，决定选拔20名学生，每人每年发官费银子200两。冯友兰闻讯报考，顺利通过考试，到上海进了中国公学。对一个学生来讲，一年200两银子是很富裕的，冯友兰衣食无忧，在上海安心学习了三年。上海，那时是国内最繁华的大都市。假期回家，友兰会说起一些上海的人和事，会买些别致好看的日用品给大家。他还会说些英语逗淑兰玩，这让小淑兰对外面的世界十分神往。

1915年暑假，冯友兰从上海中国公学毕业，考取了北京大学哲学系。1916年暑假，冯景兰考取北京大学预科。冯友兰读大学二年级时，蔡元培入主北大，以兼容并包的精神办学，请来陈独秀、胡适、李大钊、钱玄

① 冯友兰著，《冯友兰自述》，中国人民大学出版社，2004年版，第31页。

同、鲁迅、梁漱溟等一大批文化精英，其中不乏有争议的人物。这些人的到来，使北大顿时有了全新的气象，进入一个黄金时期。

当时的北大，学风非常自由。学生可以随意选课。本系的课，不爱听的话可以不听；外系的课，想上的话就去上，没有人会阻拦。老师从来不点名，也没有点名册。每堂课前，老师派人站在门口发油印的讲义，谁要都给，从不问他是谁。很多时候，不该上这课的人把讲义拿完了，该上这课的人反而拿不到，拿不到讲义的人只怨自己来得太晚。

当时北大中文系教授黄侃的课很受学生欢迎。此人风流潇洒，讲课如行云流水，学生非常喜欢。中文底子深厚的冯友兰常去听他讲《文选》和《文心雕龙》。黄侃讲课旁征博引、趣味横生，有时又会卖个关子，说："这里面有个秘密，专靠北大这几百块钱的薪水，我肯定不能说，你们要叫我讲，得另外请我吃饭。"逗得学生哄堂大笑。

黄侃擅长朗诵诗文，每讲完一篇，就高声朗诵一遍，听起来抑扬顿挫、声情并茂，很是动人。课堂上学生都跟着念，称之为"黄调"。到了晚上，学生宿舍中到处可以听到"黄调"。所谓"无心插柳柳成荫"，冯友兰的这个"业余爱好"，竟然结出一个完全出人意料的硕果。

1916年夏天，冯友兰回到唐河老家过暑假，给弟妹们看黄侃讲读的诗文，兴之所至，自己便按“黄调”朗诵起来。一旁的小妹淑兰听得羡慕无比，缠着哥哥要学。友兰于是很热心地教淑兰诗文辞赋。淑兰天资聪颖，很快就通晓了，不但会讲、会念，还能写。她试着创作了几篇咏物小赋，意境幽美，格调清新，受到大家的称赞。在所有的花卉中，淑兰特别喜爱菊花，百花萎谢之际，唯有它迎风傲霜，灿然绽放，自有一种高洁脱俗的神韵。母亲过生日，景兰画了一幅墨菊，淑兰饱蘸深情地撰写了一篇《秋菊赋》，友兰将其抄写于画幅之上，作为送给母亲的贺寿礼物。看到这幅图文并茂的《秋菊图》，母亲高兴极了，说：“这可比世间任何礼物都来得珍贵！”

父亲任湖北崇阳县令时，6岁多的淑兰入私塾学习，她很要强，读书很快，总能很好地完成先生布置的作业，每每得到先生的表扬。有次，练习写大字，先生不知怎么批评了淑兰一句，淑兰生了气，第二天便不去上学了。母亲生气地说：“不上学，就把你关到上房后面的黑屋里！”她宁愿进黑屋，也不去上学。母亲只得不停地好言劝慰，亲自将她送到书房门口，先生出来迎接她，她还是不进门。按照冯家的规矩，女孩子10岁后就不再上学了，不过冯家藏书很多，不仅经史方面的书籍多，文学类的书籍也很丰富，冯淑兰在家博览群书。后来她的同学好友、才华横溢的苏雪林都不得不承认："我可比不上那个家学渊源、胸罗万卷的冯沅君。"

第二年暑假，冯友兰再回老家时，惊喜地发现淑兰的才学更加出众了。恰在此时，传来一个令人振奋的好消息：北京女子高等师范学校要招国文专修科！这个学校是当时北京女学的最高学府。冯淑兰自幼缠了小脚，并且在她五六岁的时候，父亲就把她许婚给了唐河一户人家。冯友兰等人都主张让淑兰去应考，淑兰本人更是坚决，对母亲说："如果是说我花钱，我将来什么都不要。"按照唐河的规矩，穷人家娶媳妇要送彩礼，地主家嫁女儿却要陪送大笔的嫁妆。其中的道理是，穷人家娶妻是添劳动力，地主家嫁女，是替女儿找到一个继承财产的机会。淑兰此话一出，压力都转到了母亲身上。当时的唐河，是一个保守、落后的地方，一个女孩子进京上学，是件耸人听闻的大事。但吴清芝平生最喜儿女读书，这时再次显示出过人的见识，她不顾周围人们的议论，同意了女儿的要求。有人提醒说，是不是跟男方家商量一下，吴清芝拒绝了："既然决定去了，就不要商量了。如果他们不同意，事情更不好办。"

淑兰出生于 1900 年 9 月 4 日，此时刚刚过了 17 岁生日。17年寸步不离左右的女儿，即将要离开自己，去一个崭新的天地翱翔了。吴清芝这时才真切地感到，不知不觉中女儿早已长大成人。母亲相信，聪明勤奋的女儿，将来不会让她失望的，但是……她内心又不免有些疑虑和矛盾，淑兰将来学有所成后，还会回来么？她的婚姻……

第二章　恰同学少年

1917年的深秋，院里那棵高大的银杏树叶子已变得金黄，淅沥的小雨断断续续地飘洒着。冯淑兰就要随两位兄长远去北京了，她考取了北京女子高等师范国文系。虽说这是第一次离开母亲远走他乡，心中难免充满依恋之情，但她并不伤感，相反，眼角眉梢时时难掩兴奋与喜悦。呵！外面的天地将是何等的辽阔！

第一节　走进女高师

从河南乡下初到大都市，淑兰看什么都觉新奇。衣着时髦的贵公子骑着自行车在闲逛，真是令人惊讶，两个细细的轮子，怎么就那么听话地驮着主人向前跑而不会向两边歪倒呢？衣裙新潮的年轻女子结伴在大街上散步，她们没有缠足，走起路来那么轻快飘逸……大哥友兰买了串冰糖葫芦递给淑兰：“你肯定喜欢，尝尝吧！”

淑兰很羞涩地笑了，哪里好意思吃，就是拿在手里都觉得难为情呢！二哥景兰说："小妹，这里可不像咱们老家，想吃就吃吧，不会有人议论你的。"淑兰不禁细细地欣赏起手中的冰糖葫芦来，外面是一层撒满芝麻的薄如蝉翼的冰糖花儿，里面是又大又红好似玛瑙的山楂，中心还填着令人垂涎的豌豆黄馅儿……她从小就喜欢吃零食，遂忍不住小口小口品尝起来。"啊！又酸又甜又香又脆，真好吃！"她边吃边赞叹着。景兰见此情景，笑道："好！好！以后到了学校里，说话做事都要大方些，别扭扭捏捏的啊。"

北京女子高等师范学校坐落在西单石驸马大街，据说是清末慈禧太后命令拨款修建的。可能是为了防止女学生随意出门，学校为三进院布局，中间是一道长而阔的过道。正门是两扇大铁门，向来不走人，女生们都从旁边的小门出入。会客室即在其旁。一进院的楼上和楼下，是校长、教务长及男职员的办公室。二进院里是大家的教室，楼上楼下共有八个教室。三进院的上层是学生寝室，下层为学监办公室、自修室和大饭厅。每道门的左右都有天井。楼房呈红色。

1917 年，女子高等师范（简称"女高师"，1922 年改名为"北京女子师范大学"，简称"女师大"）招收的国文班一共大约 40 人，除北京招来的 13 人外，其余大多是由各省教育厅保送入学的。冯淑兰是个例外，她是凭一篇颇有文采的文章被录取的。已经开学十几天了，淑兰才在哥哥的陪同下来到女高师。一个傍晚，开饭时间到了，学监杨荫榆将淑兰领到同学们面前，说："这位是从河南省唐河县来的冯淑兰同学，今后跟大家在一个班。"大家的目光一齐投向淑兰，只见她身材苗条，皮肤白皙，面容清秀，一根油黑发亮的长辫子垂到腰下，辫梢上系着根红头绳，深蓝色土布衣裤。当天负责值勤的程俊英同学热情招呼淑兰，为她安排了座位。淑兰忙笑着对俊英点头表示谢意。淑兰是大家女，习惯了每餐大菜小菜一大桌的生活，吃惊地望着饭桌上摆在每人面前的一碗大白菜，悄声问俊英："就一个菜？"俊英点点头："是啊，每顿就这么一个水煮大白菜！"

到底是年轻的女孩子，不几天，大家就熟了。俊英望着换上了草绿色制服套裙、梳起高髻的淑兰，赞许道："你皮肤白，穿绿色很好看——'有美一人，清扬婉兮！'"淑兰望着娇俏可爱的俊英道："你才是天生丽质呢——'巧笑倩兮！美目盼兮！'"俊英道："看来你和我一样，都喜欢《诗经》。""是的，我还喜欢《楚辞》，特别喜欢《湘君》、《湘夫人》那种一往情深、凄婉哀艳的韵致。"说着说着，淑兰便背诵起《湘君》、《湘夫人》来：

君不行兮夷犹，蹇谁留兮中洲？
美要眇兮宜修，沛吾乘兮桂舟。
令沅湘兮无波，使江水兮安流。
望夫君兮未来，吹参差兮谁思！
…… ……
帝子降兮北渚，目眇眇兮愁予。
袅袅兮秋风，洞庭波兮木叶下。
登白薠兮骋望，与佳期兮夕张。
鸟何萃兮萍中，罾何为兮木上？
沅有茝兮澧有兰，思公子兮未敢言。
…… ……

尽管淑兰曾跟大哥友兰学习过所谓“黄调”，但她的口音里明显地夹带着河南腔，惹得同屋两个北京女孩子偷偷笑了起来。俊英却陷入遐思之中，无限神往地对淑兰说：“意境真是太美了！我看你不该叫淑兰，该叫湘君——啊不，该叫沅君才对！”淑兰赞同地说：“好啊！听你的，将来我就改名叫‘沅君’。你真是名如其人——俊英俊英，俊美如英！”

女孩子们大都平生第一次出门在外，晚上熄灯后，很难入睡，于是披衣坐起来，好奇地打听着对方的身世。俊英与淑兰年龄相仿，且性情很投合，因此聊得格外多。

俊英1901年出生于福建福州，父亲程树德，清朝翰林，日本政法大学毕业，京师大学堂（北京大学前身）教习；母亲沈缇珉，是福建著名藏书家沈卓之女，光绪末福建女子师范学校第一届毕业生，饱读经史，擅长文墨。俊英自幼在私塾读书，私塾先生是清末一位举人、诗人，为她及邻家女孩方慧遗讲授《诗经》、《千家诗》等，俊英非常喜欢。在先生的指导下，她早早练习写古体诗。初秋时节，微雨过后，天地一片清新，她心有所感，挥笔写下绝句《咏秋》，受到先生的表扬：

亭亭卓午尚骄阳，一叶惊秋晚渐凉。
最是残荷新雨后，隔墙风送有余香。

俊英本来生活在一个幸福的家庭，但是后来，她的父亲为了延续香火，娶了家中保姆做小老婆，这令她的母亲终日郁郁寡欢，从此她把全部希望寄托在俊英身上。有一天，俊英看见小伙伴慧遗穿了件淡紫色的碎花绸衣，非常好看，便跑回家，央求母亲也为她做一件。母亲严肃而气愤地说：“士何尚？你记得么？”俊英害怕地回答：“记得。”“士志于道，而耻恶衣恶食者，未足与议也。这句话你一定要牢记！”母亲严肃地说。俊英遂将“立志”二字悬于书桌旁，作为座右铭。外祖父很赏爱俊英的聪颖，常对她讲一些历史掌故。看她经常手捧《诗经》，便教诲说："我知道你喜欢《诗经》，读《诗经》要参考《毛传》，也要参考二陈（指明代陈第的《毛诗古音考》及清代陈乔枞的《诗三家遗说考》）。"

1911 年，10 岁的俊英考取了福州著名的布司埕女子师范。开学典礼上，校长邓粹英勉励大家认真学习各门功课，然后大声说："过去提倡女子无才便是德，什么德？就是三从四德。现在不同了，女子从家庭里走出来了，上了学堂，学会本领，就可以不靠父母和丈夫，靠自己了！"校长语重心长的话语，深深烙印在俊英的心田上。1912 年，俊英随父来到了北京。1917 年夏，阅报得悉北京女子师范国文专修科招生，她欣喜若狂，顺利考取。但是，父亲不让她到外面读书，认为一个女孩子，住到外面，不成体统。所幸母亲非常支持她。于是俊英收拾书籍行装，设法从家里逃了出来。从此，开始了五年的大学生活。

淑兰性情率真，有什么见解或者想法，喜欢跟学友分享，尤其喜欢跟俊英切磋，因为俊英性格开朗，爱说爱笑。她们除了经常在一起共赏《诗经》、《楚辞》外，还对《昭明文选》颇为用心。淑兰对俊英说："《文选》中的咏物赋非常精彩，如贾谊的《鹏鸟赋》、祢衡的《鹦鹉赋》等等，皆是借题发挥。可叹他们才高命薄，都不得善终，令千年之后的人们为之一洒同情之泪。只恨古人吾不见，恨古人不见冯淑兰呀！”有一天，两人热烈地讨论起曹大家、李清照。淑兰说：“曹大家是有专长的，能作赋，补班固《汉书》，可惜思想太腐朽，她作的《女诫》，流毒千古，是迫害妇女的罪人，我不喜欢她。我佩服的是李清照，有才华，又爱国，《漱玉词》是真情实感的抒发，使人百读不厌。她和赵明诚结婚，志同道合，真是一对理想的伴侣……”忽然，她垂下头去，黯然神伤起来。俊英低声地询问原因，淑兰说：“在我很小的时候，我们家就把我许给了方庄一个财主的儿子。出来上学，是瞒着他们家的。后来他们知道了，怕我悔婚，几次去我家催婚……说不定哪会儿，我就会被叫回去强制与那个人结婚了。”说着说着，淑兰胸闷气喘，大滴大滴的眼泪落下来。俊英不知如何是好，相伴而泣。

女高师的学生，每人每月伙食费5元，全由国家供给。按说她们的伙食应该是相当不错的，然而，事实正相反，她们吃得很差。正餐没有荤菜，天天吃那种滴油不见的盐煮白菜和萝卜，早餐则只有一点点咸菜。大家私下猜测，这可能是因为校长等人贪污所致。当时校长为清末举人方还，学监为留日归来的独身女人杨荫榆，学校一切规则都由此二人制订。校规极严，诸如：全部学生都住校；星期六下午家长持接回通知簿盖章来接，星期一早晨，学生持家长盖章的返校通知簿到校，交给学监，始得进教室上课；晚上学监查自修、查寝室，白天查教室；学生必须一律穿绿制服，梳一把抓的高髻，白袜黑鞋。违者记过，记过三次者开除。她们的年级主任戴礼是一个言行古板的五六十岁的守旧女人，讲授《礼记》，宣扬什么“男主外，女主内”，女子要遵守“三从四德”等等。她的课程散发着一股喧人的霉味。陈树声讲授古文，要求学生作文必须遵守桐城派义法。已经接触到新思想、新文风的女学生们，对这些课程十分厌恶，但都是敢怒而不敢言。唯有生性倔强的淑兰望着他们的背影，张目切齿道：“看汝横行到几时？！”

学监杨荫榆要留学美国哥伦比亚大学了。这个女人性情专横，常披一件黑色斗篷，像幽灵一样在校内到处晃动，对学生非常苛刻，因此大家都不喜欢她。据说她婚姻不幸，1901 年，17 岁的杨荫榆受父母之命，嫁入常州一门当户对人家。夫君是个丑陋的低能儿，洞房之夜，愤怒的杨荫榆抓破了新郎的脸，次日返回娘家。这场荒唐而畸形的婚姻，在第二年正式终结。杨氏从此无意婚爱，终生独居。离开女子高等师范之前，她忽然一反常态，变得和颜悦色起来，特意送给全校学生每人一枚银制鸡心胸针，说是留做纪念。女生们虽然看不惯杨氏平素的做派，但还是接过了鸡心胸针，顺手别在自己衣襟上。独有冯淑兰拒不接受，她默默地躲了出去。回来后，她对大家说："她有野心，想当校长，是个深谋远虑的角色！"不知淑兰小小年纪，怎会有如此深邃的洞察力。杨荫榆几年后从哥伦比亚大学毕业，获教育学硕士学位。回国后，她先是在上海教书，不久便被北洋军阀政府召至北京，于 1924 年 2 月被任命为国立北京女子师范大学校长。

第二节　受教名师

年终考试完毕，再过几天暑假就开始了。这天晚上，大家正在教室自修，冯淑兰忽然站起来，高声说道："同学们！一年的宝贵时光过去了，我们千辛万苦冲出封建家庭来此求学，想想看，我们学到了什么？我建议，与其窒息而死，不如吐气而生！我们上书校长，撤换戴礼、陈树声，另聘高明者任教，大家赞成吗？"大家群起响应，一致通过上书。校长方还知道众怒难犯，只好同意辞退戴、陈二人。历史教师王家吉先生闻讯，立即向校长推荐北京大学哲学系毕业的陈中凡先生。经过校长、介绍人、陈先生三方的面商，决定聘请陈中凡为年级主任，并讲授经学通论、诸子通谊、文字学三门课程。

这实在是一个振奋人心的好消息，同学们奔走相告。暑假开始了，同学们陆续离校。冯淑兰因为家中订亲之事，怕对方提出结婚要求，所以不愿回乡，依然待在学校里。往日热闹的宿舍忽然变得十分岑寂，静得似乎能听得到自己的呼吸。淑兰是个能耐得住寂寞的女孩子，她决定利用一个暑假的时间，将《史记》、《汉书》通读一遍，并做些笔记。俊英怕淑兰孤独，不时地赶过来陪陪她。她们很开心，因为不久那位深孚众望的陈中凡先生就要来讲课了，而且一人讲三门课程。

“家兄在北大读书，了解陈老师的一些情形。他说陈老师是北大预科班的国文教员，家学渊源，博闻强识，其治学方法颇受刘师培先生的影响。加入了北大办的‘进德会’，主张‘六不主义’：不做官，不纳妾，不吸烟，不喝酒，不嫖，不赌。很受蔡元培校长的影响。”淑兰说。

“家父在北大执教，说蔡校长办学的宗旨是‘兼容并包’四个字，国故派也好，新潮派也好，都请来做教授。哈哈，连拖着长辫子的复辟派辜鸿铭也请来了，因为他精通三国文字，留过洋，有专长。陈老师到来后应该也会聘请各派名家任教吧！”俊英道。

两个女孩子兴高采烈地谈笑着。

果然不出所料，陈老师一到任，便郑重宣布，他已决定将聘请北大著名教授来女高师兼课，并将创办刊物。不久，北大哲学部、国文部的教授胡适、黄侃、刘师培、李大钊、周作人、林损等先后到来，他们给禁锢的女高师带来了一股清爽的革新气息与沉实学风。

陈中凡授课非常认真，他每周要发“经学通论”、“诸子通谊”、“文字学”三种讲义，一次约十余张，都是油印的。课堂上，还有补充的笔记，引证翔实，杜绝空谈。“经学通论”讲义的内容，包括解释群经的名称、作者、篇数、内容、传授的源流，还有历代的评论。冯淑兰十分敬佩陈先生，她认为先生的教学方法非常有效：第一是“选读经文”，他说：“不读经文，等于空论；熟读经文，触类旁通。”第二是“离经辨志”，所谓“离经”，即标点句读；所谓“辨志”，即总结段落大意及全章大意。第三是“诠释训诂”，他介绍注经的重要著作给大家，比如《尚书》，他介绍孙星衍的《尚书今古文注疏》；《诗经》，他介绍陈奂的《诗毛氏传疏》；等等。时时让学生练习用今语注文言，以达到“三到”（即眼到、手到、心到）的境界。陈老师讲授诸子通谊，先让学生读《庄子·天下》、《韩非子·五蠹》等，介绍九流十家之渊源以及有关诸子的传记。他特重《荀子》，让大家每人都买一部《荀子》通读，并说：“此中有伪作，不可盲从，应加以辨别。”陈老师讲授“文字学”，细讲“六书”和音韵。次年，这门课由文字学家顾震福担任。陈中凡在授课之余，很想活跃同学们的文化生活。他在来女高师的第二年，主张创办一个刊物：“北大办了较多刊物，效果很好。你们平时作了一些诗文，苦无发表园地，我主张每年出一期《文艺会刊》如何？”大家鼓掌赞成。同学们写得较好的诗词、论文等都在上面发表。会刊问世后，极受欢迎，各校学生纷纷订购，销路很广。

李大钊给大家讲授社会学和女权运动史、伦理学等课程。大家平生第一次知道了马克思主义和共产主义，了解了俄国十月革命以及世界劳动妇女争取自由平等的动态。授课的同时，李大钊还介绍《新青年》、《每周评论》等刊物给大家阅读。冯淑兰、程俊英这些从封建旧家庭走出的女学生们，顿时感觉天地宽了，眼睛亮了，她们对未来充满了美好的希望。李大钊向来厌恶死记硬背的考试法，他每门课程结束时，都是出一个题目，让学生写一篇小文章。他的课关注女性与社会，大家十分敬佩他。

胡适教授中国哲学史课，讲义是用白话文写成的。胡适是安徽绩溪人，1910 年考取官费留学生，入美国康乃尔大学攻读农学，后转入哥伦比亚大学，从学于哲学家杜威博士，深受其实验主义哲学的影响，研究先秦名学史。1917 年回国，任北京大学教授。胡适高才博学，风度翩翩，在女学生眼中属于“新潮派”。点名时，他每每在学生姓名后加上“女士”二字，以示尊重。胡适极力提倡白话文。一次，他对学生说：“有个朋友邀请我去政府某部门任职，我不愿去，需要给朋友发电报婉拒，请在座诸位替我用文言拟个电报稿。”学生们左思右想，终于完成了任务，胡适从中挑选出最简短的一篇，共有十二个字：

才疏学浅实难胜任不堪从命

胡适不禁微笑，说道：“我是用白话写成的，只有五个字：‘干不了多谢’。”[①]

学生们被胡适的白话文逗乐了，都心悦诚服。胡适讲课，从不看讲稿，思维活跃，旁征博引，深得学生们的爱戴。据说，每逢他来上课，教室总是被挤得水泄不通，连学监、舍监都自带板凳来听课。教室容纳不下，便将毗连的图书室的隔扇打开，成为大通间，但仍嫌地盘不够用。屋里屋外依然挤得满满的，连讲台上都坐着人。

淑兰非常崇拜胡适先生。先生学问博大精深，又能

① 严蓉仙著，《冯沅君传》，人民文学出版社，2008 年版，第 34 页。

深入浅出，要言不烦。淑兰听课时认真地做着笔记。后来她将笔记中精彩的章节整理成文，曰《哲学方法论》，近 3 万字，经胡适先生同意，发表在《文艺会刊》上。淑兰长兄友兰留学美国，师事杜威，成为胡适的同门师弟。友兰有时写信给淑兰，要她代为借阅胡适先前的一些论文。胡适对学习勤奋认真的淑兰非常欣赏，日后在古典文学研究方面，两人多有切磋。他还专门为淑兰与陆侃如的事找过冯友兰，促成了二人的婚姻。此是后话。

黄侃，湖北蕲春人，师事国学大师章太炎，擅长音韵训诂，兼通文学。他对胡适提倡白话文颇为不满，一有机会，便会与胡适较量。有一次，他们在一个聚会中碰面，他向胡适调侃道："你不该叫'胡适'。"胡适不解其故，笑着问："那我该叫什么？"黄侃道："你该叫'往哪里去'！"引得众人哈哈大笑。

黄侃在课堂上，也不忘拿胡适说事儿。他当时讲授中国文学史和诗歌选读两门课程。一次，为了证明文言文比白话文高明，他举例说："如果胡适的太太死了，他的家人拟电报必云：'你的太太死了赶快回来啊'，长达 11 字，而用文言则仅需'妻丧速归'四字即可，只电报费就可节省三分之二。"

较量的结果是不分胜负，胡、黄二人的课程都很受学生欢迎。自从胡适为她们授课后，学生们再也不用文言文或骈文写文章了。她们认识到白话文在描景叙事、表情达意方面的优势，作文一律改用流畅自然的白话。当然，她们对新诗还有些保留意见，觉得胡适的白话诗“一对黄蝴蝶，双双飞上天。不知为什么，一个忽飞还。剩下那一个，孤单怪可怜。也无心上天，天上太孤单”等等，韵味不够隽永。她们仍喜欢跟“才子老师”黄侃学习古体诗创作。

黄侃讲授古体诗创作，方法很新颖，他轮流让学生出题目，然后他将一两篇古人同题诗作写在黑板上，加以讲解。自己以此题再赋诗一首给大家欣赏，最后才让同学们开始习作。比如《拟古诗十九首》，他先讲解《古诗十九首》中的《青青河畔草》，他说：“此诗连用六处叠字，后来李清照《声声慢》词，连用了‘寻寻、觅觅、冷冷、清清、凄凄、惨惨、戚戚’七处叠字。到了乔吉的《天净沙》：‘莺莺燕燕春春，花花柳柳真真。事事风风韵韵。娇娇嫩嫩，停停当当人人。’通篇都用叠字。叠字的作用，摹声状貌，写景抒情，读起来累累如贯珠，特具文字美、声韵美，其源出于《诗经》，望大家作诗时细细体会。”然后他将自己所写的诗作给同学们看，说：“诸君不要受局限，放手去写，务必要有自己的真情实感。”

黄侃授诗，不只从字句、音韵上下工夫，更从诗歌意境方面进行深入探讨。他曾说，好诗贵在立意，要力求言浅意深、意味深长。因为先生平易近人，大家渐渐摆脱拘忌，对写诗产生了浓厚的兴趣。中秋节到了，黄侃提议大家不妨以《中秋对月》为题赋诗，五、七言不限。冯淑兰天资颖悟，才思敏捷，一挥而就五律二首：

皎洁今宵月，光辉万里同。
一为辞故国，两度客秋风。
逸响残荷沼，幽香老桂丛。
那堪长浪迹，南北类飘蓬。

琴书淹滞久，对镜每生愁。
木落惊穹谷，虫鸣感素秋。
望洋频浩叹，哀郢枉怀忧。
愿借云梯上，抟风汗漫游。

黄侃阅罢，连说“好诗！”其他几位如程俊英、柳介、孙桂丹等的诗作，也受到了老师的夸赞。

胡小石老师来得最晚。1921年仲夏，同学们正在准备年终考试，忽然陈中凡老师匆匆走上讲台，说：“与大家共同切磋近三年了，深感‘教学相长’的至理，现在要去南京东南大学赴任，不得已学古人寄妻托子之法，把大家寄托给挚友胡小石先生。他为人正直，博学多才，擅长诗歌、书法、修辞之学，是你们的好导师……”胡老师开设修辞学和诗歌选作课程。他细致诠解“隐喻”、“明喻”、“夸张”、“示观”等各种修辞手法，举《孟子》、《诗经》、《庄子》、《楚辞》等书做例证，深入浅出，意趣横生。他论诗则推唐代，尤崇李白杜甫。胡老师对杜诗十分喜爱，谈到杜甫的经历和创作，情绪激动、眉飞色舞。冯淑兰课下悄悄对俊英笑道：“胡老师可能受到元稹‘自诗人以来未有如子美者’一语的影响吧！”俊英点点头。淑兰是胡老师最为欣赏的弟子，其后的几十年，他们多有诗词唱和之作。

冯淑兰不像一些女孩子那样，对老师所讲的内容只是听听而已。她沉静而好学，但凡老师在课堂上所涉及到的典籍，她都要从图书馆里借来参阅，并认真地做笔记。因此，每一门课程结束时，她都感觉自己有了实实在在的进步。几十年之后，她的同学苏雪林（当时叫苏梅）在谈到冯淑兰时还说：“所读的线装书比我多，国文修养之深，全班第一。”这是实话。

冯淑兰自幼耳濡目染母亲的优秀品德，其中很突出的一点便是勤勉。父亲去世后，母亲从武昌带着几个未成年的孩子回到河南唐河县祁仪镇，里里外外全靠她一人张罗。后来，县里办起了女子学校，她被聘为校长的助手，相当于教务长。那时，校长是兼职，学校里大事小事皆须母亲操持。她办事认真，事事为人表率。她的话不多，但大家都佩服她。她说：“我最怕男人们对我投以同情的眼光，所以凡事都要做到最好！”周围的人都对母亲说：“你太要强了。”淑兰从小养成了天亮即起的习惯，还调皮地将唐代颜真卿的一首诗稍加改动，作为自己的座右铭：

三更灯火五更鸡，正是女儿读书时。
黑发不知勤学早，白首方悔读书迟。

淑兰读书喜欢做笔记，有时是摘抄原文，有时是发表感想、整理思路。一学年下来，她的笔记积累了厚厚的一大摞，有十几本之多。淑兰视野较其他同学开阔，对历史文化的诸多方面都产生了浓厚兴趣。她撰写了论文《春秋战国时兵制之比较》，把春秋时期和战国时期各国的兵制做了对比，论文从军额悬殊程度、征兵制度、招募兵源等各个方面展开，最后得出结论：战国兵祸剧烈，远甚于春秋时代。这篇论文刊登在《文艺会刊》第 2 期上。同期刊载的还有淑兰的另一篇论文：《中国六大民族同化及其竞争地研究》，对中国历史上几次重大民族之融合进行了考察，指出，自古儒家提倡四海一家的包容理念，民族的融合正是国家赖以强大的基础。这两篇文章得到了陈中凡等先生的赞许。淑兰从此读书更加勤勉了，要强的她懂得，一个女子想真正立足社会，必须有真本事。当初她哭闹着出来上学，不是为了镀金，也不是为了见识外面的花花世界，她是想得到名师的教诲，获得真才实学。

1919 年五四运动之后，女高师打开了两扇大铁门，取消了家长接送学生制，同学们与外界的交往增多了。冯淑兰参与了许多社会活动，但她丝毫没有放松自己在学业上的追求。当时淑兰与苏雪林最为用功，两人穿着也最不讲究，开口闭口“之乎者也”，泡在图书室里的时间也最长。苏雪林当时致力于韩柳体与桐城派古文的研究，因此自称“桐城遗孽”；而唤淑兰为“选学谬种”，因为淑兰于《文选》用力最勤。一年后，冯淑兰撰成洋洋 4 万言的论文：《历代骈文散文的变迁》，发表在《文艺会刊》第 3 期上。该文显示出冯淑兰广博扎实的古典文学根底，她广泛涉猎文史资料，并加以系统梳理，以求对古代“文”的发展演变轨迹做出清晰而客观的呈现。她认为，秦以前的文章骈散夹杂，六朝以前尚未产生纯粹的骈文，但典丽铺排之倾向已非常明显。骈文形成于晋代而繁盛于六朝，唐代骈散并行而宋代骈文开始衰落；唐宋八大家的散文极大地遏止了骈文的发展势头而使散文达到极盛状态；清代则又重现骈散并盛的局面。冯淑兰旁征博引，纵横捭阖，显得底气十足、游刃有余。比如在论述骈文时，她谈到了诗歌；在论述散文时，她谈到了唐传奇与宋元话本小说……总之，这篇论文虽然有些地方论述尚嫌粗疏或迂阔，但作者驾驭庞杂史料的学术研究能力不能不令众人刮目相看。文章发表后，引起各位任课老师的关注和好评，该文的指导老师陈中凡更是倍感欣慰。

第三节　投身五四运动

1919年，震惊天下的五四运动爆发了！

“五四”的第二天上午，陈中凡先生神色凝重地对大家说：“五月一日和五月二日两天，各国在巴黎召开和会，日本与英、法、美等国勾结，订立将我国山东权利从战败国德国手中转让给日本的密约，我国交通总长曹汝霖、驻日公使章宗祥、银行总裁陆宗舆卖国求荣，准备在和约上签字。消息传来，激起北京大学等校同学的公愤。昨天下午，三千多名学生结队游行示威，派代表到外国使馆，要求各国出来主持公理，取消日本在中国的无理要求。代表到了东交民巷，使馆不接见，又到赵家楼曹汝霖家，曹见势不好，不知逃到哪里去了。学生们在曹家，见到了章宗祥，大家气愤极了，痛打了他。接着警察厅派人逮捕了许多学生，大约有30多人。北京高等学校都停课了！同学们！青岛是山东的咽喉，山东是中国的要冲，事关国家的存亡，是可忍孰不可忍！”

陈老师的话音刚落，冯淑兰便站起来，高声说道：“我们也停课！一致支援被捕学生，不许卖国贼签亡国的字！”顿时，课堂上像炸开了锅，早已积蓄在大家心底的那股冲破一切封建藩篱、抵御外侮的强大力量化作熊熊燃烧的烈焰。同学们纷纷发言，慷慨激昂，有的还写了血书。从这天起，大家正式加入到救亡图存的北京爱国学生运动中去，与北京学生联合会保持着密切联系。她们参加会议，撰写文章，到街头演讲宣传，游行请愿等等，冯淑兰总是奋勇当先。

5 月 19 日，北京全体学生大罢课，女高师学生积极参加。当日下午自治会开会，决定每人每月节约伙食费 2 元，作为北京学生联合会的经费。个人捐助积蓄，作为慰劳被捕学生的费用。

5 月 22 日，同学们将近日来撰写的有关“五四”的文章及意见书等，编为一辑，名曰《女界钟》。由于印刷局不给印刷，大家便将它油印，在北京学界散发。

5 月 25 日，女高师成立演讲团，团员共 5 人：张曼君（后来成为李公朴夫人）、冯淑兰、程俊英、关应麟、罗静轩，推举张曼君为团长。大家在宣武门大街与骡马市一带演讲，听众多为劳动大众及商店店员。演讲团演讲的内容主要为：反对外国干涉和掠夺中国主权，反对官僚卖国，希望市民罢市等。虽然汗流浃背，声音嘶哑，但她们始终激情澎湃、义正词严。听者无不动容，对她们说："姑娘们说得好！可恨的日本人！可恨的卖国贼！我们也要罢市！"冯淑兰、程俊英、陈璧如、罗静轩、刘云孙、张峥漪6人，还组成宣传队，到前门外大栅栏一带演讲，除宣传罢工罢市外，还鼓动国人爱国、抵制日货。她们的演讲激动人心，效果良好，市民普遍以使用日货为耻、以使用国货为荣。

6月1日，卖国政府竭力掩盖曹、陆、章三人的卖国行径，污蔑学生为不法之徒。6月3日，军警到处逮捕爱国学生，被捕人数达1000之多，幽禁在北大理科和法科两院里。当天，女子师范学生得知后，愤慨异常，立即约女学界各校代表来女师召开紧急会议，决定4日举行游行并上书总统。约定凌晨4时前各校队伍由新华门齐集天安门，然后派代表到总统府上书。上书总统的内容为：释放被捕学生，尊重学生人格，允许自由演讲，立即撤退包围北大的军警，立即撤换曹、陆、章。然而，当女师队伍整装出发时，却看见两扇大铁门已经用大锁给锁上了。大家正一筹莫展之际，冯淑兰急中生智地说："咱们去小边门吧！"大家一呼百应地向小边门跑去，谁知这里的两扇小木门也锁得紧紧的。素有"女大力士"之称的福建籍女生钱丞怒不可遏，用双拳向门旁的墙上猛撞，众人也跟着撞击……矮墙竟然给撞倒了！钱丞用双手轻轻地一托，卸下了木门。队伍昂首阔步地冲了出去。校长方还得知她们破壁而出后，立即打电话报告了警察厅。

冯淑兰、程俊英、王世瑛等人手举旗子走在最前面，她们高呼：“打倒日本侵略者！”“还我河山！”“打倒卖国贼！”“抵制日货！”“释放爱国学生！”等等。当她们行进至长安街时，看到军警林立，戒备森严。大家都豁出去了，她们抱定了为国捐躯的信念，所以勇往直前，毫不畏惧。军警们看着身穿各色整齐校服的十五校女生高呼口号、大义凛然地走过来，不知心中是震撼，是无奈，还是感动，他们只是沉默地看着，一动不动。到达新华门后，派代表前去总统府交涉。他们见女学生气势不凡，竟然不敢出来接见。于是队伍闯进新华门，冲入中南海，政府才派秘书陈子厚出来会见代表，表态说：“依照你们的要求释放学生。对日问题，当将意见转达上峰，三日之后回话。希望你们即刻回校好好读书。”大家对此感到满意，十五校女生始整队回归。

大家无比兴奋地回到女高师，这时暮色已合，她们忘记了疲倦，兴奋地说：“这是中国有史以来女子的第一次干政游行！”

6 月 11 日，女高师复课，陈中凡老师笑容满面地对大家说:“这次游行，影响巨大，引起了上海、天津各地的罢课、罢市，被捕学生被释放出来，免去了曹汝霖、陆宗舆等卖国贼的职务。我今天祝贺你们游行请愿的成功!”

6月下旬，校长方还借口要整修校舍，提前放假，命令学生即日回乡返家。此时正是学校向教师们发放聘书的时节，全校教师都收到了聘书，只有陈中凡老师与图画科主任吕凤子老师没有收到。因为方还说游行都是他们二人指使的，以儆效尤。大家闻言，义愤填膺。冯淑兰目光坚定地说:“请两位老师放心!我们会对付他的!”当天，自治会召开“驱方会议”，参加者有冯淑兰、刘云孙、高晓岚、罗静轩、程俊英等。由冯淑兰执笔起草《驱方宣言》，列举了方还十大罪状，印成传单散发到各校，并寄教育次长一份(后附一封《上教育次长书》)。7月，教育部研究决定，撤销方还的校长之职，任命思想进步的毛邦伟先生为女高师校长。毛尚未到任，冯淑兰、程俊英等就前往他家中拜访，提交大家希望下学期聘请教师的名单，其中包括陈中凡、李大钊、吕凤子等。她们的愿望实现了。方还悄悄地回到了苏州老家，当地人都询问他为什么不当校长了。他撒谎说:“一个女学生烫头发，不慎让火烧伤了头，出事故，引咎辞职。”苏州籍女生陈定秀暑假后回校，将这个故事讲给淑兰、俊英等听，大家都觉得实在有趣儿，拍手大笑起来。

第四节　出演《孔雀东南飞》

1919年秋天，冯淑兰的班里发生了一件惊心动魄的大事：广西籍女生李超惨死。李超生于广西梧州，父母已亡，只有两个姐姐。当初其父因膝下无子，便以其弟之子为子，作为继承人。丰厚家产，都掌握在作为继承人的李超的堂兄手中。李超少有大志，1918年秋，考入女高师冯淑兰所在的班做旁听生，一学期后，因成绩优秀而转为正科生。其堂兄攀附权贵，擅自将她许配给一户人家，逼她回去结婚。她拒不从命，堂兄便断绝了她的经济来源。她积郁成疾，吐血而死。堂兄毫无怜惜之情，竟说："妹子至死不悔，死有余辜！"李超之死，激起了全校师生的悲愤，同学们自发举行了隆重的追悼会，参加者除全校师生外，还有北京学生联合会的代表和各校的代表，以及令人尊敬的陈独秀、胡适等老师。学校到处都贴满挽联。演讲的人很多，陈独秀慷慨激昂地说道："女子占人类的半数，何以低人一等？李超同学已经在旧礼教的压迫下牺牲了，今后我们一定要对旧礼教做无情的斗争！"博得大家热烈鼓掌。接着是胡适老师发言，他语调沉痛，大意是："我提出几个问题请大家讨论：一、家长族长应不应专制？二、女子应不应受教育？三、女子有无承袭家产的权利？四、生女儿是不是无后？……"后来，他还写了《李超传》，收在《胡适文存》里。因为自己亦有封建婚约在身，所以冯淑兰为李超的惨死悲痛欲绝。胡适也许因为自己奉从母命而就范于封建包办婚姻，因而在发言中没有提及"封建包办婚姻要不要反对"一条。同学们一致认为"要坚决反对包办婚姻"。冯淑兰率先表示与未婚夫退婚，其他同学纷纷响应。

1920年，李大钊先生为大家讲授伦理学。他批判封建伦理道德，指出忠孝节义的虚伪本质，沉痛地说："古代的'三从四德'，把千千万万个妇女都捆死了！新的伦理，就是高举民主与科学两大旗帜。女性要争取婚姻自主，可是，据我所知，同学们中就有许多由父母之命已订了婚约，对方的秉性品貌，都不了解，怎么能糊糊涂涂地就与之结婚呢！"李老师还列举大量事实，证明在军阀掌权、外强插足的局势下，要争取男女平等是徒劳的。老师的话，字字像铁锤砸在冯淑兰的心坎上。她通宵不寐，撰成《今后吾国女子之道德》一文，发表在女高师《文艺会刊》上。在该文中，她写道：

> 女子也是国家的一分子，也是人类的一分子，女子之所以成为今日之不中用、仰仗男子保护养活，是旧道德束缚迫害的结果……“三纲五常”，是阶级制度的产品，是宗法制度的产品。现在“德谟克拉西”主义风行大地，先前黑暗污浊的专制政体，已经成了九秋树叶，沙喇喇地落个不住。回首看看我们妇女，尚在苦海沉沦，令人触目心伤。
>
> 必须建立起妇女道德规范。女子不应被金钱引诱，不受势力迫害，不能仅做一个贤妻良母；要为真理活动、正义活动，做一个堂堂正正的社会人物。

当时的社会，看不起俗文学，看不起艺人。女学生决心来一番抗争，她们愿冒天下之大不韪，充当戏子粉墨登场，向社会恶习宣战。一次课间，冯淑兰忽然兴致勃勃地说：“我们把古乐府《孔雀东南飞》改编成话剧，搬上舞台，借以宣扬争取恋爱、婚姻自由的理想，大家觉得如何？”年轻的女孩子们齐声高呼：“好极了！好极了！”她们的想法得到了陈中凡老师的热情鼓励。于是大家说干就干，很短的时间内，剧本就改编成了（后来发表在陈大悲主编的《戏剧》杂志上）。

李大钊老师闻知同学们要演一出反封建婚姻的话剧，表现得异常激动。他表示愿为大家做导演，还请来陈大悲老师协助搞古装和布景。冯淑兰沉稳刚毅，饰演焦母；程俊英美丽温柔，饰演刘兰芝；孙桂丹颀长温文，饰演焦仲卿；陶玄干练硬朗，饰演刘兄；陈定秀娇小可爱，饰演小姑。演员角色一确定，大家不禁在心中暗暗佩服李老师的慧眼独具。1921年春天，在女高师大礼堂预演，请全校师生及家长观看、批评。由于剧词写得缠绵悱恻，演员真情投入，观众受到巨大震撼，流着眼泪喝彩不已。所有演职人员受到莫大鼓舞，遂决定于是年冬天在教育部大礼堂公演三天，以扩大社会影响。

当时鲁迅先生在北大讲授中国小说史等课，深受学生欢迎，不仅本校学生听他的课，外校学生也来听讲。五四运动之后，女高师不再受到从前那般严格的禁锢，女学生可以自由出入校门了。她们参加了不少研究会，与外校的同学、同乡广泛接触，也经常到外校尤其是北大这样的著名学府听名师讲课。那时，淑兰与北大学生王品青相恋。王品青很受鲁迅先生的赏识，因此，淑兰常与王品青一同听鲁迅先生上课。先生对她亦颇为关照。当时鲁迅先生在教育部任佥事之职。教育部位于手帕胡同，与女高师相距甚近，只隔一条胡同。当冯淑兰等请求鲁迅先生帮忙租借教育部礼堂以供演出之用时，先生爽快地答应下来。结果非常圆满，教育部为了表示对学生反封建行为的支持，慨然同意借用，免收租金。

女高师学生上演新编话剧《孔雀东南飞》的海报贴遍了北京城的大街小巷，行人无不驻足观看：

兰芝赴清池，仲卿挂枝头，夫妻深情何处留？
思悠悠，恨悠悠，直到铲除封建礼教方始休！

千古悲剧，长歌当哭！
斑斑血泪，目击神伤！

女大学生粉墨登场，开创一代文明新风尚。

北京各高校的学生无不翘首期盼。票价不菲，分四个档次：一元、二元、三元、四元。首场演出的时间是晚上7时，但下午4时大礼堂外已是人声鼎沸、水泄不通。很多人没有买到戏票，却迟迟不愿离开，幻想能等到退票，竟一直等到散场。

台前紫红色的天幕上缀着一双色彩斑斓的孔雀，旁边斜斜地写着三个黄字："东南飞"。

幕缓缓拉开，凄凉的音乐响起，"未成曲调先有情"，观众感觉自己被带进了一片情愁恨海之中，他们在沉溺，他们无力自拔。这时，幕后合唱开始了：

妾是蒲柳韧如丝
君作磐石无转移

举手劳劳别君去
难分难舍情依依

美丽善良的刘兰芝终日勤苦劳作、逆来顺受地侍奉婆婆，却仍然不得婆婆欢心，无缘无故地被婆婆休回娘家，她哭诉着与做府吏的恩爱郎君焦仲卿惜别。焦仲卿试图在母亲面前抗争，却被性情刚愎的母亲三言两语噎得无话可说。他们相约：纵然身分两地，但情同一心。将来，他们终会聚首的。谁料兰芝回到娘家，不时地有高门大户前来提亲。其母尚顾念女儿旧情难断，其兄却一心欲攀附权贵，逼迫兰芝许婚。无处安身的刘兰芝于是投水自尽，深情不移的焦仲卿闻讯上吊自杀。美好爱情，恩爱夫妻，惨遭毁灭，充分揭露出封建礼教的吃人本质。

冯淑兰将焦母演得入木三分，她的双眼喷射出凶悍的光，让扮演刘兰芝的程俊英不由自主地浑身瑟瑟发抖。演出结束，全场一片哭声，教育部的大礼堂成了泪海。当初李大钊在导演时曾说：“上演时，不光女的哭，男的也要哭，这出戏才算成功。”她们成功了！三次谢幕后，观众的掌声依然震耳欲聋。姑娘们回到了后台，个个一言不发，一时都无法从剧情中抽离出来。

《孔雀东南飞》连续上演了三天，场场爆满，掌声雷动，盛况空前。清华大学开动校车送学生们前来观看。当时的各大报纸都在显要位置报道了这次演出。该剧在普通市民中也产生了巨大反响，据说，当时不少做婆婆的妇女开始反思自己哪些地方对不住儿媳，也有不少人家停止了对儿女的逼婚。李大钊老师激动地说："堪称壮举啊！比任何政治家的演说都见效！"这次公演的收入，一半捐献给了社会公益事业，一半作为全班学生赴日本访问考察之费用。冯淑兰没有去日本，而是随当时的年级主任胡小石老师等去了太原、武昌、南京、杭州等地。参观途中，她撰写了《晋鄂苏越旅行记》，发表在《晨报》副刊上，连载了 20 期。

第五节　初恋

五四运动之后，女高师的学生们再也不用统一着装了。原来，几十个人往那里一站，好像一个模子造出来的，个性很不鲜明，如今则异彩纷呈。顾盼有神的程俊英喜欢色彩艳丽的洋装，像橘黄、玫紫、湖蓝等等的颜色，穿在她的身上，更能衬托出她的娇美出众；陈定秀爱穿浅色丝绸绣衣，这位目如点漆、肤如凝脂的苏州姑娘，一派"清似芙蓉出秋水"的水乡少女风致；冯淑兰生性朴素，自云"靓妆不御"，但白衣蓝裙、亭亭玉立的她，腹有诗书气自华，走到哪里，都会给人留下清雅不俗的印象。

淑兰平时能静能动，人们常见她图书室手捧线装书、孜孜矻矻穷究学术，亦常见她在各种社团之间忙碌穿梭。她报名参加了北大组织的“杜威研究会”、“罗素研究会”，活动中，她遇到了河南同乡——她的初恋情人王品青。

王品青是河南济源人，北京大学物理系有名的才子，文质彬彬，仪表不俗，业余喜爱文艺，写得一手好文章，深得鲁迅先生的青睐。有一次，他随手翻阅女高师创办的《文艺会刊》，上面署名“冯淑兰”的几首诗词，令他十分喜爱。后来两人在一个研究会上相遇，淑兰恬静优雅，聪慧灵透，令王品青一见倾心。他向冯淑兰发起了感情攻势，每隔几天，便寄来一封情切切、意绵绵的书信。淑兰不知如何是好，便把他给自己的信件拿给俊英看。俊英啧啧称赞道：“好深情的文字！好潇洒的字迹！”一天，淑兰拿过一个用玻璃丝做成的精美镜框，说：“这是他托人送来的，还有一封信。”只见信中写道：“兹奉上玻璃丝相框一帧，藉表微忱，以其象征余心之坦白、坚韧、缠绵如此丝也。祈哂纳为感！”俊英不由得赞叹说：“好痴情的人啊！什么时候让我见识见识吧？好替你拿主意。”由于俊英一向为人诚挚热心，淑兰非常信任她，于是便爽快地答应了。

那时候，辞去北洋政府财长的梁启超回归到思想文化领域。1918 年底，梁启超率领精心挑选的蒋百里、张君劢、徐新六等六人赴欧洲进行考察和访问，广泛接触欧洲文化学者，感受思想文化动态。他认为，输入先进科学文化思想的最直接、最有效的方式莫过于邀请著名学者来华讲学。1920 年春天，梁启超从欧洲考察归来，兴致勃勃地着手创办“讲学社”，他把它定义为“一个介绍的机关”：“只要是有价值的学说，我们不分门户，都要把它介绍进来，好像我们开一个大商店，只要是好货，都要办进。”他充分发挥自己在学界及社会上的影响与号召力，让政府、名流对该社给予经济资助。“讲学社”先后成功邀请了杜威、罗素、杜里舒、泰戈尔“四大名哲”来华讲学。在北京大学哲学系任教同时也在女高师兼职讲课的傅铜教授，留学英国时是罗素的门生。1920 年 5 月，傅铜向梁启超提出了邀请罗素来华讲学的建议，梁启超十分支持。是年秋天，罗素偕女友勃拉克来到北京。当时在傅铜南池子家中举办晚会。会中，年轻貌美的勃拉克情不自禁地在院子里跳起了拉船舞，引来阵阵掌声。淑兰与俊英静静地站在一旁观看。这时，一个身材颀长、面容清俊的男士走了过来，对她们微微一鞠躬。淑兰忙介绍道：“这位是我的同乡王品青，他在北大物理系读书。这位是我的好朋友、同班同学程俊英。”王品青大方而礼貌地对俊英说：“幸会，幸会！”王品青与傅铜为同乡，是傅家的常客。不一会儿，他殷勤地为她们搬来椅子，又转身离去，为她们端来饮料及果品，然后彬彬有礼地坐在她们身边，陪两位聊天。他的谈吐既文雅又风趣。晚会结束后，王品青将她们送上了自己雇来的人力车。

一路上，俊英不停地夸赞王品青，说他风度好、为人好，真想不到一个学物理的人居然如此潇洒俊逸而又大方得体！“‘冰消远涧怜清韵，雪远寒峰想玉姿’，想必也不过如此吧！”俊英赞许道。她是见过世面的女孩子，特别是公演《孔雀东南飞》之后，程俊英的芳名在北大、清华谁人不知、谁人不晓？她扮演的可是刘兰芝啊！舞台上，她的美丽，她的温柔，她的坚强，她的哀愁，她的一切的一切，都深深打动了观众的心。一时间，追求者蜂围蝶绕，简直可以用成百上千来形容。看到这个“天之骄女”如此欣赏王品青，淑兰的心中不由得生出无限甜蜜和骄傲。

王品青擅长诗文，真情实感，出乎自然，毫无一般文人“啊呀呀”那般矫揉造作之态。一天傍晚，他与淑兰在未名湖边散步。正是初秋时节，粉荷已堕，莲蓬初成，微风吹过，送来缕缕清香，点点的浮萍自在地随波流转……王品青灵感忽至，随口吟出了一首小诗：

《萍水曲》

郎作水上萍，侬作池中水；
聚散纵随风，终在池水里。

郎作池中水，侬作水上萍；
池水有时涸，浮萍亦无生。

淑兰素擅吟咏，但听了王品青的诗作，竟大有“眼前有景道不得，崔颢题诗在上头”之感。她觉得自己以往所写的东西相比之下未免太雕琢板滞了，犹如庙堂文学与江南民歌之别。王品青见淑兰沉思不语，以为是嫌弃它有失浮浅，不好意思地说：“忘了它吧，无聊之作！”淑兰这才回过神来，脸颊飞上两朵红云：“你把它写下来，给我，我很喜欢。”王品青喜出望外，连忙答应，同时提出个条件：“你得回赠一首才成。”

那时候北大哲学部学生郭梦良与淑兰的同班同学黄英（庐隐）相爱。郭梦良专攻先秦诸子，经常在他们“福建同乡会”所办的刊物《闽潮》上发表文章，深受黄英的倾慕。她常对同学说：“梦良的文章最精彩。我还在其他杂志上读过他的论文，对先秦哲学流派确有研究，文笔流畅，多有创见，真是位饱学之士！我最佩服的是他那篇论韩非子的文章。”黄英本人的兴趣在文学创作上，她刚在《小说月报》上发表了短篇小说《一个著作家》。真是心有灵犀一点通，立刻得到了郭梦良的赞赏。一个星期天，郭梦良将北大及女师大的一批文艺爱好者联络在一起，在中央公园来今雨轩召开了关于《一个著作家》的座谈会。王品青、郭梦良等早早来到，冯淑兰、苏雪林、黄英、王世瑛、陈璧如等先后赶到。郭梦良激动地说："今天，我们大家来讨论黄英女士的小说《一个著作家》，我读了以后，很受感动，它表现了有情人不能终成眷属的悲剧，一切都是金钱惹的祸！里面有很多精彩的描写，比如这两段描写真是绝妙……"郭梦良几乎是一字不错地背诵了出来，然后说："请大家各抒己见，谈谈读后感。"

大家从各个方面谈了自己的感觉，有人说文字很流畅；有的说情感很充沛，富有诗意；有的说结尾太惨了，不该让两个年轻人死掉，应该乐观些。苏雪林和冯淑兰还没有发言，她们两个于国学用功最多，古诗文功底深厚。郭梦良点名让苏雪林说说看法。苏认为该小说文字表达太直白，故事情节过于简单，欠缺氛围烘托，不能算是佳作，遂幽默地说："游夏不能赞一言！"座中王品青忍不住一笑，黄英顿时怫然作色，好像受了惨重打击似的。淑兰解围道："这篇小说表现了青年男女相爱不能相聚的悲剧，这在当前社会中，甚为常见，题材选得好。对创作来说，选材很重要。”

王品青与郭梦良一样，在老家早有了妻室。黄英与冯淑兰都爱上了有妇之夫；黄英与冯淑兰也一样，她也早被家中订下了婚事。虽然淑兰曾写信给母亲，要她解除自己与那财主儿子的婚约，可是，母亲坚决不答应，说：“咱不能做那背信弃义的事！”因此，她每次想到自己与王品青的未来，就不免唉声叹气。黄英却是爽快得很，她是个爱情至上主义者，认为只要有了爱情，就什么也阻挡不了两人的结合。郭梦良说，按他们老家的风俗，他是独生子，伯父没有儿子，因此他可以娶两个妻子，叫“双祧”（即“两头大”）。黄英为了爱情，情愿屈就。淑兰觉得不可思议，其他几位同学也纷纷劝黄英不可莽撞。黄英表示，她蔑视舆论的非议。王世瑛说：“如果郭没有结婚，或者离婚，那就好了。这不是什么舆论非议的问题，而是你怎样处理他们夫妻之间的关系的问题。你是个理想主义者，碰到事实，你会感到痛苦的。”然而黄英却铁了心，不再改变了。

王品青内心是矛盾的，一方面，他沉迷于淑兰不能自拔；另一方面，他又觉得家中的妻子善良无辜不忍抛弃。在与淑兰的交往中，他始终控制着分寸，不越雷池半步。淑兰更是矜持，交往近两年了，他们仍然保持着相当的距离，因为她对未来非常悲观。王品青发表在

《晨报》副刊上的诗歌《她》，写的正是淑兰：

她

小的时候，
母亲的爱丝，
已把她一匝一匝地捆在母亲
的怀里了。
她一天长似一天，
捆得一天紧似一天。
她的心已被母亲的爱液渗透了——
除却母亲的愿望，
她自己没有愿望；
除却母亲的意见，
她自己没有意见。
她说："我不愿解放我自身去
添加母亲的痛苦。"
她可算是母亲的孝顺儿女。
但是，
神圣的个性呵！
吊君何处？

一个初秋的清晨，两人逃了课，相约去游三贝子花园。那天，剪着齐耳短发的淑兰身穿一件浅碧色绣白花的软纱洋装，白色半高跟皮鞋，显得异常清丽脱俗。一进园门，便有凉风吹来，林叶沙沙作响，淑兰不由得打了个寒噤，后悔自己穿得太少。由于实在抵御不了寒冷的入侵，柔弱的淑兰只得将身体紧紧地靠着品青行走。品青这才第一次敢于握住淑兰的手，在无人处用手臂轻轻揽住淑兰的双肩。后来有一天，品青忍不住拥抱了淑兰，把淑兰激怒了，回去写信将他斥骂了一通。品青惭愧地说："我明知道对于异性的爱恋不应该在你身上发展，你的问题是能解决的（指退婚），我的问题是不能解决的（指离婚）。但是我不明白，为什么对于我不爱的人，非叫我亲近不可，而对于我的爱人略亲近点，就被视为大逆不道？……我以后再也不做这种失礼的事了。"淑兰因感动而心软了，竟生出一种要成全他的愿望。

日月星辰、花草树木，最司空见惯的景物，在恋人的眼中，全变得如此新鲜而又神秘。淑兰曾写了一首白话诗，描写两人冬夜在中央公园约会的情景，深为王品青及他们的朋友所称羡：

就在这样的夜里：
月瘦如眉，
星光历乱，

一切喧嚣的声音，
都被摒在别个世界里了。

就在这样的夜里，
我们相搀扶着，
一会伫立在社稷坛的西侧，
一会散步在小河边的老柏树下，
踏碎了柏子，
惊醒了宿鸦，
听得河冰夜裂的声音。

就在这样的夜里：
我们相拥抱着，
说了平日含羞不敢说的话，
拌了嘴，
又赔了罪，
更深深的了解了彼此的心际。

就在这样的夜里：
我们回想到初次见面的情况，
说着想着，
最后是相视而笑了。
爱的神秘，
夜的神秘，

这时节并在一起！

淑兰个性倔强，爱耍小性儿，爱发脾气。王品青性情温和，总是好言劝慰，几句贴心贴意的话儿说出来，准能让淑兰多云转晴。这在王品青发表的《对月》诗中有着生动的表现：

冰轮似的月儿，
正在朝我微笑，
无端来了一块浮云，
把她遮住了。
气得她，
满目含瞋，
眼圈儿通红了。
忽然一阵清风，
把浮云轻轻地推过去，
月儿破怒为笑，
依旧照着我，
仿佛说：
“没有什么，
一会儿就好了。”

转眼到了四年级，原来天真烂漫、无忧无虑的女孩子们，此时一个个变得心事重重起来。娇俏美丽的程俊英向来是满面春风、喜欢谈笑的，现在却变得落落寡合了。整日坐在教室里，手里拿着一支笔，在废纸上画来画去，有时忽然长叹一声：“做人真苦呵！”原来，她的父母看中了一个相貌出众的青年，那人任交通部秘书长，曾留学日本，家景殷富，他本人有极强的上进心与社会活动能力。那人非常爱慕俊英，登门求婚。俊英的父母对他非常满意，希望她答应这门亲事。但是，俊英认为官场污浊，他难以做到出淤泥而不染，所以不愿接受。她的父亲非常生气，说道：“现在的女孩子，眼里哪还有父母啊！好吧！我也不能强迫你，不过我觉得这是个好机会，我做父亲的有责任提醒你，据我看，那年轻人实在是个不可多得的人才，将来会大有前途！”俊英自小还不曾被父亲呵斥过，此时深感难堪，通宵失眠。她想：如果自己未进学校念书，只过六七年前那种小姐式的生活，早晨睡到10点起来，看看不相干的闲书，作两首无聊的诗，满脑子才子佳人的思想、三从四德的观念，那么父母之命、媒妁之言，她自然遵守，也没有什么苦恼了！现在既然进了学校，有了知识，接受了新思想，如何还能俯首帖耳听从命运的摆布呢？何况在她的内心，早已住进了一个人。而这个人，在她父亲看来，年纪太大，只是个无甚发展前途的教书匠而已。

头年春天，留日博士、女高师保姆科儿童心理课教师张耀翔为大家讲演《心理测量》，由程俊英做记录，后将记录交张先生审阅。程俊英擅长书法，张耀翔赞美俊英字迹俊秀，一如其人。俊英对温文儒雅、博学多识的张耀翔亦颇为倾心。张耀翔为了多接近俊英，经常写信给她，每每在信中提出一个问题与俊英讨论，叫她一定答复。有时则会寄来一篇论文叫她看完交回。来往多了，彼此的好感也就加深了。张耀翔比俊英大 8 岁，又是搞心理研究的，温存体贴，无微不至，令俊英倍感甜蜜幸福。不久，俊英于手帕一角手绣一“望（张耀翔小名）”字赠张耀翔，表达爱恋之情……

颇有侠义心肠的黄英主动请缨，去做俊英父母的工作。

1922 年秋，程俊英与张耀翔订婚。在北京天坛祈年殿石阶上，两人誓以教育为终身职责。1923 年 2 月 13 日，程俊英与张耀翔在北京报子街聚贤堂结婚。李大钊、胡适等北京教育界名人及学生一千名参加了婚礼。婚后，二人之斋居名“望海居”（俊英小名“海”）。

淑兰很赞赏俊英的有主见、忠于爱情。她祈祷，自己与王品青的故事能有一个圆满结局。淑兰和品青再三商量，最后决定，两人一起参加河南教育厅的“官费留学”考试，争取一同远走高飞。冯淑兰后来的小说《旅行》，便是以两人从北京坐火车到开封参加考试为背景展开描写的。北洋军阀下设的各省教育厅的考试其实是骗人的，他们的计划终未能实现。但这次旅行，使他们的恋情更加深浓。王品青的小诗《春意》写道：

嫩丝的芽
顶破了冷酷的世界；
只这里
便透出无限的春意。

五年的大学生活转眼过去了，同学们各奔东西。陶玄去北京女一中担任校长；黄英去了安徽一中学教书；陈定秀去了苏州女子师范担任国文教员；王世瑛留在女师大附中任教；陈俊英留校担任校刊编辑，兼北京女一中国文课……冯淑兰以优异成绩被年级主任胡小石老师推荐给北京大学“国学门”。“国学门”的先生们对冯淑兰进行全面考核后，决定予以录取。冯淑兰遂成为中国历史上第一位女研究生。

从此，冯淑兰与王品青将同在北大读书了。

第三章　红楼才女

1922年秋初，冯淑兰离开了学习、生活了五年的女高师，来到了北大红楼，住进了后门内候戒大院静谧的女生宿舍。她独处一室，寝室背阴，光线幽暗。窗外有几棵槐树，微风吹过，树叶沙沙作响。

第一节　国学门

北大国学门聚集了当时一批大师级的学术专家，如北大文学院院长、国学门主任沈兼士，是文字学家、文献档案学家；吴梅有“曲界泰斗”之称；黄节，是古典诗词专家；钱玄同是语言学家；黄侃，是文字、音韵、训诂学家；刘文典，是校勘学家……

国学门创立于1921年。在大学内设立学术研究机构的理念，可以追溯到清末京师大学堂时期。光绪二十八年（1902）颁布的《钦定学堂章程》即提出，在大学堂之上设立大学院，“大学院为学问极则，主研究，不主讲授，不立课程”。第二年，改大学院为通儒院，召大学堂毕业生入内深造，作为“研究各科精深义蕴，以备著书制器之所”。该院学生不上堂，不计时刻，“但在斋舍研究，随时请业请益，无讲堂功课”。而民国初年发布的《教育部公布大学规程》亦规定：“大学院为大学教授与学生极深研究之所”，院内“不设讲座。由导师分任各类，于每学期之始提出条目。令学生分条研究，定期讲演讨论”。院生学习“不立年限”，如“自认研究完毕，欲受学位者，得就其研究事项提出论文，请求院长及导师审定，由教授会议决，遵照学位令授以学位”。其规制颇类后来的研究生院，唯因当时条件所限，未能付诸实施。1917 年，蔡元培出任北大后，为实现这一构想，曾在校内设立文、理、法三科研究所。然行之三年，结果大不如人意，乃复思改组，于是国学门遂应运而生。国学门的体制，从组织结构看，包括三室五会，“三室”谓登录室、研究室和编辑室，“五会”即歌谣研究会、明清史料整理会、考古学会、风俗调查会和方言研究会。

辛亥革命以后，1912 年 5 月 3 日，民国政府批准京师大学堂改称北京大学校，著名启蒙思想家、翻译家严复出任首任校长。1914 年，胡仁源被任命为校长。

1916年，学校在汉花园（今沙滩）兴建楼房，1918年落成，此即后来成为学校象征的北大红楼。该楼坐北朝南，呈“工”字形，全用红砖砌成，远望如丹霞一片，蔚为壮观。

冯淑兰是当时国学门唯一的女研究生，十分引人注目。大家望着她怀抱线装书从图书馆向寝室缓缓走去的背影，会在内心感叹：一个女孩子竟能如此耐得住枯寂！先生们对她的国学功底非常欣赏，知道她喜爱《楚辞》，就鼓励她进行深入的研究。

当年在女高师所有任课老师中，最受淑兰爱戴和信赖的恐怕要数胡小石先生了。他能诗擅书，温厚宽仁，简直像一个兄长。事实上，他在与学生通信时，的确是把弟子们都称作“贤弟”的。1922年冬，胡老师离开女高师，去武昌高等师范学校执教。临行前，淑兰看望了他，汇报自己目前的研究情况。胡老师到武昌不久，就收到淑兰的来信，并附她创作的一些绝句，请老师进行斧正。胡老师很快回了信，原文如下：

德馥（淑兰字）贤弟：

去京又已兼旬，每忆前游，辄复感喟。

弟所作《楚辞》研究当有新得，挂念挂念。前所寄诸绝句，略为增润一二字，不能为原作生色也。七绝只限长二十八字，字字皆负责綦重，故用字不能不求经济。此则炼字之所以为急。（宋贤最讲用字，多尚以少字包多义，此其所长也。）弟属思清绮，取竟（境）亦幽微，可喜。出语稍苦易矣。诗与他文异，吾友胡翔冬有云：诗须于通后求不通。此语大可寻味。所谓不通者，欲将说明语、衔接语可略则略之，以便增入多竟（境）多义，不能处处止于文从字顺也。

弟诗情竟（境），并能自创，故更为进一解，如何？

王志第二卷，此间印就，今寄上。王翁持旨颇偏激，然其论文章原流皆精辟。

光炜居此枯寂，也少有山水之游。自然之美，不欺人于幽忧寂落之候。武昌寡交游，惟自然堪为吾友也。归后录录（碌碌），故至今始作书相报。他同学处亦当然有书报也。天寒，珍重不一。光炜拜上。

诸兰弟均致候

十二月二十五

这是淑兰人生中最为惬意的一段日子。以前在女高师时，多人居住一室，作息时间不统一，互相难以协调。喜欢晚睡的淑兰，怕影响别人休息，常常拿着书到栉沐室（盥洗室）里去攻读。夜深回寝室时不敢开灯，蹑手蹑脚的，却每每撞翻了凳子，或是碰碎了茶杯，弄出惊天动地的一声巨响。这下可好了，她每晚在桌边学习累了，便坐到床上，斜倚着靠背继续读书。这个时期，她对《楚辞》的用韵产生了浓厚的兴趣，每晚可以旁若无人地高声吟哦。遇到疑难问题就记下来，第二天向黄侃先生请教。黄先生虽然平素为人豪放不羁，然于学问，却是一丝不苟、精益求精，让淑兰由衷地敬佩。多年以后，淑兰深有感触地说："人生能真正安心读书的时间是很短暂的，也就青年时代那几年，所以一定要加倍地珍惜！"

第二节　返乡

程俊英、陶玄、王世瑛等一些毕业后留在北京工作的同学，几乎每个月都要张罗一个师生聚餐会，邀请各位曾为大家授课的先生以及所有在京的同学参加，叙叙旧情，聊聊近况，谈谈时事，说说笑笑，气氛相当融洽。1923 年初夏的一个周末，大家又聚在一起了。

虽然这样的宴会只是师友们的定期聚会，并无外客，但淑兰的同学们仍然十分重视。如今大家已非从前做学生时的那般清苦模样（当时学生中也有奢华的，但毕竟很少），她们现在有的是中学校长、教师，有的是博士夫人、教授夫人……个个衣着华美，举止风雅。淑兰素以“淡泊”驰誉于师友间，但今天她为了与气氛协调，也刻意打扮了一番：泥金色的丝绸旗袍，浅棕色的半高跟皮鞋，肤色长筒丝袜，薄施脂粉，淡淡地涂了点口红，真是“颜色上伊身便好，带些黯淡大家风”（清代中期黄莘田的诗句）。

宴会在六国饭店举行。位于东交民巷核心区的六国饭店，在当时可是达官贵人聚会的奢华场所。饭店高四层，十分气派。深夜，人们从大街上走过，可以望见饭店门口亮如白昼。那里大灯如明月、小灯如繁星，交相辉映，一片星汉灿烂的天上人间景象。里面的布置豪华而不失高雅：地上铺着松软的印着古色古香图案的地毯；壁上挂着西洋名家的油画——长裙曳地的美人以及欧洲胜地风景等等；桌面上是雪白的、抽丝兼绣花的桌布，花瓶里插满芬芳四溢、姹紫嫣红的鲜花；从天花板垂下的巨型枝形水晶吊灯更是美轮美奂……

终日里在书斋苦读的淑兰，此时也为这繁华浪漫的景象深深地陶醉了，再望望同学们，个个靓丽夺目。娇小玲珑的程俊英，本来就妩媚俊俏，今晚身穿一套粉红印度丝缎衣裙，更显面如娇花，臂如雪藕。珍珠项圈，钻石镶成的压发，在灯光下熠熠生辉，望去宛如一个高贵公主。坐在她身边的是其西装革履、气度不凡的夫君张耀翔。罗静轩又是另一种风采：合体的浅绿色印花轻纱西服套裙、白色镂花高跟皮鞋，使她的身材更显修长。短短的头发微微卷起，不时用流利的英语应对，走起路来，潇洒而轻盈，谁见了都以为她是刚从美国留学归来的巾帼才俊。机敏干练的陶玄，今晚增加了几分温婉。沉静温柔的王世瑛，今晚平添了难得一见的活泼洒脱……

顾震福老先生来了，打起了他最擅长的灯谜；傅铜老师谈起了罗素与勃拉克的近况；李大钊先生则一如既往地评论时事，不时有妙语惊人；张耀翔教授则三句话不离本行："这是要以心理为依据的。"酒桌上笑声一片，可惜胡适先生不在场，他正在杭州烟霞山度假呢。

饭后，同学们不拘礼节，三三两两、推心置腹地说起了心里话。程俊英悄悄在淑兰身边坐下，问起她与王品青的情况。淑兰笑了笑说："我们还跟从前差不多，隔几天见一面。你结婚后更漂亮了！"俊英道："多亏黄英几次三番到我家去，做我父亲的工作。我父亲最后对耀翔也没有什么意见了。你和品青也该考虑婚事了吧？"淑兰摇摇头："我哪有你这么幸运啊！八字还没一撇呢。"俊英说："你与品青该趁早决断，古话不是说，‘当断不断，反受其乱’。”淑兰低声说：“谢谢你，俊英，你说得有道理。”俊英又谈起了黄英，说：“前几天她来看我，我劝她向郭梦良提出与其妻离婚的要求，她面露难色。现在，她正准备与郭结婚呢。淑兰，你说一夫二妻像什么话，我真替她委屈。”淑兰说：“是的，她真是被爱冲昏了头脑啊。”

谈谈笑笑，散席时已是9点多了。淑兰雇了车，回自己的宿舍。这时天空忽然飘起了细细密密的雨丝，被灯光一照，迷茫缭乱的样子，无端令淑兰伤感起来。车子七拐八转，终于到了住处。开大门时，见收发室里有她一封信，急忙打开来看。母亲在信中说，这个暑假，大哥友兰、二哥景兰都要学成归国了，友兰已经跟河南省立大学——中州大学取得了联系，该大学将聘他为文科主任（相当于文学院院长），很盼望淑兰到时候能回家小住些时日，照个全家福。

多少年没有回家了，她内心里何尝不思念母亲及故乡的一切，只是……她深深地叹了口气。

冯友兰通过了哲学博士论文答辩，景兰也获得了地理学硕士学位，两人一同于1923年暑期经加拿大回到老家河南。母亲早已到了开封等候，在这里把家布置安排好了。那时友兰已有一女，景兰已有一子一女，一大家人热热闹闹的，令母亲十分开心。唯一牵挂的，是最小偏怜、久居京华的小女淑兰。淑兰说整个暑假都要忙着写文章、查阅资料，无法回去。母亲为此非常不快。

初冬一个周末下午，冯淑兰与王品青去北海公园游玩，两人谈及他们的未来。王品青觉得就这样很浪漫很甜蜜地进行下去未尝不好。冯淑兰则满腹心事，又不知如何说出，推说身体有些疲倦，早早地回到住处。须发斑白的老号房交给她一封电报，说："冯小姐可回来了，下午您刚走，就来了您一份电报。"淑兰接了电报，向舍监处借了本翻译电报的簿子，便到房间内，翻译出的字句竟是："母念妹病剧，速归。兄。"

这突如其来的消息，令她一阵晕眩："母亲思念自己怎会病重？莫非是那财主家催婚所致？"

一夜辗转无眠。她已经六年不曾回家了，慈爱的母亲想念自己到了病剧的地步！她恨不能收拾行囊立刻飞回母亲身边，但一会儿又怕这是个圈套，回家就得就范、结婚……第二天一早，王品青赶了过来，听了淑兰的叙述，一时也乱了方寸。他实在不愿热恋的爱人回去冒险，但他又不便阻止，因为淑兰是如此为母亲的身体担忧。他将淑兰紧紧地拥在怀中，低着头，一言不发。

最后淑兰还是决定回去。在内心里，她做了最坏的打算。

壮着胆子敲响了家里的大门，开门的不是别人，正是母亲。几年不见，她老多了。满脸的皱纹，花白的头发，残缺不全的牙齿，走路摇摇晃晃的。看见淑兰，她先是一惊，一张脸随即笑成了菊花。她发现淑兰身材更高挑了，脸庞儿更秀气了，头发短短的，穿着打扮很洋派，只有声音还没大改变。老人兴奋极了，拿出各种点心给淑兰吃，高声唤厨子赶紧做饭，又问淑兰从前那些发癔症、说梦话、偏头疼、心慌等等稀奇古怪的病症好些了没有。大哥友兰找机会把她叫到一边，神色凝重地低声说："这次打电报叫你回来，一半是妈妈的意思，一半是我和景兰的意思。你近来行为真是太浪漫了——简直是胡闹！教育界的人，知道你和王某人事情的人，对你们议论很坏……自由恋爱！你知道众人都怎么说？就是吊膀子、轧姘头。风言风语，都传到妈妈这里了，你说她能不急吗？女子们盛年短暂，不要虚耗时光，否则，将来准会后悔的！我们认识的留美博士中，人才有的是，品貌、学问、家世，样样都很出众，值得你认真考虑……妈妈年纪大了，你不要惹她生气。"淑兰听着，感到非常难受，但隐忍着不停地点头，不加辩驳。

前两天，母亲怕触着女儿的痛处，一直没有提起婚姻之事。第三天，淑兰主动说起要与那财主儿子解除婚约。说到沉痛处，淑兰呜咽起来。母亲也流了泪，但坚决反对退婚，认为那将是他们冯氏家族的耻辱，叫他们以后怎么做人呢！最后母亲甚至说：“你不要再回去上学了，北京的社会风气太坏！”淑兰没有料到苍老慈祥的母亲在这件事上竟然如此固执，丝毫没有回旋的余地。

淑兰也想过，干脆与那财主的儿子结婚算了，家族有光彩，母亲心安，夫家高兴……委屈一个自己，成全这么多人，不是很合算么？然而，她忽然想到了王品青，那些温柔情话，那些分分秒秒的甜蜜，那些对未来的憧憬……为了他，牺牲一切都值得……她不想活了，于是绝食……

淑兰三天水米不进，母亲又气又急又心疼，就病倒了。苍老的脸变得更加枯黄憔悴，身体也虚弱到了极点。友兰、景兰十分忧虑，劝慰道：“妈妈的心太重了！现在这个时代，退婚不是什么见不得人的事，顶多就是给左邻右舍说几句闲话罢了。淑兰在北京读了六七年书，见的世面大了，现在让她跟一个没文化的土财主结婚，确实是太不搭调了。小妹从小性子倔，弄不好会出人命的。是面子重要，还是人命重要呢？”

母亲的态度开始和缓了，她来到淑兰面前，老泪纵横：“你也要替我想想，我要是答应了你，怎有脸见你的叔叔伯伯们……把你强嫁过去，我又不忍心看你受委屈……你要是觉得自己对，就按你的想法去做，不要管我怎么去承受吧！”

最终也没商量出一个万全之策。淑兰带着对母亲的万分愧疚与依依不舍，登上了北去的火车。

第三节　横空出世

回到北京，冯淑兰再见到王品青时，仿佛经历了一场生离死别，两人紧紧拥抱在一起，泪流满面。

一个月过去了，她依然不能静下心来继续从前的《楚辞》研究，眼前总是像放电影似的出现一幕幕情景……她不明白，为什么年轻人纯洁真挚的恋情，在世人的眼中竟会变得那般肮脏不堪？为什么人作为万物之灵长，竟能像动物一样没有爱情地结合在一起？为什么屈从于愚昧荒谬的婚约就被赞美为道德高尚，而追求至善至美的理想爱情就为众人所不齿？……我们是新一代知识女性，应该捍卫自己追求爱情的权利。我们应该拿起自己的笔，义无反顾地把一切的一切都写出来。

冯淑兰听从内心的呼唤，决定近期内暂停《楚辞》研究。她的胸中蕴蓄了火山喷发般的岩浆，需要小说创作这样一个突破口。否则，她会窒息而死。

习惯了严谨考据的她，忽然下笔写小说，一时还真找不到感觉……她以王品青和自己为原型，塑造了一对相爱的青年男女主人公形象，详细描述了他们的家世、相貌、性格，两人的相识、相爱，以及遭遇的阻力和非议……差不多快写好了，她忽然感到很不满意，觉得这种流水账式的平铺直叙，实在太平淡无奇了。淑兰发现，她更擅长书信体第一人称的写作方式，这样可以直抒胸臆，把自己的内心世界和盘托出。这样，情节与结构安排退居次要地位，情绪与感觉先声夺人。

王品青得知淑兰要写小说，非常支持。他与淑兰相爱，有醉心的甜蜜，也有难言的苦痛；有芬芳的玫瑰，也有纵横的荆棘……能够写出来，就得到了一种慰藉和升华。每过几天，他就要到淑兰处催促她快写，写好了给他看。淑兰从前写诗或散文，很喜欢拿给品青欣赏，这次写小说，却是一个字也不肯展示。她对品青说："在小说写出来之前，你不要来我这里，我需要绝对孤独的状态。"王品青表示理解。已经习惯了与淑兰轻怜蜜爱的他，感到了从未有过的寂寞。

日子过得飞快，一晃两个月过去了。涂了写，写了涂，淑兰的小说《隔绝》终于写成了。王品青赶过来，发现淑兰瘦了一圈，脸色憔悴，真是心疼极了。他一口气读完小说，不禁为淑兰的充沛激情与语言才华击案叫好，说："你一定会成功的！"在品青的鼓励下，淑兰勇敢地将稿子投给了《创造季刊》。很快，她就收到了编辑的用稿通知，这让她喜极而泣。多少年来，她的压抑与愤懑得到了最痛快的宣泄。既然有了一个好的开始，她决定继续写下去。

1924年的春天，是冯淑兰大获成功的季节。她化名“淦女士”，在创造社刊物《创造季刊》、《创造周刊》上接二连三地发表了多个短篇小说：《隔绝》、《隔绝之后》、《旅行》、《慈母》……篇篇扣人心弦，引起轰动和震撼。一时间，整个知识界、教育界都在惊问：淦女士是谁？真像当年英国浪漫派诗人拜伦所言：“一觉醒来，发现自己已名满天下。”

《隔绝》写在外地读书、已有了心上人的女主人公繝华，被母亲召回，逼令和与之已订了婚约的土财主的儿子刘某结婚。繝华拒不从命，被母亲幽禁在小屋中。迎亲的刘某不久就会赶来。繝华感到自己将不久于人世，极度痛苦中写信给心上人士轸：

> 今天已是我被幽禁的第二天！我在这小屋内已经孤零零地过了一夜。我的哥哥姐姐们虽然很和我表同情，屡次谏我的母亲不要这般执拗，可是都失败了。她说我们这种行为直同姘识一样，我不但已经丢尽她的面子，并且使祖宗在九泉下为我气愤，为我含羞。假如他们要再帮我，她就不活了。士轸

呵！怎的爱情在我们看来是神圣的，高尚的，纯洁的，而他们却看得这样卑鄙污浊。

身命可以牺牲，意志自由不可以牺牲，不得自由我宁死。人们要不知道争恋爱自由，则所有的一切都不必提了。

士轸，虽然我们相见的希望还有一丝存在，但是我觉得穿黑衣的神已来我身边了，我们爱史的末一叶怕就翻到了。我们统共都只活了廿四五年，学问上不能对于社会有所贡献，但是我们的历史确是我们自己应该珍重的。我们的精神我们自己应该佩服的。无论如何我们总未向我们良心上所不信任的势力乞怜。我们开了为要求恋爱自由而死的血路。我们应将此路的情形指示给青年们，希望他们成功。不遭人忌是庸才，我也不必难受了。我能跑出来同你搬家到大海中住，听悲壮的涛声，看神秘的月色更好，万一不幸我是死了，你千万不要短气，你可以将我们的爱史的前前后后详详细细写出。六百封信，也将它们整好发出……

信中议论很多，但由于都是当时青年男女十分关心的话题，所以不独不显得空泛，反而颇能引得共鸣。悲剧，就在于将美好的东西毁灭给人看。《隔绝》这篇小说之动人处，亦在于作者以饱蘸柔情的细腻笔触，描绘了繼华与士轸这对情人甜蜜的恋爱情景，比如文中写她沉醉地沉浸在两人初次拥吻的美好体验里：

> 不久我们又去逛二闸，踏遍了秋郊，寻不到个人们的眼光注射不到的地方。后来还是你借事支开了舟子，躲在芦花深处拥抱了一会，kiss了几下，那时太阳已快要落了，红光与远山的黛色相映，渲染出片紫色的晚霞来。林头水边也还有它的余光依恋着。满目秋色显出一片无限的萧瑟和悲壮的美，更衬得我们的行为的艺术化了。无何，苍茫的暮色自远而来，水上的波纹也辨不清晰，雪白的鸭儿更早已被人们唤了回去，我们不得不舍陆登舟，重寻来时的途径。我们并肩坐在船板上，我半身都靠在你的怀里，小舟过处，浆儿拨水的声音和芦荻的叶子发出的声音相和，宛如人们叹息的声气，但是我们心中的愉快，并不为外物所移。

《隔绝之后》是《隔绝》的续篇，借女主人公繼华表妹之口，叙述繼华的越墙逃跑计划失败，她被迫服毒自杀，心上人士轸闻讯赶来，繼华已奄奄一息，无可救药。士轸悲痛欲绝，吻了她，也服毒而死。

《旅行》写得十分精彩，氛围、意境、语言等各方面均引人入胜，堪称经典。作者的选材非常新颖。女主人公“我”身为一女大学生，她与恋人编撰了冠冕堂皇的理由，逃课外出旅行。

这是很能使我奇怪的。同行的计划虽是由他提出的，然也得过我的同意，并且为了要使这个计划实现，我还费了无限心机，去骗平素很相信我的人。那知计划虽实现了，我们俩虽能促膝谈心了，而我又觉得周身不自在起来，同平常见了不相识的阔太太们一样的不自在。固然我们也是有说有笑的，但我却发现了这些谈笑不是从心坎中流露出来，是用来点缀寂寞的场面的。

在我们俩座位中间，放的是件行李，它可以说是我们的“界碑”，也可以说是我们彼此注视的目光所必须经过的桥梁。假使目光由此及彼，也象人们走路似的必须经过相当的空间。

我很想拉他的手，但是我不敢，我只敢在间或车上的电灯被震动而失去它的光的时候，因为我害怕那些搭客们的注意。可是我们又自己觉得很骄傲的，我们不客气的以全车中最尊贵的人自命。他们那些人不尽是举止粗野、毫不文雅，其中也有很阔气的，而他们所以仆仆风尘的目的是要完成名利的使命，我们的目的却要完成爱的使命。他们所求的世界是要黄金铺地玉作梁的，我们所要求的世界是要清明的月儿和灿烂的星斗作盖，而莲馨花满地的。不过同时我又这样想想，如果他们不是这样粗俗，也许要注意我们的行动，恐怕我们连相视而笑的自由也被剥夺了。

他们爱得真挚、深沉、热烈，晚上两人竟同居一室，甚至“同衾共枕”。身为一个年轻女作者，如此挑战读者的心理极限，需要何等的勇气与胆识。

这是很自然地，彼此都有些害羞，两个青年男女初次住在一起的时候。我所稀奇的就是，我们既经相爱到这样程度，还是未能免俗。当他把两条被子铺成两条被窝，催我休息的时候，不知为什么那样害怕，那样含羞，那样伤心，低着头在床沿上足足坐了一刻多钟。他代我解衣服上的扣子，解到只剩最里面的一层了，他低低的叫着我的名字，说：“这一层我可不能解了。”他好象受了神圣尊严的监督似的，同个教徒祷告上帝降福给他一样，极虔敬的离开我，远远的站着。我不用说，也是受着同样的感动——我相信我们这种感动是最高的灵魂的表现，同时也是纯洁爱情的表现，这是有心房的颤动和滴在襟上的热泪可以作证据的。他把我抱在他怀里的时候，我周身的血脉都同沸了一样，种种问题在我脑海中彼此起伏的乱翻。我想到我的一生的前途，想到他的家庭的情况，别人知道了这回事要怎样批评，我的母亲听见了这批评怎样的伤心，我哭了，抽抽咽咽的哭。但另一方面我觉得好象独立在黑洞洞的广漠之野，除了他以外没有第二个人来保护我，因而对于他的拥抱，也没有拒绝的勇气。

这一大段的心理描写，极其真切、细腻。两人除了拥吻之外并没有更进一步的发展，因为男主人公“不做他爱人不同意的事，无论这事是他怎样企慕的”。作者着重要表现的，正是这种爱情的神圣与纯净，以对抗世人那些对自由恋爱下流恶俗的揣测与咒骂。

《旅行》的语言凝练、传神，且富有诗意，比如：

读书也只是用以点缀爱的世界中的景色，别人对于我们这样行为要说闲话，要说贬损我们人格的闲话，我们的家庭知道了要视为大逆不道，我们通通想得到，然而我们只当他们是道旁的荆棘，虽然是能将我们的衣服挂破些，可是不能阻止我们的进行的。

我最恨灯光，它把我们相拥抱时的影子都映在窗帘子上。爱的图画原只配深藏艺术之王国的宝库里，怎可让它留下痕迹在人间呵！

这是多么不幸呵！我的爱的图画竟于人间留了痕迹了。在我们将走的前一两天，已有好多人注意我们同住这回事了。这并不是我多心。他们每问我在什么地方住的时候，辞意中都含有讥笑的神气。他们送了他好多不好的批评，说他是个大骗子，这些话使他很伤心——自然我也是同样——他说他什么都可以牺牲，可以不要，但他不能离开他的爱人。我们所要求的爱是绝对的无限的。我们只有让它自由发展，绝不能使它受委屈，为讨旧礼教旧习惯的好。在新旧交替的时期，与其作已经宣告破产的礼法的降服者，不如作个方生的主义真理的牺牲者。万一各方面的压力过大了，我们不能抵抗时，我们就向无垠的海洋沉下去，在此时我们还是彼此拥抱着。

《旅行》深得鲁迅先生的赞美，11年后（1935年），他所编纂的《中国新文学大系·小说二集》中共选入33人之57篇作品，其中就包括《旅行》和《慈母》。在《前言》中，鲁迅这样评价《旅行》：

……《旅行》是提炼了《隔绝》和《隔绝之

> 后》（并在《卷葹》内）的精粹名文。虽嫌过于说理，却还未伤其自然；那“我很想拉他的手，但是我不敢，我只敢在间或车上的电灯被震动而失去它的光的时候，因为我害怕那些搭客们的注意。可是我们又自已觉得很骄傲的，我们不客气的以全车中最尊贵的人自命”。这一段实在是五四运动之后，将毅然和传统战斗，而又怕敢毅然和传统战斗，遂不得不复活其“缠绵悱恻之情”的青年们的真实写照。和“为艺术而艺术”的作品中的主角，或夸耀其颓唐，或衒鬻其才绪，是截然两样的。

《慈母》写的是一位老母对在外读书的女儿的怜爱之情。女儿自幼许配给当地一财主的儿子，母亲希望他们成亲，但女儿坚绝不从，母亲心疼女儿，最终她顺从了女儿的愿望。这篇小说字字句句浸透着作者本人对慈母的挚爱和感激，处处以真情取胜，比如结尾处：

> 我又要北上了，这天因为哥哥和嫂嫂们都有事，只送我到了门口；送我到车站的，只有我母亲同个女仆，带三个小孩。可怜为了这样个没出息的女儿，她老人家整整在人声喧嚣、污秽不堪的车站里，站了两个钟头。当我们在站着候车的时候，一个卖糖果的过来了，她便买了几块分给我同

小侄们。在这糖的甜蜜的滋味中，我又领略了母亲的爱，原来在母亲的眼中无论怎样大的人，都是极小的小孩子呵。火车到了，和我同行的几位来招呼了，她便向他们说："劳先生们的情，沿路照应照应。"……

四篇小说，宛如一丛丛娇艳夺目的玫瑰，饱含激情，迎风怒放。她浓郁的色香，令读者销魂迷醉、爱不释手。一时间，《创造季刊》、《创造周报》销量猛增，人们，尤其是青年人，在竞相传阅的同时，不由得好奇地探询：淦女士果真是位女士吗？她是谁？当读者得知作者竟是北京大学国学门的一位默默无闻的女研究生时，简直是瞠目结舌！不少青年人从外地赶到北大，希望一睹淦小姐芳容；雪片似的信件从四面八方飞来，纷纷诉说自己坎坷情路上的艰辛与无望，希望得到淦小姐的鼓励与安慰。与此同时，各种谩骂与非难也汹涌而来，什么"披着新女性的外衣，干着娼妓的勾当"，什么"以伤风败俗为时髦，以姘居淫乱为新潮"，以及"什么国学门，简直是淫荡门"……冯淑兰，这位性格娴静深沉的女孩子，一下子被推到了风口浪尖。面对如潮的辱骂，她从容淡定、置若罔闻，这是王品青绝对不曾料到的。恋爱中的淑兰，多愁善感，动不动就哭哭啼啼，总需要他来哄。而此时的她，仿佛暗夜大海上傲然屹立、光芒四射的灯塔，含笑鄙视着脚下的险涛恶浪在做徒然的拍击，丝毫不为所动。

“大悲不悲，大喜不喜；壁立千仞，海纳百川……她是有力量的！”王品青心折地赞许道。

创造社为淦女士带来了成功，淦女士给创造社带来了辉煌，创造社的主将成仿吾在《一年回顾》中对她表示了感谢：

> 我们这一年——很长很长的一年工作之中，我们有幸得到了几个同心的朋友。他们给了我们不少的气力，他们是维系我们希望的星斗。他们之中我们尤其感谢倪贻德、周全平、淦女士和敬隐渔四位。这四位朋友的作品，虽然不能使我们满足，然而他们是以一日千里之势在向完美之域猛进。

这四篇小说奠定了冯淑兰在中国现代文学史上的重要地位。历来众多的文学评论家，都不曾忽略过“淦女士”在新文学发展史上的开路先锋地位：

> 《卷葹》(1926 年 10 月，鲁迅应王品青要求，将淦女士《隔绝》、《隔绝之后》、《旅行》、《慈母》四篇小说收在一起，名曰《卷葹》，编入《乌合丛书》之中，由北新书局出版）是潜藏着青春的生命

的活力。这种活力虽只在恋爱的一面得到发展，然而，从著者的笔尖流在纸上的，终于是青春时代的青年的生命。情感是那样的奔放，意志是那样的坚决。（钱杏邨《关于沅君创作的考察》，1920 年 12 月 1 日《新星》）

她是一个时代的反抗者，她是一个与旧礼教搏斗的勇敢女性。

我们可以断然不疑的说，她是个热血蒸腾的青年，她是个反抗力最强的女性。她有她的信仰自由，思想自由，一切自由的主张，她宁死也不屈不折。在一切刚开始萌芽的中国，在数千年甘心俯首于捆缚传统思想以下的妇女，这真算是一位健将的突起。（草野《现代中国女作家》，北平人文书店 1932 年）

她引起了读者的注意和惊异。因为她的作品大胆无畏的写出了一般女性不敢写的女性恋爱心理，毫无伪饰的表露了出来。她挣脱一切旧礼教的无情束缚，揭开了虚伪的面孔，创造出一种特殊的文章风格，甚为当时青年男女所喜读。（李立明《中国现代六百作家小传》，香港波文书局 1978 年）

虽然在“量”上并不算多，可是在“质”上，却由于其别有风格，则虽流传至于今日，犹能使读者体认到它的可读性和可传性。即以之与“五四”时代的其他女作家的任何作品相较，也没有什么逊色。这真是她的创作所以不同凡响之处。

对于旧文学深具根柢，故使其在新文学的成就上越臻于充实而有光辉的境地，而她的作品才能经得起时间和空间的考验，才能可传可诵和可大可久。（陈敬之《现代文学早期的女作家》，台湾成文出版社有限公司 1980 年）

最初的几篇都以男女青年的爱情为题材，塑造了一些向封建传统大胆挑战的新女性形象，为知识妇女继续争取“个性解放”和“人的尊严”的斗争留下了一幅幅生动的面影。这些小说似乎把易卜生的社会剧《娜拉》对知识分子的影响发挥到了极致。（田仲济、孙昌熙主编《中国现代小说史》，山东文艺出版社 1984 年）

（《隔绝》、《隔绝之后》之男女主人公）以生命为代价，对封建礼教发出了最强烈的抗议。在对这场悲剧的描写中，作家不仅热望来一场“大雨”，“把被人类践踏脏了的地面，好好洗净，从新播自由、高尚、纯洁的爱的种子”，表达了彻底否定旧礼教的激烈情绪。并且将“慈爱”和“残酷”结合于“母亲”形象一身。这位“慈母”为女儿“物质上可以牺牲自己”，然而由于千百年“由历史环境得来的成见”，却使她亲手逼死了女儿。在揭示旧传统的这种普遍性、顽固性方面，超越了当时一般情爱小说。

（《旅行》女主人公）这个形象，与冰心、庐隐等笔下的女性不同，完全没有那种感伤的因素，而鲜明地体现了“五四”青年生机勃勃的青春活力，追求自由解放的无畏精神。……小说的心理描写尤为深刻、精确、细致，在突出女主人公热烈泼辣叛逆性格的同时，也写出了少女的羞涩温柔，对母亲的依恋。在情爱与母爱、热烈和羞涩的矛盾和演进中，构成了其较为丰富的性格。（冯光廉、刘增人主编《中国新文学史》，人民文学出版社 1991 年）

她不是创造社社员，但从 1923 年（应为 1924 年）起在《创造周刊》上发表短篇小说，以描写女性恋爱心理而引起注意。她侧重于内心世界的表现，与创造社作家的表现手法相近。后出版《卷葹》、《春痕》、《劫灰》等集子。在当时最有名的女作家中，冰心很少描写爱情，偶有的也是表现以理智为基础的爱情；庐隐所写的，也往往带有很浓的感伤情绪；而冯沅君（1929年《卷葹》于北新书局再版时署名“沅君”）写的爱情，其特色是大胆、真挚、热烈。如书信体的《隔绝》，全篇的内容就是反抗家长逼婚的女主人公，在被幽禁中偷偷写给情人表达坚贞之情的信。续篇《隔绝之后》写女主人公脱离家庭未成，一对情人双双殉情，以死对封建婚姻制发出抗议。《旅行》写一对恋人在旅行中的甜蜜生活，可说是篇纯情小说。这些小说都表现了主人公争取自由恋爱的勇敢行为，也表现了他们间的性爱，始终贯穿着反对封建礼教、争取人格独立的炽热感情。（黄修己著《中国现代文学发展史》修订本，中国青年出版社1996年）

第四节　开到荼蘼

娇嫩的花儿，需要阳光雨露的爱抚，需要土壤肥料的滋养，需要养花人无微不至的呵护……爱情亦是如此。随着年龄的增长，淑兰在内心对婚姻的渴望也变得越来越强烈。对此，王品青感到一筹莫展。在他的老家，妻儿与寡母多年来相依为命，守着几十亩薄田度日。他在京求学，虽然小有才名，但学业却越来越糟，对毕业时能否拿到文凭都没有信心，哪有底气回去谈离婚？淑兰常说他是杆“没星秤”，一个大男人，对事业、对前途、对家庭，始终就没有个认真的考虑与规划。王品青为人随和，爱谈笑，朋友们都乐于与之交往，但淑兰却对他产生了越来越明显的失望。她后悔当初自己太过幼稚冲动，他绝不是合适的结婚对象。事实上，王品青沉醉的，只是恋爱的浪漫，他并不知道如何与淑兰建立家庭。

1924 年，冯淑兰在文坛备受瞩目，读者纷纷打听站在她背后的那一个。原来是他？很多人惊讶莫名。随即便有一些人故意给王品青制造难堪，散播流言蜚语，说他道德败坏、玩弄女性、不务正业等等。他承受着各种恶毒的中伤和攻击。他们物理系的教师、同学中也有不少人对他另眼相看。于是他时常逃课，躲在宿舍里看他喜欢的文艺作品。最后考试不及格，令他十分沮丧。种种尴尬郁闷，在他的一篇书信体散文《宰羊》中，表现得淋漓尽致。该文刊登于 1924 年第 8 期的《语丝》。

无疑王品青有着常人所难以企及的深刻感受力与出色表现力，《宰羊》的最后两个自然段，这两个新奇的比喻，令人叫绝：“我的功课和我的关系恰好像没有爱情而强被结合的一对男女。我不满意这种结合，我又没有胆量冲破这种结合”，“今天清早我往学校上课，走到嵩祝寺夹道北头十字路口，正逢着被十字划成的西南一角里那家羊肉铺子的人，手执一把利刃，只在一只小羊的脖子上轻轻一画，鲜红的血花便从洁白的毛中喷出，现在的我呀，真像那只宛转于刀下的小羊”。冯淑兰一方面欣赏他字里行间流溢的真情实感与无限趣致，另一方面又“哀其不幸，怒其不争”。对淑兰来说，逃课、玩耍、看闲书，都是在足以保证优异成绩的前提下进行的。她无法接受和理解，聪明的王品青怎么会沦落为他们班里的“低足”！更可气的是，他不能“知耻而后勇”，奋力扭转局面，而是一味失落哀怨。有时她想，随他去，卖文为业，亦不失为一种谋生手段。然而，王品青并无这一志向，在为文方面也同样不勤奋，只是灵感忽至偶一为之。同在北大，见面的机会多了，吵架的次数也多了起来，淑兰每每气得胸闷气喘。王品青总是赔礼道歉，但过后依然如故，我行我素。

真令人忧伤烦闷！她感觉，自己与王品青的缘分快要断了。人与人之间的离合，冥冥之中似乎有一种强大的力量在掌控着。然而他们相识毕竟已有五年了，这五年，风风雨雨，他们一同走过，要说分手，实在心有不舍。

爱情，在淑兰感觉，那仿佛是用手去握紧水，结果，水并没有被握住，只是手湿湿的。

淑兰不同于王品青之处，就在于她的要强，她时时的刻苦自励。

1925年，冯淑兰学术、创作收获颇丰。她先后发表了学术论文《祝英台之歌》（《北大国学门周刊》1925年1卷3期）、《〈老子〉韵例初探》（《北大国学门周刊》1925年1卷6期）、《〈镜花缘〉与中国神话》（《语丝》24期）、《〈楚辞〉用韵之格式与三百篇》（《金陵光》14卷2期）等。文学创作方面，她以散文及短篇小说为主，集中发表在《语丝》上，也偶尔发表在《莽原》上。[①]

1924年冬，刘勉己为《晨报副刊》代理总编辑，不同意发表鲁迅先生的一首爱情打油诗《我的失恋》，认为有影射某人之嫌。编辑孙伏园已经排好了版，却硬是给刘氏剔了出来。鲁迅不无幽默地说："像我们这样有胡子的老头子，连失恋的权利都没有了！"孙伏园是鲁迅的学生，对此非常气愤，怒而辞职，遂与几个经常投稿的作者商议，自己办一个刊物。1924年11月2日，钱玄同、江绍原、顾颉刚、周作人、李小峰、孙伏园、章川岛聚在一起，决定创办《语丝》周刊，印刷费由鲁迅先生与上述7人分担，每月每人8元。次日，孙伏园报告给鲁迅，鲁迅欣然同意。一个星期后，《语丝》周刊问世，极受民众欢迎。周作人在《发刊词》中

① 严蓉仙著，《冯沅君传》之《附录：冯沅君主要论著、创作年表》，人民文学出版社，2008年版。

说，《语丝》的编辑思想是要“冲破一点中国的生活和思想界的昏浊停滞的空气”，反抗政治上的“一切专断与卑劣”的人物和事物。刊登的文章，以简短的感想和批评为主，也兼采文艺创作和美术、思想方面的介绍和研究，同时于不经意中显示了这样的特色：任意而谈，无所顾忌，要催促新事物的产生；对于有害的旧事物，则竭力加以排斥。在《语丝》中，可以明显感受到以鲁迅、周作人为代表的现代知识分子同仁们投身启蒙、忧时伤世、干预社会的强大精神力量。孙伏园在《语丝》周刊出版之前，打出广告，声明：“本刊由周作人、钱玄同、江绍原、林语堂、鲁迅、川岛、斐君女士、王品青、衣萍、曙天女士、孙伏园、李小峰、淦女士、顾颉刚、春台、林兰女士等长期撰稿。”鲁迅与周作人先后任《语丝》名誉主编，所有作者皆义务撰稿，不拿稿费。王品青与淑兰（淦女士）同在其列。淑兰在《语丝》上发表的所有文章，署名改为“沅君”，再也没有使用过“淦女士”的笔名。《语丝》每月月底都要召集编辑与长期作者聚会，不知为何，淑兰一次也没有参加过。

冯淑兰最早发表在《语丝》上的文章是写于1924年11月24夜的《“无病呻吟”》。这篇小文，针对世人惯于为诗文作者扣上“无病呻吟”的帽子有感而发。她认为，有病没病，往往很难从外表看得出来。人们常常根据作者的生平传记或传说，来评判其作品所流露的感情的真假，其实传记与传说事实上是极不可靠的。俗话说：“人都有一部难看的书”，“这真不错，有些外面看着象是七宝楼台的人生，说不定内部就是瓦砾荆榛。这种人生的隐痛，委实是外轻内重的病，只有当局人会领会着。然而文艺之可贵，即在其能抒写人之难言的痛苦或欢愉。于是有许多生活阔绰的人，竟不免发出些肃杀憔悴之音”。就淑兰本人而言，此时的她，表面上何其志得意满，内里却是伤心人别有怀抱，无奈没有人能够体察！

作为《语丝》的“签约”作者，冯淑兰信守承诺，时时为它撰稿：《不著名的文人的作品》、《对于文学应有的理解》、《愁》、《闲暇与文艺》等等，陆续在《语丝》上发表，即使在她去南京金陵女子大学执教之后。

1925 年初，受南京东南大学陈中凡先生推荐，冯淑兰来到金陵女大任教。金陵女子大学由美国教会美北长老会、美以美会、监理会、美北浸礼会和基督会等于 1913 年联合创办。这里面的女学生们，一般都有良好的家世背景，对老师的水准期望甚高。那时大学里女教师十分罕见，而像冯淑兰这样年纪轻轻的更是凤毛麟角。当她们得知眼前这位知识渊博的老师竟是震惊文坛的才女淦女士时，真是佩服得无以复加。她们聪明热情，常邀请淑兰一同秦淮河荡桨、清凉山览胜，师生关系相当融洽。

以前同在北大时，冯淑兰与王品青经常争执，多次说过“分手”的狠话儿，如今人分两地，反而变得你侬我侬、相思若渴。《未雨绸缪》、《走了》两篇小说所描写的情人难分难舍的情景，很明显有她和王品青的影子。《未雨绸缪》写一对年轻恋人分别在即，女子将南下N城教书。下面摘录其中一些他们的对话和情节。

“悲莫悲兮生别离——难道我们一生老度这同心而离居的生活吗？”他说。

“我想与其日后烦闷，……何如此时……断心割肠……”她的声音发颤。

“这话怎么说？只要我们一致努力，现在的荆天棘地将来就会变成玫瑰的芳径。”他说。

“谈何容易，呵！一致。玫瑰的芳径也有，可是不知道谁同你走就是了。反正我无此福气——我不应该管这样宽。”她在落泪。

“我自从蒙你特别待遇之后，见了女性，可曾细眯过她——我是曾经沧海的！”

“话不要说得太大了。曾经沧海，你交异性朋友的本领我也佩服，不用夸口，C中学的女生我也会见几个。那样明眸皓齿的佳人我见犹怜。十七八的处女，初开的玫瑰谁不爱，难保……”她说。

“心肝儿，我的命呵；我的心已碎了。我立誓专心永远爱你……”

她没顾着答话，赶忙将他的手紧握着。只听咯咯喳喳一阵声响，原来是河中的冰冻裂了。树上的宿鸟也被惊得特楞棱的飞起，她转过身来向他的怀中一扑，双手将他搂着，娇滴滴的说：“哥哥，我怕。”

《走了》写一个青年男子千里迢迢来看望他的恋人，在一家宾馆里，两人会面。女子因惦着明天要教课，晚上没有陪他。本打算多待几天才回去的，哪知第二天一早，他打来电话，说已动身。女子柔肠寸断，抛下要上的课，去宾馆寻他……

空空四壁，除了旅馆原有的床铺、桌椅之外，那有她的钟淇的影儿。茶房的话证实了，她已呆了，走近来，搴着帷，昨夜临去时钟淇对她的温柔的姿态，他们的恋恋不舍的样儿，骤然涌现在眼前了，但是伸手拥抱一下，竟落了空！

“走了！”她只说了这两个字，便晕倒在床上。

这一时期，冯淑兰另有一篇书信体小说《我已在爱神前犯罪了》，发表在《莽原周刊》第16期上。

《莽原》杂志，是鲁迅编辑过的刊物中最早的一种。1925年4月24日在北京创刊，开始是周刊，随《京报》发行。后来，鲁迅这样说起创办《莽原》的缘由：“1925年10月间，北京突然有莽原社出现，这其实不过是不满于《京报副刊》编辑者的一群，另设《莽原周刊》，却仍附《京报》发行，聊以快意的团体。奔走最力者为高长虹，中坚的小说作者也还是黄鹏基、尚钺、向培良三个，而鲁迅是被推为编辑的。但声援的很不少，在小说方面，有文炳、沅君、霁野、静农、小酩、青雨等。”

冯淑兰一向做事认真、信守承诺，对鲁迅所系心的《语丝》与《莽原》倾情支持，鲁迅看在眼里、记在心里，在与友人的谈话及通信中曾多次提到她。

在金陵女子大学的工作与生活是安静、适意的，但淑兰内心却为情所苦。王品青的来信渐渐不像开始时那么频繁了，偶有来信，也只是了了数句，且字迹潦草……她愁思郁结，因而患上了顽固的头痛病，吃药打针都无法消除。每个月她都要请假一两个星期，因为在讲台上实在支撑不住。学生们都说淑兰“多愁多病”。聘约一年期满，淑兰没有续约，又回到了她所熟悉的北京，住在大哥友兰家里。

王品青从北大毕业后，鲁迅先生十分关照，通过朋友将他安排在孔德中学教书。孔德中学坐落在市中心的东华门大街智德前巷11号，紧邻紫禁城，由蔡元培先生于1917年创办。北大教授李大钊、沈尹默、马幼渔、马叔平等都在此任教。学制是初小4年，高小2年，中学4年，共10年。1924年又增设大学预科2年，共12年。以法国近代实证主义哲学家孔德的名字命名做校名，是希望把法国的实证主义介绍到中国。学生从小学五年级起就学法文，毕业后可以赴法国深造。北大子弟多在该校读书，蔡元培的女儿、胡适的儿子、钱玄同的儿子、李大钊的儿子、沈尹默的儿子、马幼渔的女儿、周作人的儿子都在孔德读书，北大知名教授也在这儿兼课。孔德中学教师的月薪700元上下，比一般学校高出很多。校舍齐整，藏书甚丰，鲁迅先生做学术研究，都是到这里查阅资料。

王品青讲课很有趣，深受学生们的喜爱。但是后来，他沉溺于打麻将，常常通宵不睡，身体垮下来，上课变得无精打采。王品青总是输钱，以至于债台高筑，连买一本教学参考书的钱都得去借。素来注重仪表的他，如今衣衫不整，面容憔悴，常常咳嗽不止。鲁迅对他颇为关心，见他这个样子，便建议他校点《痴华鬘》，出版后可获得一笔收入以贴补生活。《痴华鬘》又名《百喻经》，“华鬘”一词是梵文 soma 的音译，指的是连接成串装饰身首的花儿。此书乃印度法师僧伽斯那根据《修多罗藏》十二部佛经中的素材编撰而成，它通过许多寓言故事说明出家人修行积善的道理，是一部宣传佛法教义的经典。南朝时期，僧伽斯那的弟子求那毗地法师来中国传教时，将其翻译成中文，因收寓言故事共 98 则，取其整数为“百喻”。它并没有单刻本，而是收编在浩瀚的藏经当中，多少年来一直是佛门弟子的必读经文。1914 年 9 月，鲁迅捐银元 60 元，委托南京金陵刻经处刻印了《百喻经》100 本，极受欢迎。王品清校点完该书，鲁迅先生亲自为之作了题记。书名为《痴华鬘》，钱玄同为之题签。1926 年 6 月由北新书局出版。然而，此事并没有让王品青的生存状态发生多少改变，他依然无法振作起来。

冯淑兰回到北京后，想要给他一个惊喜，悄悄赶到他的住处，不料朝思暮想的意中人竟变得如此邋遢颓唐，她大惊失色，难以置信。她帮他还了债，催他理了发，换了干净的衣服，俨然还是从前那个神清骨峻的青年。然而不久，他故态复萌，依然沉湎于熬夜打麻将，又陷入了那种落魄萎靡的状态。

淑兰从来不曾像如今这般意冷心灰。从前她虽不曾期许王品青能够做出多么大的成就，但总觉得彼此还是志趣相投的，都不乏新青年的朝气，都积极向上，争取成为对社会有用之人。如今，眼睁睁看着王品青离自己越来越远，却无能为力。

“开到荼蘼花事了，尘烟过，知多少？”闲来无事时，淑兰常常不由自主地想到这句话。人生如梦，恍若隔世。

爱情仿佛一对连体婴儿，分开时，总是撕得血肉模糊。多年来，王品青无数次听淑兰说起过“分手”，然都只是说说而已，哪知这次是真的！他难过得快要崩溃了。本来虚弱的身体，一下子感染了肺病，住进了医院。

他很哀伤地将自己的失恋说给朋友们听，可大家并不对他表示同情，相反，都认为是他太对不起女友。

他陷入极度悲哀，无以自拔。于是神经失常，疑神疑鬼。最后疯了，从楼上跳下去。被送回河南老家，不久死去。

第四章 天赐良缘

1921年冯淑兰就读女高师之时，曾在《文艺会刊》（第3期）上发表了长篇论文《历代骈文散文的变迁》，引起北京高等师范（1923年更名为“北京师范大学”）青年学子陆侃如的敬佩。在一个偶然场合，他见到了冯淑兰，白衣蓝裙的她飘然而至，清新淡雅之外，别具一股聪慧灵秀之气。虽然没有交谈，但冯淑兰给他留下了深刻印象。

陆侃如，1903年11月出生于江苏海门一进步士绅家庭。父亲陆措宜，曾就读师范，精通中医，创办恒基小学，推行新学，办社仓，开诊所，对贫病者施行义诊。曾任海门县教育局视学、第二区行政局长，因不愿与贪官污吏同流合污，托病辞职。1920年，17岁的陆侃如考入北京高等师范学校。1922年初，转入北京大学国学系。1923年，出版了5万多字的学术专著《屈原评传》，并附有《屈原年表》、《屈原校勘记》、《屈赋古音录》，显示出深厚的国学素养。随即又致力于宋玉研究及古乐府研究，出版《宋玉》、《乐府古辞考》等。并立志编写《中国诗史》，仔细列出编著目录，几次三番给胡适先生写信，征求意见。1926年秋，陆侃如考取清华国学院研究生。此时正巧冯淑兰已辞去南京金陵女子大学教职，回到了北京，住在大哥冯友兰家里，在北大国学门承担了一些事务性工作，同时在中法大学教授中国古代文学课。陆侃如景慕冯淑兰才学，经人介绍，拜访了她。这次会面，冯淑兰优美的仪态、高雅的谈吐，令陆侃如倾慕有加，他忆起几年前对淑兰的美好印象，这样写诗抒怀："绿园遇君浑如昨，漪丽婉约风姿绰。"

在与陆侃如见面前，淑兰读过他的几篇论文，感觉考证谨严、基础扎实，猜想可能是位一本正经的老夫子吧，哪知竟是个活泼的英俊少年，高高的身材，清新的面容，大大的眼睛闪着聪慧的光……淑兰不由得吃了一惊。谈到陆侃如的文章，淑兰本来是要赞许几句的，谁知眼前这小伙子十分自负，竟自顾自地侃侃而谈起来，有些忘乎所以了。淑兰于是毫不客气地指出了他论文中的几处缺陷和漏洞，并提出修改建议。这下轮到陆侃如吃惊了。他绝对没有料到，眼前这位温雅纤弱的才女，在学问方面竟然大大强过自己，他坦诚地向淑兰道谢，毫不掩饰自己对这位师姐的钦佩之情。

第一节　驿寄梅花

分别后，陆侃如所做的第一件事就是坐下来给冯淑兰写信，请教学问方面的事。冯淑兰回信，认真解疑释惑。后来，他读了淑兰创作的情悲词美的诗篇，不禁怦然心动。不久，陆侃如再也遏制不住对冯淑兰的满腔柔情，心潮澎湃地表达了他的爱怜之意。等了几天，却没有等来淑兰的答复。陆侃如如坐针毡，生平第一次品尝到度日如年的滋味。多年来，他一直埋头做学问，从未在男女之情方面动过心思，以至于同窗好友们送给他一个绰号："宋儒"。也有女孩子向他表示好感，甚至刻意去讨他母亲的好，他母亲也的确喜欢那女孩子，怎奈侃如却对她毫无爱意可言。如今他实在不明白，自己究竟为何忽对冯淑兰着了魔？竟至于食不知味，夜不成眠，一刻也无法安心。于是，他冒雪去看望淑兰，当面将自己的心事和盘托出。

陆侃如清新俊朗，一派江南才子的潇洒风致。他率真、执著，温情脉脉且才学出众，冯淑兰对他也产生了好感。然而，与王品青恋爱失败的阴影，还盘踞在她的内心，因此，对陆侃如奉献的炽热爱情，她感到甜苦参半，欲迎还拒，并时时流露出难言的忧伤和惶惑。这一时期的心路历程，原原本本地保留在她写给陆侃如的信中。此一阶段信件，后来辑为《春痕》，于 1928 年由北新书局出版。信中，冯淑兰称陆侃如为“璧君”、“璧”、“小梅”——据推测，“小梅”可能是陆侃如的乳名，因为在信中他曾要淑兰用自己的乳名。淑兰自名“瑗如”或“瑗”。此时期陆侃如给冯淑兰之信件，后来辑为《小梅尺牍》，于 1929 年连载于《文学周报》，信中陆侃如自名“小梅”，名淑兰曰“素秋”。

今天到 ×× 所，收到你二十五日晨的手书。这是我意料中的事，何以意料如此？我也不知道。

你见了我的生命过程中留下的伤痕，心中颇感到不安。其实我现在的生活与往日相较，尚如九天之与重渊。从前是河流遇了阻力，现在是河流渐就枯干。从前是病而呻吟，现在是病而不能呻吟。从前是喜则狂笑，悲则痛哭，现在欲哭无泪，欲笑无声。（近来作不成诗，想亦因此。）虽然我行年不过二十多岁，我的精神却消沉颓废过于老人。此生已矣，夫复何言！璧君，我相信人之一生有三种阶段：第一是不知人生有痛苦。第二是感到痛苦而反抗痛苦。第三是屈服于社会大势力之下，而不能反抗，不敢痛哭，生命之流渐渐干了。境遇好的人或许不至经过第二第三阶段，但此种人世间能有几个。我现在已走到第三阶段。你愿我的人生观同你一样快乐，感谢！感谢！生命同河水一般，谁知道将来如何呢。

……

一九二六，一二，二七

前天下午，昨天下午，连发了两封信，想也快收到了。今晨吃饭罢，在阿兄的案头拿得十七手书。这信大约是昨晚深夜到的，不然他们定即时送给我了。以后寄信仍寄 × 院 ×× 室何如？（如计算此信在星期五后到城，可寄我家中。）自然我很愿快些读你的复信，不过此中消息，聪明的璧君当可明白。

今天起的很晚，吃了早饭后梳梳头已是九点半了，什么书都未开卷，先来复你的信。昨晚月色极佳。阿兄忽动雅兴，携嫂嫂同我三个人往北海去。至园中并未遇见其他游人，满园清景算归我兄妹三人管领了。在岸上走时，还不觉得如何好；待走到海中冰上面回望五龙亭时，真不知此身仍在人间；彻骨清寒，所谓琼楼玉宇，清虚之府，殆近之矣。不知兄嫂此时心中作何感想，我在欣赏幽景的时节，心头仍存个不散的人影儿！不过此中清景，我想在璧君并不希奇，住在“水木清华”的所在，“朝晖夕阴”，自然之美想也领略个差不多。

我虽然一年三百六十天有三百天在愁苦中讨生活，然而我仍在读书。我虽然认定人生没有意思，然而仍努力工作。因为我认为读书是消磨岁月之一法，所谓“支离其心神”者也。因此，我愿你还是如前安心读书。我希望我的朋友们因我的劝告而较前努力读书，而不愿朋友们受我的影响而愁苦潦倒。

一，一八，早十时

这也许是你不高兴听的，信的称呼上还是较平淡点好些。在我们彼此都了解的，无论如何都没什么关系；万一不了解我们者见及此，定出许多误会。“礼义之不愆，何恤人言”，然而人言也是很讨厌的。“瑗如”二字简短而干脆，以后请你采用这称呼罢。

关于寒假回家的事，我发了十五夜的信就后悔了。我常常有这样的宏愿：我愿我的朋友因同我往来而学问上待人上都较从前好，不愿他为了我而冷落别人，尤其家中父母。他家既然人少，还是回家过年好些。我自己是不能教母亲为我快乐而教她为我烦恼的不幸者，所以极力劝朋友们对待老人好好的，作为不孝的忏悔。你在家中原是快乐的主要人物，现在为着“一个人”而使老人感到从来未有之寂寞，试问这个人何以自安？

两次手书都说近来不能读书作文，也是“一个人”心所难安的。我平生不喜欢算盘，同时也讨厌“没星秤”。我不愿意为名利鸡鸣而起，同时也不愿躲在“象牙塔”里，实际上一概不问。理想中的人是：遇到该作大人时就作大人，遇到可作小孩子时便作小孩子。我想你所以无心读书作文，也许出于情之不能已，那末你可将心沉静下子。“君子之交淡如水”，此言道学气似乎太重，然而过于鲜浓的食物，终不能多吃久吃。璧君，我竟教训起你来，真不该，请原谅。话虽如此说，我还要劝璧君几句。人生得安心读书的时期，就一般人而论，确是不长，有二三大师可借问难质疑，住在“水木清华”的所在，而“每日价……”实是不应该的。再说，在人情感激动之时，虽不宜作纯理性的论文，而可以作以情感为原素的文艺。纯理性的文字无论何时皆可做，只要时间精神参考书敷用。文艺是生命的象征，在生命之流不到可翻波澜的时期，决成不了可观的东西；纵然勉强成功，也是纸花或喷水池喷的水。劝你静心读书或不可能，可否致力于情感抒写这方面？

一，二〇夜

生命中从未经受过挫折、一直一帆风顺的陆侃如，以少年人特有的诚挚、纯真爱着冯淑兰，他实在无法理解，名气大、才学高、风华正茂、拥有一份好工作的淑兰，为何总是那般愁肠百结、郁郁寡欢？他希望自己无微不至的爱能带给她欢乐和希望，希望自己温柔缠绵的情能让她感到温暖和慰藉。每个周末，他都要从清华坐车赶过来看望淑兰。她有时会忽然变得冷冰冰、爱理不理的，再三探究也不明就里，这令他真正品尝到了无奈、无助与无力的滋味。尽管有时会感到彻骨悲哀，但温柔善良的他很快会从悲哀中抬起头来，继续毫不吝啬地奉献自己的痴情和关切。

素秋：昨日汽车上不便阅信，回校后始拆阅你面交的信，又阅你十八晨的信。一时五内沸郁，百感交并，茫茫然感到有生以来从未感到的悲哀，不知涕之何从。呆坐了两个钟头，却写不出一个字作覆。坐到九点钟，觉得支持不住，就把空白信纸十张寄上。素秋，假使你能够了解我的，便一字不著又何妨；假使不能或不愿了解我的，便写一万字也等于零。唉，“夫复何言”！

九时把空白信交邮局后便就寝。同学们以为我因路上疲倦而早睡，所以也不以奇。我独自再三翻阅你信上的话，思前索后，不知不觉的滴了许多祖父殁后从未滴过的眼泪。那时我虽平睡着，但因举首阅信的缘故，眼泪竟有一支流到我口中：我细细咀嚼这个眼泪，觉得它的滋味，又是苦涩又是甜蜜，唉！

昨晚虽糊涂，幸尚记住你嘱信寄C院的话，不然你一定更不高兴。但是，我原不敢冒昧寄到你家里去的，只因妄想早些收回信，故请示于你，而你也就慨然允许，说是“一样的”。小梅虽“聪明”，然也只能参透这消息的一半。他只能推测你现在后悔的原因，而不能知道你前天允许的原因。虽然，他也愿意在闷葫芦中原谅你的苦衷——假使你有“苦衷”——他并不忍生气。

从A大到B大的我，自然觉得B大景色很好；但是同北海比起来，似觉得差些。北海之可爱即在水。去夏，我常在月夜独自划船，有意思极了。冬夜在冰上徘徊的滋味，我尚未领略过。但是我现在的思想变了。我诅咒“只游”！（“只游”一词见况夔笙《蕙风簃漫笔》）然而“非只游”的滋味，也只能于梦中偶一遇之吧。呵，可爱的梦！

以上覆你十八日手书，现在覆你面交的信。这信包含十九晚的三张和二十晚的六张。十九晚的三张写得凄婉极了。素秋一定有一件“难言之隐”，然而素秋不屑和我讲，我哪里敢问呢！（我希望我的推测完全错误）就是斗胆问一次，不过又碰一次钉子罢了。

二十晚的六张，是我眼泪的主因。你面交时，曾说信内有不客气的话，我以为是批评我的作品的，那知竟不是。你不允许我当面拆阅，大约即为此。当你怕我拆阅而把这信夺回时，你的手触到我的手——呵！你的手触到我的手！——我觉得你的手很冷，不料你信中的语气比你的手更冷！唉！“鲜艳的花儿”不怕霜雪摧残，“心头的人影儿”不怕狂风吹散，所怕的是花儿本来不鲜艳，人影儿本来不在心头！唉！然而我是愿意原谅别人的，何况《将仲子》作者也未必比仲子心上更快乐呢？而且仲子若不能了解《将仲子》作者，则《将仲子》当更如何烦恼呢！

“同化！同化！”——这是你的Pride，但我也有我的Pride。当你说“鲜艳的花儿，祝你战过了一切风霜”的时候，较之作“生意终消歇”、“堕欢不可拾”的时候，相差多远？

素秋，你叫我沉静，但叫我怎么沉静得下呢？无论如何，我十二万分的愿意承受你的教训。今天是星期六，从下星期一起，即动手好好的读书作文。至于抒写情感方面，尤其是我所愿意努力的。但是，请相信我，这完全是为素秋而努力读书的，有这样一个有力的鼓励者，或可把我迫上轨道了。我所怀疑的是“鲜浓食物不能多吃久吃”一句。为何不能多吃久吃？素秋，这食物是我生命的渊泉，你为何这样冷酷呢？为何这样忍心呢？率性自始便不给我吃也好，为何略给我尝了一尝，等我要求大吃特吃时，却又拒绝我了？写到这里，我的眼泪又流了！——小梅

一月二十二日。

其实，冯淑兰的内心，不知何时，早已悄悄地被这位潇洒俊爽又温柔多情的青年才俊占据了。之所以踌躇迟疑、多愁善感，是因为她担心重蹈从前的覆辙……当陆侃如寄给她一封长达十页的空白信时，她真真切切体会到了什么叫心急如焚。关于自己与王品青的过往，她不知如何与陆侃如解释，一味地避而不谈，又惹得陆侃如猜疑连连。然而，若谈的话，势必要牵涉到王品青让她失望的种种，这实在是她所不情愿的，她不想在背后

说他一点点的不好。

当我接到你的空白信时，我真是急得心跳手颤，不知何故璧君伤心如此。读了今天接到的信，就知你的悲哀半生于误解。你的种种误解怕是不明白我的身世。不讲吧，璧君以为我不屑同他讲；讲吧，“逢人未语已含颦”，“可堪回首问前因”，我已经自己说过了。现在大胆说了些，然而愿璧君爱我，阅后将这两页信退回。

就我在人生路上的种种经验论，我此时不该再惹些无谓的烦恼，使他人也为之“心震荡而不怡”，然而天又赋我以浪漫的（也可谓多情的）性格，教我不独在自己的悲剧中做主角，且在人家的悲剧中做配角。所谓“鲜浓的食物不能多吃久吃”者，皆为我上述身世而发，其他一半则意在“铁百炼而后成钢”，根基浅的花木定易枯萎。璧君请莫再误会。

璧君以为我此时不宜再有“荒墟”之叹。其实我此时若无人理我，真真让我漂零孤独下去也好；无奈母亲爱我，朋友爱我，我终日过的皆含泪的面上带着微笑的生活，我如何不凄惨悲伤。

璧君！想到我日来处的境地，看到你这情意深厚的信，我觉得我这个人不应再在人间！我此时消灭了，可以免除多少悲剧！我此时心仍是颤的，身上是冷的！然而我看见你的信，终是要即时回的。

总之，璧君，不明白何以也算有经验的我，在此两月内又给他人播了烦恼的种子。这也只可归之于缘吧！听它去！听它去！要想安静，除非长眠于地下。

一，二六，晚十二时半。

陆侃如比冯淑兰小3岁，又从未谈过恋爱，因此，他在淑兰眼中，像个“大孩子”，他的信往往一写就很长，喜欢把心中所想痛痛快快地说给淑兰听。

素秋：在北河沿谈话中，我要求你允许我用“爱友”之称，其实大可不必。我知道你是爱我的，我也知道我是爱你的，我们互相爱，互相知道便是，何必在称呼上表明呢？昨日下午心境不宁，说了好些没意思的话——甚至使你生气的话——你当然能原谅我的。我看着你的恹恹病态，真是说不出的难过，本想早些离所，让你早些回家，然而几日方能一面，却又不忍早走。偏又有几位不知趣的人来，使你不能不勉强说话，我真恨死了。但后来不知何故，你又自动的走到朱宅。亲爱的，望你擅自珍摄，为你自己而珍摄，也为着你的“爱友”而珍摄。最好请著名医生替你检验一下，看究竟是怎么一回事。假使并不要紧，也好使我们放心；若确有妨碍，也该好好的疗养一下，千万不要马马虎虎。

今天北海同游者甚众，但我总觉得无大意味。我一人独自沉吟，回想这两月来的事情。这种事情不发生于A大时代，而发生于毕业后，真是莫名其妙。我从前认识的几位女学生，我多少总有些瞧不起；有一位并且到我家里，我的母亲很喜欢她，说她很天真，很温和，但我总觉得我的母亲是被欺骗了。我一方面这样想，一方面又默诵你《夜游北海》的诗。当我们在冰上走的时候，我又想象你和哥嫂夜游的情景，以及“心头吹不散的人影”的头衔。我这变态被同游的朋友发现了，便不约而同的笑我homesick，却不知我是lovesick！亲爱的，我想什么家早被你放的“火”所焚毁了！——请宽恕我不遵教训，你昨天再三说“不许胡扯”，不料如今还要写信“胡扯”！

你二十六晚十二时半的信可说是“一字一珠(泪珠)”。我不知你写时如何，我看信时，眼眶里糊涂得很，看不清楚；只好背着灯光，拭了拭再看。这种滋味，我是第二次尝到。第一次在何时，你总会知道的。

你以为二十六日上午可接快信的覆书，这是事实所不许的。由北京到B大的信，一天有两次：一次在下午一时许，一次在下午三时许。你在二十三日写的信，我是在二十五日下午一时许收到的；你在二十四日发的快信，我是在二十五日下午三时许收到的。然而B大的邮局（即设在校内，如A大之收发课然），下午四时即关门。我接到你的快信后，一方面看着你仓皇着急的神情而难过，一方面又见着“爱友”之称而感激——试想这是何等荣幸的称呼！——我自己也麻醉了，不知怎样安慰才好。及我赶速写完，邮局早已关门。所以你预计收信的时间，正是我发信的时间。既在二十六日发出，快信与平信无甚分别，左右是在二十七日到你家的，所以便以平信寄出。而且我想你所着急的“何故何故”，我在二十二及二十三日信上早已说过，下午你到××所总可收到的。不料因此使你失望，真对不住！我希望这种“失望”永远不再发生，关于我们的通信。

你说我的悲哀半出于误解。是的，我以后总努力免除“误解”。但这是件必须而又不易的工作。昨天我见着你的冷淡的神情，以及“不许胡扯”的警告，我一方面体谅你的病，却也有些“误解”。

我总觉得你太矜持了，或者是女性的含羞也未可知，所以我的心上早发出了一万个“爱”字，但始终不敢冒昧“说”出或“写”出。我只说我“爱读”你的诗词，或说你的脾气是“很可爱”的，但始终不敢说“我爱你”，恐怕你要生气。不料我的“没字书”竟使你的笔下溜出一个字——一个一般女子最不轻易流露的字。因此我也敢写这个字了，所以我很感谢那封“没字书”。然而不管你的信写得怎样多情，见面时你的态度总是很冷淡。不错，爱在心上，又何必现在面上！我想到这一点，便没有“误解”了。

关于我给你的信被偷拆一事，你不肯照直说，不知何故。昨天见着你欲哭的神情，不忍再问了。这本是一件不打紧的事，我不过随便问问，不知你为何如此伤心。这些小事也值得“未语已含颦”吗？我并不一定要知道拆信人的姓名，你又何必这般代守秘密？亲爱的，我希望什么事你都不要瞒我。但我要声明，这不过是我的希望，丝毫不想勉强你，请不要误会。至于你的身世，我从一位C大的朋友处得知一二，但没有你说的这样详细。前信所说“不屑”，实是请将不如激将之意，并不是说你真不屑和我讲。承你忍痛说出，我真感激得眼泪盈眶。亲爱的，你为何竟处于这样可怜的境地？我恨我不是“名流”，不能满你家庭的意，但我又深自庆幸，幸而不是“名流”，不然你一定不睬我了。“温和的”哥嫂的爱可以不管，但是“热烈的”母亲的爱，又怎样处呢？

无论如何，我已拼却此生，不想享福了。“自然对着心爱的人儿饿着，也比对着讨厌的人吃海菜席好。”这是你的主张，我也这样想。吃甜水未必是“幸福”，吃苦水未必是“不幸福”。亲爱的，我若能同你一起吃苦水，便是我最幸福的事了。遇见了你，我方了解了人生的真义。我回想过去的二十四年，我真是一块“顽石”。所以我在A大时，友人们都称我为“宋儒”。无论如何，请你别再为介绍“愁”字给我而难过。你若有些难过，我心上当更如何难过？你若能体谅我难过，请你自己先不要难过。从前种种，请你一切忘了，如何？“善忘”，“善忘”——这是人生的快乐的钥匙。请你看这“鲜艳的花儿”面上，努力不要再提起它了。总怪我不好，我因为忍不住闷葫芦，又触起你的旧创，我真该死！如今约定，以后无论谈话或写信，均不许说及旧事，如何？若能连诗词上都不说起，则更好。我们且歌咏现在的花儿罢！春天到了，别再回顾冬天！

“回车复路”的问题不谈也好，即使讨论也是无结果的。总之，车是回不了的，路是复不了的。打定主意走罢，不管荆棘如何，迟早总有一天到目的地！我们且拿“有志竟成”的格言来自慰自励罢！亲爱的，你说如何？

我叫你改署个别人所不知道的名字，不一定怕别人冒名，实是想知道你的乳名，好让我一日念三万遍！亲爱的，不要拒绝我罢！

我想前途未必如你所预想的那样黯淡，假使确是如此，我丝毫也不后悔，你想必也不后悔。但我总觉得前途尚有一线光明。我想总有一天，我们目的达到，而又不使你母兄伤心。亲爱的，这一天迟早会来到的。“听他去！听他去！”不要为着过去而烦恼，也不要为着现在而烦恼，且希望着将来罢。

和此信同时写的，还有一张纸。但暂时不给你看。何时方是适当的时期，现在不知道。三月五月罢，三年五年罢。且藏着，那时再看。——小梅

一，二九，夜十一时半。

昨晚写好，并不打算寄出。只因今天不能进城，只得拿它先行付邮，不能等别的信了。也许我

人已到城，信还未到。我至迟明日下午必回校看你的信——我预计今明两日你必有信来。此次进城，不一定为朋友们的邀请，实因有几个长辈处不能不去敷衍一下。明日上午，也许到××所看你，也许不去看你——我心上很想看你，但又怕见你——我每见你一次，心上便象“十五个吊桶，七上八下”，怎么镇静下去呢！但愿素秋不要把我当小孩子，把神圣的爱情当作骗小孩的糖块。

（二月）七日晚七时半

素秋：

……

昨夜睡不着，起来挑灯独坐，翻阅你从前写给我的信（共二十九次）。我看着你的情意一封深似一封，心上快活极了。我不知那里来的福气，竟做了素秋的“爱友”，做了素秋“心头吹不散的人影儿”！我觉得你自始便和我摒除客套——不知只对我如此，抑对任何朋友都如此？就我而论，初交便除客套的朋友，只有你一人。其余别说初交，便认识几年了，也还以客套对我。所以我对你特别感激，而相互的友谊便发展得很快。

我对你的感情可分三期。从我初闻你的名至初认识你，这五年中我对你的态度是“敬”。我知道你的学问，知道你的才调，便异常倾慕你——所以前信告诉你，说你的可爱的姿态，在五年前便已印在我的心上。此时敬中是否有爱的分子，我自己也不大明白。这是第一期。我认识你后的第一个月中，我读到你的悲伤的诗，看到你的悲伤的信，我不期然而然的对你表无限的同情心，便想竭我的力来感化你，鼓励你，告诉你世界是快乐的，告诉你前途是光明的。Friendship is everything，我妄想可以帮助你。这时我对你的态度是“怜”，这是第二期。但是失败了，我不曾同化你，却已被你同化了。我不知道怎样会渐渐的抛弃了“甜水”，甘同素秋一起吃“苦水”。我们的通信一天勤似一天，我们的友谊一天密似一天，渐渐的“心有灵犀一点通”，渐渐的“为伊消得人憔悴”——我自投罗网了，做了万能的“爱之网”的俘虏了。素秋，这是第三期，我对你的态度不用说是——神圣的“爱”字。

若你不在××所办事，我的第一期会由五年延长为五十年，因为我是不愿在不认识的女学生背后追逐的。要想认识，必须有相当的机缘。试看我给你第一封信与第二封信，距离至二月之久，便可知道。如果我终身在第一期中，那我终身都是“顽石”的生涯。幸而——半在意中半在意外——急转直下的由“敬”而“怜”，而我们的关系竟被称为“鲜艳的花儿”！亲爱的，我现在很知足，没有别的希冀了。

胡写又是四张。素秋，你在病中，不敢叫你多写，惟愿你早日痊愈了罢，不但可畅快写信谈话，也使我放了一条心。

二月三日下午九时

两人已迅速发展到了热恋状态，每天都要写信互诉衷肠。冯淑兰“失陷”的程度其实并不比陆侃如轻多少，但她却总不忘提醒对方冷静、冷静。想当初王品青也是这样爱火炎炎，她真怕陆侃如成为王品青第二，悲剧重新来过……由于王品青偶然见到了陆侃如写给淑兰的情书，心情悲伤而病倒住院，淑兰冒雪去探望。当晚，淑兰写信给侃如道：

璧君：我总觉得你的情感太兴奋了。冷静下如何？请你恢复我未“放火”时的状态如何？我爱淡的，一切我都爱淡的。我爱秋日的玫瑰尤甚于春日的，我爱苍茫的清疏的画儿，我爱着素色的衣服，我爱两人清谈而怕在大庭广众中酬酢。所谓淡者并非稀薄及不浓密之意，乃与浓相对峙之一种情调、色彩。换句话说，我所谓淡，也许是自浓中提炼出来者，所谓“绚烂之极，归于平淡也”。我们还是彼此推敲所作诗文，或叙述心境，如何？

我在星期二和星期五均吃了早饭便到所值日。但此时我觉得颇怕见你——怕你的炯炯的对人注视的双目，怕你的咄咄逼人、教人答不得的言语。也许你说我□（我所不喜之字），就为此。其实，我自信男性很重，绝非某种情态。

二，三夜九时

陆侃如心地善良，善解人意，当他得知王品青因看到自己的信而生病住院，以及冯淑兰前去医院探望时，不但没有嫉妒和猜疑，相反，他对淑兰表示了充分的理解和信任，并且称王品青为“可爱而又可怜的病友”，这令她非常感动：

你对我的信托心，我感激极了！用爱换来的还是爱（我想那位病友听见你称他为“可爱而又可怜的病友”，他也要感激你），用恨换来的还是恨。由你对我的信托心上，我认识了你的人格。璧，你这番施与不是空的。

二，一三，夜十时半

热恋中的冯淑兰，像极了《红楼梦》中的林黛玉，她才情横溢、多愁多病，动辄便因“身世之感”而临风洒泪、对月长吁。她感动于意中人对她的情深深、意绵绵，但一旦对方当面说出一些浓情之话，她又会嗔怒、忧虑……淑兰以《元旦试笔》诗示侃如，其中有句云：“悔将缱绻痴情语，赢得刘郎抵死狂。”陆侃如为此十分困惑，心上人为何在信中柔情缱绻，见面时却会冷若冰霜？她解释说：“爱情的给予不宜太随便了（至少说女子不宜如此），太随便了不独显得人性格之草率，而且意味便不深厚浓密。渊明诗云：‘相见心先醉，不在接杯酒’，我很企慕这种境界。前天递书及临别时的事情，我方自恨太无自制的能力了。更进于此者，自然我要拒绝，虽然我不敢说永久拒绝。总之，感情之发展也有一定之程序和步骤，在某人不肯为某种表示时，便是他（或她）的情波尚未能冲破某种理智的堤防。”因为从前种种，在她心上留下了深切的伤痛和凄楚，因而她每每会由神采飞扬忽然转为黯然神伤：“璧虽男子，虽也活了二十多年，然而璧是不曾尝过人生的苦味。所以璧见瑗诉苦，只是爱她而相怜而已，与同病者之相怜究有不同。瑗不然，精神的痛苦，物质的痛苦，她都受过。所以在璧想他如此爱她，她可高兴了，她的春天可来了；其实不然，多愁善感的她，虽看见鲜艳的花儿不免暂时嫣然，但望望四周的荆棘，她比未有花时所感到的苦痛更深！”

尽管淑兰刻意控制着爱情的进展节奏，但她也有情不自禁的时候，尤其是当陆侃如用一种他所特有的纯真无邪地眼光渴求她的爱恋时：

壁，壁，想想你昨天在 ×× 所对待我的神气，简直像小孩子向大人要糖果一般。我真不解何以我对壁的爱的给予如此容易，虽然当时我心中不愿。壁呀壁，眼看岸儿愈离愈远，我们已卷入爱之波涛内了！

二，二六，晚八时三十分

陆侃如常常捉摸不透淑兰的心思。她有时热有时冷，有时缠绵有时疏远，他也会发牢骚：

阿秋：

今天天气也可算是“春阴酿雨”，又不肯接到你的信，所以心上总是抑郁得很。其实呢，从昨午接你五日下午信后，心上一直不舒畅。前天读你的六七首绝句，读到“漫言别后相思苦，闻说人行已断肠”，心上为你的柔情所感动，对你万分怜惜，不知怎样安慰你才好。秋如此爱我，到死也不会忘掉。不料五日信上，颇有疑我薄情之意，秋呀，你如此多疑，怎样好！昨夜信上已略加辩白，可是总觉得还未说得透彻，故今日再乱写此信。其实动手写信之时心乱得很，信笔写来，终难将我之心事表白于万一，奈何！

亲爱的秋，从我们认识以来，那一次不是细心体贴你，那一次不是把自己的脾气压到零度以下。你怪我，我忍受；你冤我，我忍受；你骂我，我忍受；你无论怎样发脾气，我总一味顺你。我明知你也真心爱我的，偶然向我发作几句，我心上不但不生气，并且把它当作一件荣幸的事。因为秋如不爱我，当然对我很客套的；如今破除客套，便算“异典”，我那忍生气！唉！亲爱的秋，我自信对你如此，也不算过负你的热情了。

偶然我忍不住，说了几句怨抑的话，心上便十分担惊，惟恐触怒你。所以有时已写在纸上，覆看时便涂去，甚至全张撕去重写。有时我认为还算平妥，便把它寄出；结果呢，常要惹你向我发一顿脾气。那时我总一味顺你，只怪自己不该说怨抑的话。这并非矫情，是在我心上不忍向你生气。即如前信，我自信并无多大得罪你的地方。“谓行多露”是句开玩笑的话，难道真和你计较吗？在你来信责我之前，我已有信告你，说定星期四进城，以便星期五整天陪你了。秋总可明白我的心吧？至于请你饬听差收拾桌椅，更不是厌你不洁净，这本是听差的事：与你何干？亲爱的秋，你不厌我，已属万幸，我那忍厌你？

亲爱的秋，请别再误会了。我看了“今日如此，他日可知”的话，心上一直忧愁到现在。我忧愁的是：秋要寒心罢？秋以为我薄情，不敢爱我罢？如果我真有不是，引起秋的寒心，那我惟有自己怨自己，何敢妄自表白？无奈这完全是误会。亲爱的秋，请别再误会了。梅爱秋的心是始终如一的，绝不存些小厌恶之心。请放心，秋，请放心。

爱人中间，当常他怕她不爱他，她又怕他不爱她。秋怕梅不如现在之痴，梅呢还怕秋减少他的热情。这种“怕”大都从误会上来的。亲爱的秋，即使我真有得罪你之处，你也要看在花儿的面上，加以原宥；何况我并未怎样得罪，你为何“情不禁的要愁要感，如梦如醉”呢？唉，秋呀！我不知你此时心境如何，我呢，同今天天气一样。惟愿秋的健康未受影响。两张纸又完了。心上的话何尝写出万一！

梅三月七日下午六时

陆侃如这般战栗凄惶，淑兰真是心疼不已，同时也为对方没能体会她的良苦用心而心焦，她这样作复：

小梅：

今天家人都起迟了，早饭到九点半方吃。此时我心中真急，我怕“一个人”在S院候我。到院后只见同事们在，心中方放下，虽然心中不免惘然。

从S院回来，接到你七日来信。小梅，我的心也乱了。我早已知道我那次信会引起你的悲伤，试想一个人对他的挚友提出这种要求——诚心诚意提出的——而为对方所拒绝，如何不伤心？不过我是这样想，小梅，我待人素来不会作假，对你尤其是有什么说什么，我若不将我的意思很坦白的告诉你，是对不起你的，所以写了许多使你不高兴的话。小梅知我爱我，要原谅我，不为之悲伤方好。

你怕我把你“当作小孩子，把神圣的爱情当作骗小孩子的糖块”。小梅，知我爱我的小梅，你知道我看了这话，心中是何等难受。小小梅，我惟其不肯以“神圣的爱情当作骗小孩子的糖块”，所以六七年来不知得罪多少人，我惟其不肯以“神圣的爱情当作骗小孩子的糖块”，我方害这场小病，我惟其不肯以“神圣的爱情当作骗小孩子的糖块”，我要你态度镇静，我怕“鲜艳的花儿”战不过一切风霜，我不轻易答应你要求！你的过去的生涯我不知道，我是对于这类事情很明白的，现在我们说的一句话，写的一封信，都是日后欢笑或哭泣的种子，我们于此要负责任。老实说，轻易以物与我者，亦轻易夺其所与我者转与他人。我自己甘心抑住我的感情而惹你难过，便是我对于这种事太负责之故。小梅，知我而爱我的小梅，老实说罢，你看了以上的话也许要嗤之以鼻，以为我与你者即夺昔日与他人者。是的，此处何必讳言，梅既知我爱我，我何必不直说，要他猜疑。在六年前，我是不知道“爱”的，而且怕在异性朋友间发生“爱”。但是，我的心肠是很热的，也可说是颇有侠义之风，我要牺牲我自己成全人家。某君虽然学问浅薄，但颇有才情，当时对我异常热，因此我很想成全他，安慰他在人生途中所受的苦恼。不意数年朋友的结果，他处处负我的期望，我于此发现我同他的志趣不合，我灰心之极！然而我自伤无知人之明，自寻这场苦恼，原想此生不再爱人，不想最近又遇你。

我认识你——学问上的认识——是你在E报发表论文之后。但此时我想象的你许是“道貌岸然”的人，那知见了面却是个活泼的青年。我们的第一次谈话后，我觉得你的态度似失之狂；后来写了几次信的结果，知道你是极天真的。你的真率的性格和我的真率的性格相感，故我对你的作品为不客气之批评，然而此时我并未想到你会对我发生了“爱”。待你冒雪进城看我，信上说了些热烈而缠绵的话，我了解你的意思。但我自己很吃惊，我又遇见了奇迹，我的生命之流中又添了新水，我很怕，我怕我此后的生活将更痛苦，而且又害了你。在我这喜和怕的境地中，有人拆了你的信，此信又为某君所见，他为之病了，终于移入医院——他原来对我的爱情还未尽泯灭。已谢的花儿是不能复上故枝，我对他此时的状况，只有怜，没有当年的热情了——我自从感到他的志趣同我不合，我对他的热情就被灰心驱走了。对于你呢，一方怕蹈从前之复辙，一方不免梦想着这次可全始全终罢。因此，我愿我们都以冷静的态度继续下去，经过较长时间之酝酿，然后再趋于亲密。不意小梅竟误会起来，唉！

我此时真感到“前也茫茫，后也茫茫”，情之所趋，将留待他日告你的话都说了。你也许看此灰心，认为我是个反复的人而将两月的交谊一笔勾销，那也好，免得天真而欢乐的你为此一无可取之薄命女子而误尽一生。也许你感激我的真率而更迷沉于“爱”之海中。小梅，知我而爱我的小梅，一切由你！一切由你！

此外我再求你一件事：此信不可示人，此中语不可告人，能以此信还我更好。我对他虽无复热情，然而批评他的话除你外不愿他人知之。小梅真爱我，便还我此信。

心中因感情激动，又狂跳，奈何！奈何！

八日下午三时，素秋。

“痴情女情重愈斟情”，冯淑兰时常会显得非常“小性儿”，陆侃如无心的言行，在她看来，往往便成了存心跟她过不去，因而为之苦恼哀伤。其实，她似乎也明白，这多半出自自己的深文周纳，但她就是忍不住要计较。她有她的“理论”：先苦后甜要强过先甜后苦。

现在又为什么而愁而感？璧对我如此计较，同作生意人一般，一丝一毫亏都不肯吃。我礼拜五不为他请假，他就“有点‘谓行多露’”（其实你若不坐汽车来，我又不安而要阻止了）。璧爱整齐干净，他自己整齐干净得了；他嫌 ×× 室不干净，就请勿劳玉趾下降得了，何必定要人扫径接驾（其实我也嫌那边听差懒收拾），唉！今日如此，他日可知！璧，你看瑗，那是你不知道她有种种不讨人欢喜的脾气。如果你同她共处一月，恐对她就不如此痴了！唉！一切男子对女子所要求者，瑗知之详矣！瑗知之详矣！……

璧弟的脾气细想起来满有意思。例如他那封空了一张半的信，明明是气话，偏上头注着说不是气话。其实他的气已充满于字句之外。若当面说这些话时，我可以想象得出他的神气：眼泪在眶内直是转，直是看着桌子，说，“好罢，谢谢你！”璧弟待瑗自然是“情至义尽”，只有一样，他爱说反话。璧弟，是不是？

……老实说，瑗确有点存心“折磨”璧。她这种“折磨”并非不喜欢他，而是在她面前毫无顾忌。而且她想她的“折磨”璧尚乐受，则她的“非折磨”璧更尚乐受。仿佛吃东西一般，先吃坏的，后吃好的，不觉如何难堪，反之则有人所不能受者……

陆侃如没有这么多小心眼儿，他只知道，爱她就要对她好，没必要藏着掖着，更没必要指东说西、借题发挥。他有时会感叹伺候女友要比侍奉父母难上多少倍！当然这感叹里又隐含着丝丝甜蜜。

我对秋的态度，自信是极小心的，极体贴的——如果我能这样对待父母，人家一定称我孝子了——然而只消我微微说了一些“怨抑的话”，秋便不高兴，便冷，便说梅薄情。秋对我发脾气是应该的，可是梅呢，哼也不许哼一声儿！不错，这是秋的“好意”——“好意”尚如此，坏意又怎样？（这句也怨你。）多情的秋，且请你把女性的骄傲收敛一些儿吧，别如此蹂躏我的精神！

你说“对爱友发脾气是好意”的话，本是昨日来信上的。昨日看了，我只觉得你撒娇撒痴的可爱。可是近日来信的态度全变了，所以连昨日来信上的话也要提起发发牢骚。其实你今日来信上也没有十分使我不高兴的话——有什么不能谅解，不过秋既爱我，也不该如此蹂躏我的精神！

秋好疑人，所以防我也要疑她。可是剖开我的心看看，可有丝毫疑秋的心！说不料这么早便把身世告诉我，实在是欣幸之意，因你推诚相待而感激之意，何尝是怪你太早，太轻易以身世语人？天下有比这更大的误会吗？我感激你，而你以为我怪你——秋即使不能体贴到心坎上去，何至如此误会我的意思？这真是“意表之外”的事！

你还说，如果件件允许我，我也许要说，“却不料这么早便依我”。秋，你如果爱我而允许我重重要求，难道我反因此怪你“太早”吗？我虽传染了你的“多愁善感”的情调，可是——谢谢上帝！——我尚未传染你的“神经过敏”的脾气！也难使你相信。不过，你既怕惹后悔，何不率性由第二期退回第一期？话虽如此说，我总盼祷这块顽石早点点头，盼祷你早些进入“第三期”。秋，我确已到了“第三期”了，很焦急的盼祷你也来呢！

梅二月二十四日下午六时

阿秋：

如果你肯吃我的肉，喝我的血，便是此生的大幸。我想我虽不是“面团团”的，但血肉还够你吃喝，千万别再吃喝你自己的血肉。秋，你的劝告我总听的，我的劝告你总不听。我劝你别如此悲观，而你老是如此。

你说我说话矛盾，我不承认。我说“不要把爱友当作听差”，是希望你不要对爱友一味“蹂躏”毫不顾惜，何尝是怕做“忠仆”呢？“仆”既称“忠”，主人何忍一味“蹂躏”他呢？——但这也不过是一时怨你的话，你当然不是好心“蹂躏我的精神”。你的脾气不能改也罢，不愿改也罢；但是前天当面说过，一方面有浮云，一方面还要有和风；如果有云而无风，云便永远留在那里，岂秋所希冀如此吗？如果和风永远不绝，那便大块浓云我也忍受。总之我对秋，实已把我在家时所有的“火气”消除殆尽，偶然也许有些怨抑的话，但决无愤怒的话，秋当能鉴此微忱。

梅二月二十七日下午八时

冯淑兰的敏感多疑，在陆侃如眼里，有时未免太过分了。但设身处地地替淑兰想想，又觉得很可以理解。比如她与王品青的初恋，留下了太多的文字在人间流传。如果更成熟懂事一点，陆侃如就会刻意回避在淑兰面前提起那些文字——那些文字所记录的情节。然而单纯、好奇的陆侃如则不然，每每在两人晤谈甚欢时，忽然翻出那笔陈年老账（他倒并无任何恶意，但不能否认会有些醋意在其中）。他会要求淑兰像对待王品青那样，对他说些“含羞不敢说的话”，给他一个拥抱，或者给他一个甜蜜的吻……这如何不令淑兰羞赧、气愤、懊恼？她对待爱情一向是严肃认真的，绝非水性杨花儿之轻薄女子。在她看来，陆侃如这种做法，简直是存心羞辱她，故意揭开已结痂的伤疤……随着时光的流逝，淑兰对陆侃如有了深入的了解，她懂得了，在这个世间，最为疼爱她、在乎她的便是陆侃如了！逐渐地，她变得宽容起来，不时地还能与他开个玩笑、逗个乐子等等。她时时叮咛陆侃如不要荒疏了学业。陆侃如为了她而努力进取，准备出国留学。这对淑兰来说，本来是好事，怎奈这时的淑兰，对陆侃如的爱已浓得化不开、到了与他难分难舍的地步。在她看来，天涯海角的两地相思将是多么难熬！而更可怕的是，三年别离的结果也许便是缘尽情绝也未可知。她已经27岁了，还经得起漫长的等待以及等待后的梦醒成空吗？后来陆侃如提议，两人拍张定情照，淑兰欣然同意了。

吃中饭后，忽瞥见阿兄的案头有你的来信，也未告诉他，便拿起走了。看了信中“又及”一段，心中有点不高兴；看了“五及”，觉得璧顽皮而又可怜。骂了人家，不许人家生气，干么又要说？总之，璧是骄养惯的人，虽在瑗面前竭力捺着性子，然当脾气上来时，未免有点按不住了。

这个礼拜中，璧的心似乎全未安定。试看这几天的信，哪封信不提及晤谈。三两天来，更象发狂了一般，仿佛这个礼拜若不见面，天便塌了下来。璧，不要如此生疑！当你感情略平定，稍加思索时，便知我从来不敢同你说“浓话”的原因。为了“爱友”二字，教你破例过年不回家；为了上礼拜见面假你辞色，你这礼拜的情焰几将理性全部烧毁。小璧，你乖乖的，静静的如何？

恋爱在人生中固然重要，但我不愿璧为之颠倒至此。爱之成就决非一日之力，我们的寿命长着呢，留些糖果慢慢吃。小璧，乖乖的，别闹。

三，一八，九时二十分

今天下午的晤谈，总算有点成绩，心中很畅快。纯粹调笑或说些浓密的话，并无何深意；惟有将情寄在事情内共同工作，方有趣味。熊掌、猩唇，固称珍品，但必有他味佐之；朋友之相爱，正复如此。璧说我们之能相爱，因于文艺有同嗜，这话至少有八成是对的。“醉翁之意”固“不在酒”，然亦不能无“酒”。此后我们晤谈必继续辑宋词中习语。如每见面一次可辑至百条，到暑假必有可观。

三，一九，晚九时

就年龄说，瑗也是二十余岁的人，不是什么小孩，就经验上说，人情世故也略知一二，但她自己实不解何故对于璧弟的爱情发生得如此快，而且如此浓密。在清醒的时候也觉得自己的行为太浪漫，太把爱情轻易与人，但一看见璧弟的信，或和他晤面时，我又为他的杯中的醇酒所陶醉了！为之奈何！怅惘！微茫！到底该怎样办，这“畏首畏尾”，“既不能令，又不受命”的人，应该吃苦！！！

四，七，晚六时半。

璧弟把一切交付瑗，瑗除了欢喜感激外，还说什么。瑗对璧弟的情，此时仿佛到了潮涌山崩，不可自止之时。她爱璧，爱璧，一天一天的积至无穷。说到此处，瑗心中又有些凄然。我愿这场梦，安安全全做到终身，别再遇见使我不能不醒的事件。至于我的将来，我自己也无甚确定的主张。反正作人难，不被烧着，就被烫者。不管它，过一天是一天，花儿到必须结果时，就由它去。花儿不是为结果开的，然也不能为怕结果不开花。不过遇见了瑗，也是璧的不幸，尤其是他的家人的不幸。璧弟，懦弱的瑗是命该受苦的！怎样说？我说不来，请你于文字外体会吧。璧弟！小璧！

四，十，晚九时

不知何故我同璧弟竟如此难分难舍。闻得璧弟要往外国便怅惘！愁及将来之微茫也怅惘！璧弟说，“我们要有始有终。”是呀，我们要有始有终。但是可怕的是分离，难免的是阻碍，又谁知将来此花到底结何果？璧弟，璧弟，我此时觉得心摇摇如悬旌，不仅因精神颓靡而狂跳不已也。我此时也不必说对于璧弟的心如何，由我一切任他的地方，聪明的他也可以猜知。但谁知这是不是冒险呢！

四，一八，晚八时十一分

我固然不绝对相信世间有纯粹精神的男女之爱，但我之爱璧，我念及璧时，绝未曾照他那样想法——我只想他言谈时的伶俐，间或带天真的情态。不知怎地，我理想中的璧弟，总是个会体贴人的聪明伶敏的大孩子，男子们种种惹人厌的事他都不懂，他爱我同弟弟爱姊姊一般。喂！小璧，小弟弟，你依照我的理想作去吧！

寄来的杏花片压得颇好玩。我虽不能养花，但极爱花。前年在××大学住，见天晨起往花园中看西风里带着白露的玫瑰——秋花如静女，春红如丽姝；后者令人企羡，前者令人怜惜。

四，一二，晚七时五十分

晚饭后，借口向嫂嫂书桌上寻《三国演义》教小侄女看，在她的桌上翻出我所渴望的物件——璧弟的信。信虽收到了；而我的心反酸溜溜的。也不知是喜，是怨，是恨，总之为璧弟信中所含蓄的热情感动而已。璧弟，瑗太痴了！

璧弟，我此时颇想同你偎倚着哭一场。热泪在我眼中直转。璧弟，瑗是痴人，不是轻薄人。别人以为她是得意人，那知她是伤心人。璧弟，瑗并未想“八面玲珑”，但愿这场梦做到底，璧对瑗的心始终如一！

璧弟，璧弟到外国去不去，虽未定，去了，虽终必归来，然而这种离别的滋味，一想到已令瑗黯然魂销，何须身经其境！不变呀！不变呀！茫茫的天呀！不可知的将来！！可怕的将来！！！

四，二〇，晚八时十分，和泪书。

读了五月一日的来信，不禁凄然！从吃中饭前到此时，心中不住狂跳。唉！不知素日以慷慨自许的瑗，何以现在变得如此怕离别！

结合的迟早有什么关系，我曾同你说过，我是不喜进家庭的。“一昔如环，昔昔长如玦。”我所伤心的是，未曾“成环”，便永久“自玦”了。瑗对于世故人情也知道些子，一切道理自觉看的很明白，此时于璧弟还有什么话说。一切由你！一切由你！！一切由你！！！静候你远游归来，我们重见。

今天下午，本打算写点东西，心乱如此，能写吗？唉！璧弟，璧弟，瑗的又亲又爱的璧弟！……

五，三，下午二时。

瑗怕璧弟抵抗不了新爱情的诱惑，璧弟怕瑗屈服外界的压力，因此我曾和泪写信，璧弟在××室少候一会儿也泪下如雨，有归国后“佳人已属□□□”之叹。璧弟，我们俩原来一般的痴！只要璧弟的心始终不渝，（璧弟自然不变！）无论走到哪里，都念着国内飘泊流离（不知者以为瑗有母兄可依，但瑗自觉她是飘泊者）的薄命的瑗，瑗为他拚命抵抗外力。璧弟！璧弟！！瑗终生相依的璧弟！！！三年过起来也很快，我送了璧弟，便日夜引领望他归来！璧弟，望你在念及你的倚间的双亲之外，也念及“一日思君十二时”的阿瑗！

五，九，九时

璧弟提议以合摄影为定情之证，我也同意，我俩的恋史就此告一段落。不过提及此，瑗又微微的有些伤感。这并不是瑗于璧弟有何不满意处。这同上礼拜六同璧弟偎倚着而啜泣太息的情怀一样——将此事看得太珍重了！璧弟当能谅我。好梦，好梦，愿此梦直做到死！我宁愿早些死，只要死在梦里。

五，一九，晚八时四十分。

第二节　南渡

北京是淑兰的第二故乡，她一生中最为意气风发、流光溢彩的岁月是在这里度过的。八年里，她读完了大学、读完了研究生，由一个闭塞羞怯的乡村少女，蝶变为才学出众、浪漫高雅的新知识女性。在这里，初恋的花儿曾绽放得那么娇艳，又凋谢得如此惨烈。伴随着深深的悲凉与怅惘，她遇到了命运安排的又一次春暖花开，她迟疑、忧惧，而又欢欣、憧憬……

淑兰与陆侃如已经相识、相爱，王品青还在做着挽救自己爱情的努力。1926 年夏，鲁迅先生去了厦门大学。10 月，得知先生在编辑《乌合丛书》，王品青把淑兰在创造社刊物上发表的《隔绝》、《隔绝之后》、《旅行》、《慈母》等四篇小说寄给在厦门的鲁迅先生，请他将它们编入《乌合丛书》之中，并特别要求把书名“卷葹”与作者笔名“淦”艺术地组织在图画之内。鲁迅本来觉得仅四篇小说，一共只有两万多字，印出来只有几十页，未免太单薄了。但王品青认为这四篇是同一时期的，属于一个段落，够了。一向关爱、提携年轻人的鲁迅先生于是同意编入《乌合丛书》之六。鲁迅随即将淦女士的《卷葹》书稿寄给了北新书局的经理李小峰，并附了信。不久，又致信陶元庆，转述了王品青请他设计

《卷葹》封面的要求：

> 一《卷葹》 这是王品青所希望的。乃是淦女士的小说集，《乌合丛书》之一。内容是四篇讲爱的小说。卷葹是一种小草，拔了心也不死，然而什么形状，我却不知道。品青希望将书名“卷葹”二字、作者名用一“淦”，都由你组织在图画之内，不另用铅字排印。此稿大约日内即付印，如给他画，请直接寄钦文转交小峰。(《鲁迅书信集》之《112 致陶元庆》)

鲁迅为了让陶元庆所设计的封面更能体现小说的主旨，在信中谈了作品的内容，以及“卷葹”这种小草的特点，以供参考。后来，鲁迅先生闻知《卷葹》封面已由他人设计，再次致信陶元庆：

> 《卷葹》的封面，他们先前托我转托，我没有十分答应，后来终于写上了。近闻他们托司徒乔画了一张。兄如未动手，可以作罢，如已画，则可寄与，因为其一可以用在里面的第一张上，使那书更其美观。(《鲁迅书信集》之《124 致陶元庆》)

年底，《卷葹》出版了，王品青将它送到了冯淑兰面前，双眼痴痴地望着她，幻想着书中所描写的一幕幕情景能唤起淑兰温柔的回忆，盼望她旧情复燃。淑兰吃了一惊，有些不悦地问：“北新书局怎么会擅自出版这些东西？”王品青说：“鲁迅先生认为好，他便自作主张编为《乌合丛书》之六。”淑兰不再说些什么。创造社成员郭沫若、成仿吾等本自与鲁迅不和，闻知此事大为不满。一时间社会上传言颇多，有人趁机诋毁鲁迅先生的人格，这让他甚感委屈和烦恼。他在1926年12月5日给韦素园去信倾诉：

前得静农信，说起《卷葹》。我为之叹息，他所听来的事，和我所经历的是全不对的。这稿子，是品青来说，说愿出在《乌合》中，已有小峰允印，将来托我编定，只四篇。我说四篇太少；他说这是一时期的，正是一段落，够了。我即心知其意，这四篇是都登在《创造》上的，现创造社不与作者商量，即翻印出售，所以要用《乌合》去抵制他们，至于未落入创造社之手的以后的几篇，却不欲轻轻送入《乌合》之内。但我虽这样想，却答应了。不料不到半年，却变了此事全由我作主，真是万想不到。我想他们那里会这样信托我呢？你不记得公园里饯行那一回事吗？静农太老实了，所以我无话可答。不过此事也无须对人说，只要几个人

(从，霁，静）心里知道就好了。(《鲁迅书信集》之《128致韦素园》)

与陆侃如相恋后，从前与王品青的过往无一日不令淑兰忧伤惆怅，而且，王品青眼下的糟糕境况更是令她痛苦莫名。她心想，回忆确是不好，不过不回忆是件不易做到的事。况且纵不回忆，此时所身受者已足使她肠断魂消，意懒心灰。“鲜艳的花儿”固然愿尽心培养，已谢的花儿如何呢？践踏吧，如何舍得；留住吧，已无可挽救了！一切一切都听它去。漫漫的长夜谁知做些什么梦呢！柔脆的心情，颠连的身世，一切一切都注定我今生应该做人生悲剧的主角。

1927年6月1日，是清华大学国学研究院第二班36名学生毕业的日子，陆侃如身在其中。6月2日上午，陆侃如的恩师王国维，竟毫无预兆地在颐和园昆明湖投水自尽。据陆侃如回忆说，有个朋友托他找王先生题签，6月2日上午，他拿着一张纸，走向王先生的研究室，门开着，写字桌上放着半杯茶，人却不在。陆侃如就在那里坐着，一直等到12点，也未见先生回来。后来方知，他那时竟已停止呼吸了！这件事在当时社会各界震动巨大，人们纷纷猜测人生学术正处于鼎盛时期、“老实得像火腿一样”（鲁迅语）的王国维投湖的原因，都百思不得其解。甚至连他的家人，也不知其心中到底隐藏着怎样的深悲巨痛。

也许，他的自杀与时局有关。

一直在北京大学任教的胡适，1926年7月，借出席伦敦“中英庚款委员会议”之机，做环球旅行。没想到1927年4月即将回国的时候，中国政局发生了巨大变化。北洋军阀政府的军队，在南方国民党共产党合作领导下的革命军北伐的进攻下节节败退，反动政府摇摇欲坠。北京的大、中学校渐渐瓦解，知名教师纷纷南下。胡适的友人张慰慈在给胡适的信中说：“现在北京一般人的口都已封闭，什么话都不能说，每天的日报、晚报甚而至于周报，都是充满了空白的地位，这期的《现代评论》也被删去两篇论文，这种怪现象是中国报纸的历史上第一次看见。同时一切书信与电报都受到严格的检查，听说被截留的甚多。并且无故被捕的人也不少。上海的情形也与北京相同。”[①]高梦旦也告诫胡适：“时局混乱已极，国共与北方鼎足而三，兵祸党狱，几成恐怖世界，言论尤不能自由。吾兄性好发表意见，处此时势，甚易招忌，如在日本有讲授机会或可研究哲学史材料，

① 中国社会科学院近代研究所中华民国史组编，《胡适来往书信选》上册，中华书局，1983年版，第423、429页。

少住数月，实为最好之事。”[①]

经过深思熟虑，冯淑兰决定离开北京，换一个环境，开始新的人生。

1927年的秋天，经恩师陈中凡推荐，冯淑兰到金陵大学执教。已从清华大学国学院毕业的陆侃如，此时在北京中法大学任教。两地相距遥遥，全凭鸿雁传书寄托相思。在这年的11月26日——自己的生日这天，陆侃如收到了冯淑兰给他寄来的礼物：一只玉兔。因为陆侃如肖兔，这年是他的本命年。惊喜之余，他赶紧给淑兰发电报：“玉兔永在你笼中。”不想却引来不小的麻烦。

当时南北对峙，形势严峻。南京电信局的译报员对这封异乎寻常的电报深感疑惧，立即送交上司过目。警察局决定直接找收报人询问究竟。冯淑兰阅后神色不自然地一笑：“这是个人间的秘密，请不要多问。”无论怎样启发，冯淑兰都拒绝说出内情，警员们也不好采取强硬措施，只得悻悻而返。他们无法向上司交代，于是北上寻找发报人进行调查。风流潇洒的陆侃如给找了来，警员要他说明电报的秘密，只见他莞尔一笑道：“我是属兔的，今年是我的本命年，未婚妻给我寄来了一只玉兔，于是我就发了这个电报，表达我的心意。”警员们

① 中国社会科学院近代研究所中华民国史组编，《胡适来往书信选》上册，中华书局，1983年版，第429页。

松了一口气：嗨！虚惊一场。[①]

1928年1月初，陈中凡先生被聘为上海暨南大学中国语文学系主任。应陈先生之邀，冯淑兰赴暨南大学任教。

冯淑兰很是欢喜，上海的小吃品类如此繁多，不像北京的早点，只是豆浆、油条、大饼，单调之极。上海的街巷，清晨到处摆满了小笼蒸包、三丝春卷、鲜虾馄饨、芝麻汤圆、肉末炒米粉、排骨年糕、八宝粽子、素馅锅贴、豆沙麻团等等。冯淑兰每次来吃，都可以不重样儿。不多久，她发现自己胖了起来，脸庞圆润了不少。

当年女高师的同学苏雪林，这时亦刚来上海，在沪江大学教书。得知淑兰执教暨大的消息，异常高兴，赶忙跑过来看望。当初她们俩性情相投，浸淫古文最深，在一起总有聊不完的话题。一晃七年过去了，她们端详着彼此。淑兰身穿锦缎旗袍，外罩翻毛貂皮大衣，头发剪得短短的。苏雪林身穿长长的驼色呢子大衣，脖子上系着图案别致的丝巾。苏雪林笑言淑兰变得时髦了，淑兰赞叹苏雪林一派欧陆风情，两人说罢，不由得大笑。

---

① 严蓉仙著，《冯沅君传》，人民文学出版社，2008年版，第114—115页。

淑兰发现苏雪林的笑声里竟有难掩的寂寞，仿佛深冬萧疏的原野。

早在1921年秋，富有诗意梦想的苏雪林，远赴法国留学。为了顺利成行，她一直没有跟家人说，直到出发当天的晚上，才告知母亲。她考入吴稚晖、李石曾在法国里昂创办的海外中法学院学习西方文学，后转入里昂国立艺术学院学习绘画艺术。留法三年里，由于水土不服，苏雪林经常生病。家中不断来信催她回归，不久父亲病故，母亲生病，只好辍学，于1925年提前归国。苏雪林在法期间生了一次很严重的病，躺在医院里。医院里一些天主教修女细心照顾，使她的病逐渐好转并恢复了健康。苏雪林深受感动，皈依了天主教。回国后，遵照母命，与从未谋面的五金商人的儿子张宝龄完婚。张宝龄原籍江西南昌，肄业于上海圣约翰大学，后赴美留学，在麻省理工学院学习理工课程。婚后不久，母亲病故，她便随丈夫去苏州安家。其夫在苏州东吴大学执教，苏雪林则应苏州基督会所创办的景海女师之聘出任中文系主任，并由陈中凡先生介绍在东吴大学兼授古典诗词课。苏雪林在婚姻问题上受传统思想约束很深，不能自主。当初在法国留学期间，她曾和未婚夫通过几次信，已发觉性情不合，便写信给父亲要求解除婚约。父亲在回信中对她大加斥责。母亲缠绵病榻，托人写信哀求女儿不要毁约。为了父母双亲，她只好“认”了这门亲。在法国读书期间，有众多男子追求苏雪林，其中有一位颇有才情，令她沉迷，但为了顺从长辈之命，只好只身回来成婚。结婚两年多来，丈夫始终对她非常冷漠，两人很少说话……苏雪林说：“一块冰，遇到暖流，也有融化的时候。他比冰更冷，我无法融化他。”她是个爱面子的人，从来不曾对人谈起过自己婚姻的不幸，唯独见了淑兰，毫不掩饰地说出了自己的苦闷。淑兰非常同情苏雪林，却不知道如何劝慰她。

苏雪林看见了桌上放着的北新书局刚出版的淑兰的书信体小说《春痕》样书，从封面设计、题字到后记，全由陆侃如一手包办。作品的署名为：沅君。陆侃如在后记中写道：

> 《春痕》作者告诉我：《春痕》是五十封书信，假定为一女子寄给她的情人的，从爱苗初长到摄影定情，历时五个月。作者又说：这五十封信并无长篇小说的结构，虽然女主人的性格是一致的，事实也许是衔接的，又说每一封信里也许讲的两件事，故标题极难定，现在避难就易，故以首二字命篇，因记之以告读是书者。

苏雪林拿起书，前前后后翻了一会儿，笑问陆侃如是谁？这些“肉麻”的情书都是写给他的吧？淑兰不好意思地点点头，简略地对好友谈了自己与陆侃如相识、相恋的情况。苏雪林艳羡地对淑兰说：“阿兰，我真嫉妒你！每次你都爱得热烈、爱得精彩。”淑兰羞涩地说：“我还在梦中，但愿这个梦能一直做下去。”

苏雪林提议去看望胡适先生，淑兰欣然赞同。当时胡适在上海赋闲，住在江湾路。苏雪林与胡适乃皖南同乡，苏雪林老家太平县（今黄山市），距胡适家乡绩溪仅一县之隔。苏雪林笑言当年在女高师听胡先生讲课，实乃“感官与心灵莫大之享受”，冯淑兰自然也深有同感。

胡适见到两位女弟子，十分高兴。师母江冬秀热情地招呼她们，让她们品尝自己亲手做的徽州面饼。胡先生笑称：“这可是徽州的‘州宝’呢！”看她们有点吃惊的神情，胡适解释说，徽州地区全是山地，因了黄山的秀丽而远近闻名。这一带的河流都是自西北向东南流的，最后注入钱塘江。因为山地十分贫瘠，徽州的耕地甚少，全年的农产品只能供给当地居民大约三个月的食粮，不足的，就只有向外地去购买补充了。所以徽州的山地居民，为着生存，就只有脱离农村，到城市里去经商。因而几千年来，徽州人就注定的成为生意人了。这种小饼能久藏而不变质，旅途千里，全靠它充饥。所以，就成为“州宝”了。听了先生的话，两人细细地品味起徽饼来，的确风味独特，而且越嚼越香。师母虽然没多少文化，但说话得体、细心周到，让淑兰和苏雪林倍感亲切和温暖。

从胡适家出来，两人在附近闲闲地走着。

苏雪林说：“俗话说‘巧妻常伴拙夫眠’，他们是倒过来了，像胡先生这样的人杰，命运却偏偏安排他与一个乡下女子生活在一起……”

冯淑兰说：“他们看上去倒也恩爱。听说先生有过些浪漫史，都只是传言吧？”

苏雪林慢慢地说：“当年陈衡哲先生留学美国，与胡适、任鸿隽相识。胡适已有婚约在身，陈衡哲当时抱有‘独身主义’理想。胡适很欣赏她的才华，她也很支持胡适的白话文主张。先是通信，已是心荡神驰。及至见面，更是两情相悦。她有两首小诗，深得胡适的赞赏：‘初月曳轻云，笑隐寒林里；不知好容光，已映清溪水。’（《月》）‘夜间闻敲窗，起视月如水；万叶正乱飞，鸣飙落松子。’（《风》）胡适与她，堪称知己。后来，任鸿隽与陈衡哲结婚，胡先生与他们仍是好朋友。1924 年，陈在《小说月报》上发表《洛绮思的问题》，许多人都认为这是她在抒写自己对胡先生的暗恋情怀，但人家的隐秘心事，外人怎地知道呢？……”

淑兰说："我很喜欢胡先生的那首诗——《秘魔崖月夜》：依旧是月圆时，依旧是空山，静夜。我独自踏月归来，这凄凉如何能解！翠微山上的一阵松涛，惊破了空山的寂静。山风吹乱了窗纸上的松痕，吹不散我心头的人影。"

苏雪林说："这首诗是写曹诚英的，她是胡适三嫂的妹妹，胡适称她为表妹，她叫胡适作"穈哥"（胡适小名嗣穈），胡适结婚时，十五岁的她做伴娘。真是红颜薄命，她在娘胎中就由家庭包办跟邻村一个大户之子胡冠英订婚，17 岁完婚，婚后考入杭州第一女子师范学校。由于曹诚英结婚三年仍无身孕，胡冠英在母亲的安排下另娶了一个小妾。曹诚英一怒之下与胡冠英解除了婚约。1923 年夏天，胡先生生病在杭州西湖南山的烟霞洞疗养，曹诚英赶来照料他，两人度过了一段神仙般的生活。据说先生回北京后提出离婚，师母手拿剪刀以死抗争……最后也是无可奈何。胡先生有首诗《多谢》：多谢你能来，慰我心中寂寞，伴我看山看月，过神仙的生活。匆匆离别经年，梦里总是相忆。人道应该忘了，我如何忘得。"

淑兰听了，不由得长叹一声："唉！问世间情为何物！"苏雪林说："阿兰，让陆侃如来上海教书吧，你们彼此好有个照应。"淑兰感谢老朋友的好意，点点头：

“过几天他就要来了。”

1928年1月中旬，陆侃如应复旦大学之邀，来到了上海。他与淑兰商定，两人多在几个大学兼职，争取早日攒够1万元钱，然后一同出国留学。陆侃如在暨南大学兼任讲师，讲授诗史、楚辞、诗歌研究三门课程。1928年3月，胡适出任上海中国公学校长。不久，冯淑兰、陆侃如又同在该校兼课，两人的工作生活十分忙碌，也只有礼拜天，两人才能碰面。

陆侃如长于著述，24岁的他已经出版了《屈原评传》、《宋玉传》、《乐府古辞考》等学术著作。早在1924年，陆侃如还在北京大学读书时，就立志编一部《中国诗史》，并为此做着扎实的准备。他在给胡适的信中曾谈到此事，并申明自己的目的在于“第一想替中国诗歌整理出一些眉目来，第二想改变一般人对中国文学的糊涂态度。他们不但误信苏、李诗，并且变本加厉，认枚乘为五言诗的倡始者，全不管他是否可靠。他们不但以《九歌》解作忠君之思，并且拿六经来比附《离骚》。至于认诗歌起于唐虞，认《国风》无情诗，更是极普通的观念了。所以我妄想把先生的历史癖及考据癖应用于《诗史》”（1927年陆侃如致胡适信）。1928年5月27日，陆侃如致信胡适，写了他与淑兰近期的一个合作计划：

适之先生：

每年11月24日，是我们开始认识的纪念日。今年，我们想在这日前做点成绩出来。侃有《古代诗史》旧稿，沅有在中法讲文学史的讲义，合起来整理一下，做成一部《古代文学史》（以后依此计划做下去，成一完全的文学史。这固然是个奢望，我们学力还不足，不过借此策励自己，使研究有个系统罢了）。预计九月中脱稿，十一月中即出。

今将详目奉上，乞细细指教。(1) 分民族讲古文学，妥当吗？(2) 我们认为周以前无可信之诗文（先生对于《商书》意见如何），先生以为如何？(3)《易》的“卦爻”的时代？（王静安认为周初，我们觉得不类周初文字。）(4)《仪》、《礼》的时代？(5)《山海经》的时与地？

还有一点是侃的意见，而为沅所不赞成的：侃以为西汉宜附入楚民族，中古从东汉讲起。先生于此云何？

全体的区分，暂定为四：一，先秦；二，汉至隋；三，唐、宋；四，元、明、清（详另纸），乞鉴定。

先生常常无暇写回信，但我们希望这次抽空指教指教。邮票一分。

“二南”无论是“南”是“风”，命名终难解释。我们自然信为独立的“南”，然何以冠以“周”、“召”二字？方言以周南、召南与卫、楚并列，好象是个双字的地名。《史记·自序》有“太史公留滞周南”之句；《集解》引挚虞说：“古之周南，今之洛阳。”我们于此，真有“迷不知吾之所如”之叹！

先生所作《周召说》于此云何？

拉杂书此，统希切实指教。

《国语》稿（卫君的）另包寄上，交何书局印？

敬祝健康。

学生侃如、淑兰同上

十七，五，二十七

此时适逢胡适先生大作《白话文学史》付梓之际，他接到两位弟子的信函，非常高兴，随手把他们的计划写进了《白话文学史》之《自序》中：

我很抱歉，此书不曾从《三百篇》做起，这是因为我去年从外国回来，手头没有书籍，不敢做这一段很难做的研究。但我希望将来能补做一篇古代文学史，即作为这书的“前编”。我的朋友陆侃如先生和冯沅君女士不久要出版一部《古代文学史》，他们的见地和功力都是很适宜做这种工作的，我盼望他们的书能早日出来，好补我的书的缺陷。

写一部《中国文学史》，牵涉的内容十分庞杂，尽管两人已经有些积累，但要在短期内圆满完成计划，实非易事。经过再三商议，后来两人决定量力而行、先搞一部《中国诗史》。这一时期，冯淑兰课余正在认真校订自己于 1926 年 9 月至 11 月间撰写的关于南宋词人张玉田的考证手稿。胡适曾编过《词选》，其中言及宋亡时张玉田年二十九，淑兰推算则为三十二，陆侃如 1928 年 6 月 28 日给胡适的信中曾代淑兰问曰：“不知先生是根据什么的，可否示知？”不久，冯淑兰的《张玉田》一书由北京朴社出版。早在 1926 年，淑兰曾在《北大国学门月刊》上发表过《南宋词人小记二则》，包括《玉田先生年谱拟稿》、《玉田家世及其词学》、《张镃传略（附录）》；在《语丝》上发表过《玉田朋辈考初稿》。1927 年，淑兰曾在《北大国学门月刊》上发表过关于南宋另一词人周密的考证文章《南宋词人小记》，包括《草窗年谱拟稿》、《草窗朋辈考》、《草窗词学渊源》。

第三节　燕尔新婚

确定了一同完成《中国诗史》的计划，两人便踏踏实实地投入撰写工作。他们分工很明确，陆侃如管领唐前诗歌内容，冯淑兰负责唐宋元明清部分。本来他们的教课就很繁忙，又添这个大部头的著作任务，着实让这对年轻的情人少有空闲游山玩水、谈情说爱。然而越是这样，两人的感情却越变得深厚浓烈。他们觉得，该结婚了。

然而冯家人一直不赞同他们的婚事。聪明的陆侃如找到了胡适，请他出面斡旋。胡适一向乐于成人之美，这次事关自己的爱徒，更觉责无旁贷。他约见了淑兰的大哥冯友兰（在北大时，胡适是冯的老师；后来冯氏留美，亦与胡适一样，师事哲学家杜威），对陆侃如的才学人品大大夸赞了一番，请他成全两位年轻人的好事。冯友兰本来对陆侃如不甚了解，以前总想当然地认为这小伙子轻狂浮躁，又不是留学博士。听大名鼎鼎的胡适先生这样介绍，方觉自己过于主观。胡适说，像陆侃如这样的才俊，将来出国取个博士学位简直是“易如拾芥”。淑兰、侃如两人早有一同留学的打算，这两年来到处兼课、出书，都是为了这个目标。冯友兰闻言，便应允下来，并回去做通了老母的工作。

淑兰一向不耐繁文缛节，本来不打算去江苏海门举办婚礼的，但陆家是当地的名门，陆家公子娶到了一位在大学教书的女先生，这在海门可是前所未闻的大事，婚礼哪能不大张旗鼓地操办呢？陆侃如好言好语地劝说，希望淑兰给他这个面子，淑兰也就不再固执，温柔地答应了。

结婚那天，十里八乡的亲戚朋友都纷纷赶来。淑兰的娘家不在海门，只好临时被安置在陆家的一个远房亲戚那里。陆家迎亲，用的是大红花轿。一路上吹吹打打、锣鼓喧天，好不热闹！新娘子下了轿子，给人搀扶着从铺在地上面的布袋上轻轻走过，不沾尘土，习俗谓之“传代”。入座后，主婚人致词，新郎新娘对父母行鞠躬礼。婚礼上不断奏乐、唱歌。新郎新娘就座，请亲朋作陪共饮花烛酒。而后同饮“和气茶”。新婚夫妻各饮一口后，先男方父母、兄弟姐妹，后诸亲戚等依次饮茶，以示阖家和气、幸福。新郎再应酬发喜糖喜果，还要喝贺房酒。新郎平辈的表弟兄、姨弟兄、堂弟兄及其好友向新郎劝酒，互相拼酒，热闹欢乐。更有撒百花、种籽的仪式。由嗓音圆润洪亮、丈夫儿女俱全的妇女用青蓝腰布兜上花生（俗称“长生果”，取长生不老、开花结果之意）、枣子（早生贵子）、桂圆（贵在团圆）、蜜糖块（甜甜蜜蜜）等物，撒向新床的四角，撒向亲友，边撒边唱百花、种籽令。最后是闹新房，“新婚三日无大小”，亲戚间不论辈分大小，无论老少，都可以逗引新娘，欢闹声此起彼伏，喜气倍加，一直闹到凌晨2点才作罢。淑兰虽然累极了，但心里是快乐的。偎依在她心爱的“璧弟”怀中，她感到是这样的踏实、幸福。“鲜艳的花儿”，真的“战过了一切风霜”，如今在丽日晴空下含笑怒放。

回到上海，当然还要补办一个新式婚礼，胡适先生为证婚人。他既是淑兰、侃如的师长，又是新郎新娘的同事（此时他担任中国公学校长之职），还是“功莫大焉”的媒人。胡适先生带来的礼物是一对枕套，打开来看，上面是他夫人江冬秀手绣的色彩鲜艳的《鸳鸯戏水图》，祝福新郎新娘夫妻恩爱、白头到老。一对新人感动得不知说什么好。冯友兰带来了母亲的祝福，发表了情深意切、语重心长的新婚致辞。长兄如父，小妹淑兰的婚事，多少年来，一直是压在大哥心上的一块石头。记得1927年的春节，淑兰在大哥书房里踱来踱去，慨叹流年似水：“一串钱又解串儿花了一个！唉，要不思量，怎不思量？”这句话着实让冯友兰难受了好久。一切都过去了！如今小妹嫁得了如意郎君，看她喜上眉梢的样子，自己怎不为她高兴！淑兰的恩师、暨南大学文学院院长陈中凡先生早早来到了，他拍着陆侃如的肩膀，笑着说：“你可把我们女高师的一号才女给抢去了！”陆侃如性格开朗，好朋好友，所以他的朋友来得特别多。淑兰的同学苏雪林到场了，还带来了黄英（庐隐)。黄英于1923年与郭梦良结婚，第二年，郭患伤寒而死。两人育有一女名薇萱。1928年，清华大学学生李唯建慕名请教写作问题，李比黄英小8岁，不久，两人沉入爱河。此事在文艺界被渲染得沸沸扬扬，但黄英却全不在意，大大方方地跑来喝老同学的喜酒了。

大家逼着让陆侃如讲恋爱经过，陆侃如倒也爽快，把他们如何相识、如何谈恋爱的细节都晒了出来，不时引来众人的哈哈大笑。这边冯淑兰的脸早已羞成了一朵粉红牡丹花儿，他也没发觉。有人问，你们之间闹了别扭怎么办？陆侃如认认真真地说：“我一装大孩子，她就心软！”本来他比她小3岁，看上去就像个小弟弟……大家看看戴眼镜的淑兰，再看看青涩少年郎似的侃如，不由得狂笑起来，胡适等几位先生都笑得喷了饭……这真是他们所见识的一个最可爱的婚礼，陆侃如太会逗乐了！

陆冯两人才子才女的结合，在当时的知识界，一时传为佳话，颇令人们艳羡。文学家赵景深，后来曾写过一篇《陆侃如和冯沅君夫妇》的文章，描写陆冯二人的志同道合、琴瑟和谐：

> 陆侃如与冯沅君的结合，是使我羡慕的，犹之我羡慕最近结婚的姜亮夫和陶秋英一样。大约这

就是陈望道所说的“同志爱”吧？我的创作小说集《为了爱》里有一篇《苍蝇》也表示了这样的意思：“法国浪漫诗人缪塞不是和女小说家乔治桑恋爱么？英国白朗宁夫妇不都是会作诗的么？我国赵明诚和李清照不都是会作词的么？”我祝福他们俩永远相爱！

他们俩的《中国诗史》，以及以前陆侃如的《屈原》、《宋玉》，都是我所爱好的。最近他们俩的研究趋向于戏剧，更使我感到多了两个寂寞旅途的同路人。他们俩的《南戏拾遗》、《古剧六考》等相继发表了。沅君的《宋元戏曲史疏证》大约不久也快问世了吧？

为了同声相应的缘故，我对于他们俩发生了比以前更进一步的钦佩和感情，虽然这在他们俩是不会知道的。我有一种癖性，常喜欢朋友所喜欢的，自然这也以自己范围以内的为限。虽然仍旧是自己的癖好，没有朋友，或许会遭搁置，一有朋友也喜欢，我便感到兴趣盎然了。比方说，友人调孚喜欢弹词，我也跟着热了一阵。现在他冷了，我也跟着冷了！又如，戏剧的研究我本想暂置高阁，贻白一写戏剧史，我也跟着弄起“腔调考原”来了。并且，因为对于一个研究者感到兴趣，便连累及于这作者的其他作品，也想一看。就在这样的情调之下，我用去两三个清晨和黄昏，看完了沅君的三本创作——《卷葹》、《劫灰》和《春痕》。《卷葹》中的《隔绝》和《隔绝之后》自是成名的处女作。《劫灰》中最给我深刻印象的是作为篇名的《劫灰》，写妇女们避土匪，躲在湿田里。这情景至今犹如睹。此外《潜悼》叙小叔子爱嫂嫂，描写心理入微，也写得很好。《春痕》是沅君给侃如的情书，这使我想起我编《文学周报》时，与侃如的会面。

侃如带着典型的江南公子的姿态，瘦瘦的个子，瘦瘦的脸庞，却又不是露出颧骨的，特别高的皮衣领，再加上华服和走路的潇洒，真有点翩翩然了。他把《小梅尺牍》，署上笔名小梅，给我在《文学周报》上发表，这是可以与《春痕》合看的。我在此记下一笔，以免他日后人再替喜欢考证的侃如来作考证。侃如曾与沅君来看过我一次，惜我外出，未曾得见，至今犹引以为憾。听说他们俩都到云南去了，我就以这篇小文，遥致我的思念吧。

婚后，两人依然忙于上课、撰写《中国诗史》。淑兰不再创作小说，一年中只发表了一篇散文《私语》。从中读者可以感受到，她与陆侃如的爱情是何等的甜蜜。她与母亲之间的积怨也早已荡然无存，母女深情，息息相通。此时的她，是幸福的妻子、温顺的女儿、受欢迎的老师。心灵没有了苦痛挣扎，自然也就没有了当年火山爆发般的创作激情。鲁迅先生评论说：

> 诚然，三年后的《春痕》，就只剩了散文的断片了，更后便是关于文学史的研究。这使我又记起匈牙利的诗人彼兑菲（Peotofi Sandor）题B.Sz夫人照像的诗来——
>
> "听说你使你的男人很幸福，我希望不至于此，因为他是苦恼的夜莺，而今沉默在幸福里了。苛待他罢，使他因此常常唱出甜美的歌来。"
>
> 我并不是说：苦恼是艺术的渊源，为了艺术，应该使作家们永久陷在苦恼里。不过在彼兑菲的时候，这话是有些真实的；在十年前的中国，这话也有些真实的。（《且介亭杂文二集·中国新文学大系·小说二集序》）

亲朋故旧每见到淑兰，总会询问近来有无文艺创作。每逢这时，淑兰都会歉疚而无奈地摇摇头。为弥补缺憾，陆侃如把她先后在《语丝》、《莽原》、《现代评论》等杂志上发表的几个短篇结集为《劫灰》。时间跨度相对较大，题材范围涵盖很广，有写社会灾难的，有写家庭婚姻的，有写恋爱风情的等等。手法上已不再单纯采用第一人称书信体，而是更多使用第三人称的叙述描写方式。笔致较以前细致，心理描写增多，时代特征渐趋模糊，也不再有在《创造》杂志上发表的小说那般具有鲜明的主体意识。陆侃如在《后记》中说道：

> 她的小说分集，大概视风格与题材而定。例如第一集的风格与题材可以“卷葹”二字与“捣麝成尘香不灭，拗莲作寸丝难绝”表之。第二集的风格与题材可以“春痕”二字及“满堂兮美人，忽独与余兮目成”表之。独这第三集是若干篇风格不同题材各异的作品而成，想不起一个适当的命名，故即以首篇之名名全篇，题词“我瞻四方，蹙蹙靡所骋”之句，也只能代表首篇。总之，这一册是“杂碎”。

与此同时，陆侃如又进行了《卷葹》再版的编辑工作，他在原有四篇的基础上，又加上了《误点》、《写于母亲走后》两个短篇，署名由从前的“淦女士”改为“沅君”。陆侃如在《后记》中说：

> 《卷葹》初版共四篇，作者曾以“淦女士”名在《创造》上发表，故初版封面亦署此名。“淦”训“沉”，取庄子“陆沉”之义。现在作者思想变迁，故再版时改署沅君，其实与淦是一人。

初版有误排者，再版均改正。最重要的是：《隔绝》的女主人纗华女士之名，取义于张平子《思玄赋》的“纗幽兰之秋华”句。(李善注云，“纗者即系囊之绳也”。) 作者写“纗”作“繻”，《创造》误排作“維乃”，后来《木犀》及北新均沿误为“維乃华女士”，而这位女主人便变成汉妖巫维汜的后裔了。此虽无关宏旨，然也不能不改正。还有并非手写之误，如《隔绝》男主人原为“青霭”，现为使之与《隔绝之后》一律起见，改名“士轸”。再版所加二篇：《写于母亲走后》曾在《莽原》上发表过（署大琦)。《误点》是作者三年前未完稿，最近方补完的。因风格相近，故附卷末。以上的话本该作者自己向读者说明的。只因作者秉性疏懒，故托我代说。

从这篇后记，我们很明显地感受到陆侃如喜欢考证、一丝不苟的学者风范。

在胡适的支持下，中国公学大学部于 1926 年 6 月创办了《中国文学季刊》，陆侃如任总编辑，胡适题了刊名。在刊物的封四，刊登“志谢”，被“志谢”者都是为本刊捐资的人：胡适、杨亮功、陆侃如、冯沅君，以及中国公学的其他几位老师。在《中国文学季刊》第二号，陆侃如发表了一个简短的《卷首语》："我们印行季刊，这是第二次。上次全载论文，此次全载创作。这一点，可以显示着我们系所走的两条并行的路。在我们看来，现在各大学的中国文学系似乎都未走它该走的路。他们所注重的，大都是经学，小学，以及古文学的研究。中国文学系的青年也许应该有一点经学小学的常识，然而那绝不是他们全力研究的东西。他们所该致力的是这两点：一是正确地了解过去的文学。一是努力地创造将来的文学。二者之中后者尤其重要，而认清楚这一点的人可惜不多。现在，我们把本系教授和同学们半年来的作品的一部分汇刊在这里，希望国内外的先进予以指教。"《中国文学季刊》创刊号，载有胡适的《读北史杂记》、杨亮功的《论广韵分部》、陆侃如的《山海经考证》等。该刊第二号载有胡适的诗歌《留恋》、白薇的《译诗两篇》、陆侃如的《译诗一篇》、冯沅君的散文《私语》与《清音》、沈从文的散文《〈沉〉的序》等。第二号有《下期篇目预告》：胡适诗歌《母亲的订婚——自叙传第一章》、白薇的《诗两篇》、冯沅君的小说《兔子》、沈从文的小说《戏子》、陆侃如的论文《唯物的文学史观——现代文学十讲之一》等。由于种种原因，季刊只办了两期就停了，然而在中国文学研究与出版物中，却占据着一席之地。

第四节　比翼齐飞

1929年，胡适连续发表了《人权与约法》，《知难行亦不易》，《我们什么时候才可有宪法？》等批评国民党政权的文章，随即受到多方围攻。1930年5月，胡适被迫辞去了中国公学校长职务，副校长杨亮功接替校长之职。1930年6月，杨亮功被任命为安徽大学校长，他盛情邀请陆侃如、冯沅君、苏雪林、朱湘、郁达夫、饶孟侃、刘英士等一批在学界文艺界颇有声望的人来安大任教。陆、冯二人为了安定下来以便全力以赴完成《中国诗史》的著述，欣然接受了邀请。

安徽大学1928年建校，校址位于当时安徽的省会安庆，教职工宿舍设在校内，教师上下班相当方便。陆侃如、冯沅君学植深厚，才华横溢，为人又谦和有礼，因此口碑甚好。当时诗人朱湘任外文系主任，言行颇为乖戾，一时为人侧目。苏雪林回忆说，他是个“常常穿着西服、颀长清瘦、神情傲慢、见人不打招呼的人。那时安大教授多知名之士，旧派有桐城泰斗姚永朴，新派有何鲁、陆侃如、冯沅君、饶孟侃，但似乎谁也没有诗人架子大”。他喜欢对女同事冷嘲热讽，每逢学校聚会，总要无端向她们投来几句不轻不重的揶揄。有一次学校决定派四名教职员到省政府请求拨发拖欠的经费，已经举出了两个人，有人提出让冯沅君和苏雪林同去，朱湘忽然高声嘲笑说："请女同事去当代表，我极赞成，这样经费一定下来得快些！"冯沅君和苏雪林闻言面面相觑。苏雪林气愤极了，想站起来请教："你这话如何解释？"无奈生来口讷，不善争执，终于没有质问。过后她问一向词锋甚健的沅君，为什么你当时也一声不吭。沅君笑笑："他这人疯疯癫癫，我们犯不着跟他怄气。"

由于课程不重，陆侃如、冯沅君有充足的时间著书。因此，《中国诗史》的写作进行得十分顺利，年底杀青，书稿送交了出版社。第二年，两人合著的50万字的《中国诗史》上、中、下三册出版发行，陆侃如、冯沅君一时名声鹊起。这是继王国维《宋元戏曲史》、鲁迅《中国小说史略》之后问世的又一部开创性的文学史专著。

《中国诗史》最为突出的特点在于其创新性与学术性并重。第一，该书在综合研究的基础上，将中国诗歌的演化分为古代、中代和近代三个时期：古代是指从诗歌的起源到汉代，约1600年；中代自汉末到唐代，约700年；近代自唐末到清代，约1000年。作者认为，晚唐以后，诗歌沿着两个方向变化，一个是"拿乐律代诗律"，另一个是"文字日渐解放"，因此称《近代诗史》为"诗的变化史"。作者基于晚唐以后"诗的领土扩展到韵文的全体”的指导思想，狭义的诗歌只写到晚唐，认为自此以后，“狭义的诗便没有光荣的时期了”，“另一种体裁‘词’却正在发扬滋长中”，同样的道理，“词盛行以后的诗及散曲盛行以后的词，则概在劣作之列”，因而略而不谈。这种对诗歌的界定，将词和曲都纳入诗的范畴，开拓了诗的疆土，给读者以启发，堪为一家之言。当然，把“词盛行以后的诗及散曲盛行以后的词”都视为“劣作”，则失之偏颇。这在很大程度上是由于受了胡适文学进化论的影响所致。

第二，我国古代诗歌有多种诗体，这些诗体都有一个萌芽和成熟的过程。《中国诗史》对各种诗体总是溯源探流，表现出精湛的学术功力。

第三，我国古代诗歌史料十分丰厚复杂，对之如何取舍，是文学史家必须面对的问题。《中国诗史》力求以谨严、科学的态度对待史料。由于以往文学史所利用的史料，其中不少是伪作，因此必须加以辨伪。本着辨伪存真的原则，作者用了很大篇幅做辨伪的工作，继承了乾嘉学派的朴学传统。

第四，下卷第四编《散曲及其他》，对于散曲及俗曲等，以前尚未有人做过系统研究，作者力图填补这一学术空白，尤其是把元明散曲与清代俗曲，抬高到主流诗歌的地位，是颇具胆识和勇气的。

鲁迅先生在1933年《致曹靖华》的信中，推荐可看的文学史著作：

> 至于史，则我以为可看（一）谢无量：《中国文学史》，（二）郑振铎：《插图中国文学史》（已出四本，未完），（三）陆侃如、冯沅君：《中国诗史》（共三本），（四）王国维：《宋元词曲史》，（五）鲁迅《中国小说史略》。

1931年夏天，冯沅君收到了来自北京大学中文系的邀请，希望她能来母校任教。她感到非常激动和荣幸，但也有些犹豫。因为如果接受邀请，则意味着她又要与陆侃如过那种“同心而离居”的生活了。青灯照壁，冷雨敲窗，那种孤单的滋味真是不堪回首……然而，争胜好强、勇于挑战自我的冯沅君最终没有被卿卿我我、儿女情长所羁縻，在陆侃如的鼓励下，她揣起聘书，收拾行囊，只身踏上了北去的列车。

从1931年至1932年，北京大学中文系开设的必修课有四门：沈兼士、马裕藻的《中国文字声韵概要》、俞平伯的《中国诗名著选及实习》、林损的《中国文名著选及实习》、冯淑兰（尽管此时她在学界已以“冯沅君”知名，但在母校教师档案中，她的名字仍是“冯淑兰”）的《中国文学史概要》。已有五六年教学经验的她，站在北京大学的讲台上，感到的是兴奋而不是紧张。她讲课重点突出、详略得当，为了增强课程的趣味性和吸引力，她会介绍一些作家的生平经历与轶事，也会拿一些代表性的作品进行深入剖析。她的优势在于，不仅国学功底深厚，而且口才很好，语言表现力强。因此，同学们很爱听她的课。

1932 年春天，冯沅君与陆侃如二人合撰的《中国文学史简编》完成了。他们将它交给大江书铺出版（此书由大江书铺于当年 10 月付梓，12 月改由开明书店发行）。该书分上下两编，上编由陆侃如撰写，共十讲，分别是：中国文学的起源，古代民族的文学（上、中、下），乐府古辞，三国六朝的诗，唐代的诗，散文的进展（上、下），戏曲小说的雏形。下编由冯沅君撰写，共十讲，分别是：中国文学的新局面（上、下），宋代的词，元明散曲，元明杂剧，明清传奇，明清平话，清章回小说，近代的散文，文学与革命。将上下三千年的文学发展史浓缩于该书十万多字的篇幅之中，简明扼要是其一大特征，正适合向一般读者普及文学知识的需要。出版后，该书颇受欢迎，几年内多次再版。

1932 年 6 月，沅君与侃如双双考取法国巴黎大学博士班。胡适先生闻知，非常高兴，在自己家中设宴，为两位饯行。据说胡适一生，极少设家宴招待客人，既使是亲密如徐志摩者，都未受到此等礼遇。由此可见胡适对冯、陆二人的赏爱。

巴黎大学是法国国立大学，一所在国际上享有盛誉的大学。巴黎大学在中法文化交流史上起过重要的作用。早在1919年，北洋政府交通总长叶恭绰赴欧美考察政治经济交通期间，就主张在巴黎大学开设中国学院、举办中国学术讲座等，向西方传播中国文明。他认为，“日本、印度、巴尔干及南美在各国大学均有学系，而我国独付阙如，引为深惜，以为此关国家之荣誉及我国学术之前途”。他常与法国学者伯希和（Pellliot）、勒卢瓦（Laloy）等交往。当时，欧洲的知识界由于受到第一次世界大战的打击，普遍流行一种西方文明破产、转而向东方文明寻求出路的思潮。叶恭绰的提议，得到了法国思想界及政界的认同，这其中有当时著名的数学家P. 班勒卫（Painleve）。班勒卫是法国政界和学界的要人，因发明微积分方程与函数论，成为世界数学大家，在力学与航空学理论方面也多有建树。作为政治家，他曾先后担任法国公共教育部部长、国防技术发明部部长、陆军部部长和法国国务总理等职。班勒卫对中国向来怀有好感，对于中国文明，班氏十分景慕，曾谓三四千年之前，欧洲文明尚未形成，而中国之天文学、数学竟能预测日、月蚀，实足钦佩。欧战结束之后，班氏与当时西方的一些思想家一样，反思人类的文明，认为要解除欧美物质文明所遭受的痛苦，应从沟通中西文化入手，以道德为体，科学为用。1920 年 3 月，巴黎中国学院正式宣布成立，以组织研究中国新旧高深学问为要务，班勒卫任首任院长。次年 12 月 12 日，巴黎中国学院被法国政府明令宣布为一个有益于社会的学术机构，将它设在巴黎市第七区的里尔路（Rue de Lille）。在学术方面，巴黎中国学院设立了一个研究指导委员会，由汉学家伯希和、葛兰言、马伯乐、勒卢瓦、哈甘、裴洛、布哇叶等 7 人组成。中国方面虽然名义上在中国学院董事会里有几个席位，但实际并不参与管理，中方主要派遣一名政府代表，负责与法方联络。1925 年 7 月 27 日，中国临时政府发布一道行政命令，正式任命韩汝甲为“巴黎大学中国学院监督”。1929 年开始由李石曾担任中国政府代表，但未到任。1929 至 1931 年由驻法公使高鲁代理，1931 年后又由刘厚代理，他们与法国方面一直合作融洽。巴黎中国学院开设了 7 门课程：中国文化，中国文献学，文学与艺术，中国美学，近现代中国经济史，现代中国政治与外交史，中国法律和中国科学。它们分别由葛兰言教授、伯希和教授、勒卢瓦讲师、墨司特讲师、杜巴比野讲师、爱司加拉讲师及一些中国学者讲授。作为一所专门培养汉学人才的机构，其招生规模不算太大。据了解，1931至1932年，学院注册人数为56（其中自费生为35，免费生为21）；1932至1933年，学院注册人数为55（其中自费生为34，免费生为21）；1933至1934年，学院注册人数为52（其中自费生为35，免费生为17）。冯沅君、陆侃如在自费生之列。在巴黎中国学院招收的学生中，人数最多的是中国人，其次为法国人，此外有德国人、英国人、意大利人、葡萄牙人、瑞士人、俄罗斯人、波兰人，还有东方人如越南人、日本人等。

巴黎，乃世界文化艺术之都。那里风光旖旎、思想活跃，是东方青年十分向往的地方。当时法国、德国通货膨胀，法郎、马克大跌，因此，去巴黎留学，用币值稳定的中国银元兑换数量可观的法郎消费，是很合算的。沅君、侃如攒足了一万银元，经济上没有了后顾之忧。7月，他们搭乘一艘远洋邮轮“达特安”，从上海出发，前往法国马赛。

邮轮在茫茫大海行驶，海水湛蓝，天空高远，他们平躺在帆布床上，享受着凉爽海风的吹拂……陆侃如轻声对沅君说：“四五年前，你是多么悲观，可曾料到今日的相伴远行？”沅君没有答话，只是温柔地微笑着。

夜晚，一轮明月从碧波间冉冉升起，皎洁如洗，沅君油然想起了张九龄的两句诗：“海上升明月，天涯共此时。”十年前，她与王品青从北京坐火车去开封应考的种种，忽然间历历在目……如今，那个人已不在人世了，“我虽不杀伯仁，伯仁却是为我而死”呵！沅君不由得泪眼朦胧了。陆侃如发现爱妻哀伤不已的样子，甚为关心，以为她是身体不适，一会儿为她端水，一会儿为她加衣。过了好久，沅君才从低落情绪中挣脱出来，与陆侃如谈起了从古至今吟咏明月的诗句，这个话题一发而不可收，因为两人都太博闻强记了。

邮轮经过西贡，旅客纷纷上岸。因为越南是法属殖民地，在这里可以提前领略法国文化气息。这里有繁复华丽的白色浮雕，热烈的阳光照耀着壮观的建筑，里面有巨大的拱顶，长排的木椅子安放在空旷的厅堂里。这里的人们吃的是长长的法式面包，带点淡淡的咸味。椰子很便宜，上面插着细细的吸管，可以当水喝，味道清甜。杏红色的木瓜，洗净后，切成花瓣状，放在白瓷盘子上，非常诱人。它的名字发音很俏皮，叫Papaya。小咖啡馆内的桌子上，都铺着洁白的亚麻桌布。街上不时走来淡黄色头发的欧洲男人。街区中心的广场边，有叫不出名字的高大树木，树叶刷刷地往下飘落着。侃如与沅君慢慢地欣赏着这一切，倍感新奇而惬意。

海上旅游并非一直都充满诗情画意。邮轮大部分的航行是在印度洋面，赤道线附近的区域炎热无比，阳光仿佛热水似的倾注下来，令人不堪忍受。人们不能再到甲板上观光，只好待在船舱里，即使静坐不动，也还是汗流浃背。遇到暴风巨浪来袭时，邮轮便会剧烈颠簸，乘客们被摇晃得一个个东倒西歪。沅君本来体弱，晕船十分厉害，不停地呕吐。开始陆侃如还能强打精神逗沅君开心，慢慢地，他也支持不住了。

经过漫长的艰辛考验，大船终于经由苏伊士运河，抵达马赛港。稍事休息几天，陆侃如、冯沅君夫妇乘车到了巴黎，找住处、办理入学手续等等，很快一切安排就绪了。

夫妇二人首先要过的是语言关。他们以前都未学过法语，好在他们有英语基础，这对学习法语是有一些帮助的。陆侃如的英语底子非常深厚，因此，他很快就对法语有了感觉。他们报名进了语言学校以突击法语。在这个学校里，他们结识了许多中国留学生，如戴望舒、李健吾等，还遇到了当年在上海复旦大学的同事马宗融。马宗融较他们年长十来岁，像兄长一般对他们格外照顾，因而在生活学习等方面，夫妇二人并未遭遇多少慌乱和困顿。

他们对欧洲的喜剧、诗歌很感兴趣，于是选修了这些方面的课程，认真地做着笔记和卡片。沅君阅读了大量关于欧洲戏剧起源方面的著作，她对欧洲中世纪的

Fou很感兴趣，参照中国古代倡优产生的历史文化背景，开始深入探讨中西文化中一个耐人寻味的现象：倡优对戏剧的产生、发展，具有十分重要的意义；陆侃如则就法国民歌与中国乐府民歌进行比较研究。

当时的德国在欧洲是个强国，希特勒野心勃勃，正纠集力量企图吞并其他国家。法国作为近邻，感受到极大的威胁。法国人民为了保家卫国，成立了许多反战组织。作家巴比塞领导了著名的“反法西斯反帝反战大同盟”。该同盟下设“巴黎华侨支部”，冯沅君、陆侃如积极参加了该支部的所有活动。其他成员还有刘长虹、文子慧、戴望舒、李健吾、马宗融等。他们不定期地集会，宣传反战思想，讨论国际局势，还创办了一份小报，抒发爱好和平、自由的心声。冯沅君、陆侃如夫妇是该小报的编辑成员。大家不停地在上面发表诗歌、散文、评论，极大地提高了文字语言水平和理论分析能力。一次，大家一同去听了一个宣传马克思主义的报告会，他们深受震动。冯沅君回忆起当年在女高师读书时，敬爱的李大钊先生就曾为同学们介绍过马克思的学说，现在，苏联已经将马克思主义作为理论基础建立了崭新的社会主义国家。冯沅君想：反正我们时间充裕，何不将马克思的《资本论》译成中文？她的这个想法得到了大家的热烈反响，有人表示愿意一同参与翻译，可是，这毕竟是一大部头的著作，共产主义在当下的中国无疑是“洪水猛兽”，即使翻译出来了，国内谁敢冒险出版呢？大家沉默了。冯沅君从内心里非常赞成《资本论》中的观点，既然无法翻译《资本论》，那就翻译一些歌颂工人阶级力量的文学作品吧。她翻译了19世纪法国著名诗人杜朋的《工人歌》，发表在他们编辑的报纸上。

工人歌

我们，清早鸡唱时
就重点起我们的灯，
我们，黎明前就被靠不住的工钱
拉向铁砧。
我们，臂，手脚，
全身不住的挣扎，
都不能庇护我们的将来
而与老年的冷酷抗争。

相爱吧，当我们能为轮流饮酒
而结合的时候，
为世界的独立。
干杯！
管它大炮沉默或怒吼。
不休歇的伸出我们的膀臂，

向着妒忌的激流，吝啬的大地，
劫取它的蕴藏着的宝贝；
能滋养的和作装饰的：
金属、珍珠与钻石，
丘陵的果实，平原的谷粒；
可怜的群羊，好漂亮的外衣，
它是用我们的羊毛织就的！

相爱吧，当我们能为轮流饮酒
而结合的时候，
为世界的独立。
干杯！
管它大炮沉默或怒吼。

苦工佝偻了我们枯瘦的脊骨。
从这里我们取得什么利益？
我们的汗河流向那里？
我们只是些机器。
我们的“巴伯尔”塔高耸接天，
大地亏欠着我们给它的珍奇。
主人赶走蜜蜂，
自从它们作成蜂蜜。

相爱吧，当我们能为轮流饮酒

而结合的时候，
为世界的独立，
干杯！
管它大炮沉默或怒吼。

穿得褴褛，住在洞里，
在阁楼上，在房子的废墟，
我们与猫头鹰，小偷——黑暗的朋友
生活在一起；
但流在我们的血管中
我们的血鲜红而迅激；
向着大太阳，我们逍遥
于橡树的绿枝底。

相爱吧，当我们能为轮流饮酒
而结合的时候，
为世界的独立，
干杯！
管它大炮沉默或怒吼。

每次，瀑布般，
我们的血流到世界，
永远是为着些暴君
才肥沃了这灌溉；

今后要珍惜它，
战斗终敌不得亲爱；
等着阵好风吹来
从地上或天外。

相爱吧，当我们能为轮流饮酒
而结合的时候，
为世界的独立，
干杯！
管它大炮沉默或怒吼。①

字里行间洋溢着工人们对不公平待遇的愤激以及他们团结一致、共创未来的豪迈情怀。虽然个别词句有待斟酌，但译诗在表情达意方面甚是酣畅淋漓。读者能够体会到，冯沅君在翻译时倾注了自己深深的同情和赞美。

1933年圣诞节前夕，沅君接到大哥冯友兰从英国发来的信函。信中说，他即将来巴黎旅游考察，这让沅君十分兴奋和高兴。根据清华大学的规定，教授在本校任职五年，便可休假一年，出国讲学考察，期间来往旅费及生活费皆由学校支付。冯友兰于1928年来清华大学执教，到1933年，教龄已满五年。1933年暑假，“英

① 载于《文讯》2卷2期文艺专号。

国各大学中国委员会”向冯友兰发出了进行学术交流的邀请函，于是他去了英国。他拟了十个讲演题目，写了十篇讲演稿，交给“英国各大学中国委员会”，还寄了一份给罗素。罗素亲笔回了信，说英国人对中国文化知之甚少，应该对他们多加宣传。委员会将讲演稿分寄给各个大学，不久，就有十几处大学回信，表示欢迎。于是，冯友兰便开始了在这些大学的巡回讲演，其中包括著名的牛津大学和剑桥大学。每到一处，他就住在一位教授家里，这对他了解当地的文化风习大有裨益。这些大学有一个共同特点，即学期短、假期长，特别是暑假。暑假是从5月到10月。学期中间，还有一些宗教纪念日等。一学年学生上课学习的时间大约不超过半年。课程也很简单，主要是些基础课。所以当时流行这样一个笑话：北大、清华的毕业生，可以教哈佛；哈佛的毕业生，可以教牛津、剑桥。冯友兰在英国待了半年多，1934年初，来到了巴黎。

冯沅君、陆侃如让大哥住在自己家里，他们在家中自己做饭吃，可口而又节省。本来大哥就是出国度假的，时间充裕，可以细细品味巴黎的优美景色和人文景观。

塞纳河宛如一条蓝色的缎带，在阳光下柔美地从巴黎市区缓缓流过。沿岸有众多的咖啡馆。冯沅君、陆侃如陪同冯友兰来到艾菲尔铁塔，该塔占地 1 公顷，耸立在巴黎市区赛纳河畔的战神广场上。除了四脚是用钢筋水泥建造之外，全身都用钢铁构成，塔身总重量约 7000 吨。塔分三层，第一层高 57 米，第二层 115 米，第三层 274 米。除了第三层平台没有缝隙外，其他部分全是透空的。从塔座到塔顶共有 1711 级阶梯。沅君体力不支，停在第二层平台上观望。冯友兰、陆侃如虽然感觉有些吃力，最终还是登上了塔顶，尽情领略了独具风采的巴黎市区全景。

他们还参观了曾是法国国王宫殿的卢浮宫、凡尔赛宫，以及凯旋门、巴黎圣母院等景点。

卢浮宫也位于塞纳河岸边，凡尔赛宫位于巴黎西南 18 公里的凡尔赛镇。卢浮宫收藏着许多著名的文化珍品，如油画《蒙娜丽莎》、雕塑《爱神维纳斯》和《胜利女神像》。凡尔赛宫是法国国王路易十四和拿破仑住过的皇宫，富丽堂皇的宫殿里挂满了壁画，多半描绘的是路易十四和拿破仑的赫赫战功。

踏上香榭丽舍大道，远远望见耸立着一座凯旋门，它是拿破仑为纪念自己在奥斯特利茨战役中大败奥俄联军的功绩，于 1806 年 2 月下令兴建的。它是欧洲 100 多座凯旋门中最大的一座。巴黎凯旋门高约 50 米，宽约 45 米，厚约 22 米。四面各有一门，中心拱门宽 14.6

米。在凯旋门的正下方，是1920年11月11日建造的无名战士墓，墓是平的，地上嵌着红色的墓志：“这里安息的是为国牺牲的法国军人。”据说，墓中睡着的是在第一次世界大战中牺牲的一位无名战士，他代表着在大战中死难的150万法国官兵。墓前有一长明灯，每天晚上都准时举行一项拨旺火焰的仪式。冯友兰等人站在凯旋门前，不禁想起了自己多灾多难的祖国。如今，日本帝国主义在占领东三省、建立“伪满洲国”之后，正步步向华北进逼……一时间，三人沉默不语，斜阳将他们的影子拉得很长。

沅君十分喜爱著名法国作家雨果的作品，特别是他的《巴黎圣母院》，前后读过许多遍。相貌奇丑无比的钟楼敲钟人阿西莫多深深地爱着美丽少女艾斯梅拉达，甚至不惜为她牺牲生命。发生在这个教堂里的故事情节是虚构的，但教堂却因此而闻名世界。阳光下的巴黎圣母院宁静而祥和，偶尔传出的教堂的钟声，更增添了一种庄重、温厚的意味。鸽子飞上游人的掌心觅食，一点也不惊慌……

冯友兰在巴黎停留了一个月，然后动身去了瑞士和德国。那时，他对苏联很好奇，有人说它是天国乐园，有人说它是人间地狱，他想去亲眼见证，苏联究竟是什么情形。于是在柏林向苏联的旅游局办理手续，旅游局说须向莫斯科请示，不久得到允许。冯友兰途径波兰到达莫斯科。在苏联考察，得出的结论是：封建社会“贵贵”，资本主义社会“尊富”，社会主义社会“尚贤”，相比之下，“尚贤”是最合理的。由此，他对社会主义产生了好感。他把自己的想法写信告诉了沅君。

沅君和侃如，像许多留学生一样，在巴黎有两件赏心乐事：一是看画廊，二是逛书铺。在漫长宁静的下午，他们携手步出家门，沿塞纳河缓缓地走着。赛纳河是这样地旖旎温柔、美不胜收。他们住的地方离赛纳河边的画廊及书铺很近，步行大约十来分钟的光景。他们漫不经心地走着，在一家家画廊里盘桓着。那些油画有的描绘人物，有的描绘风景，颇为引人入胜。与看画相比，他们更迷恋访书铺。这些书铺，大约可以分为几类：第一是卖廉价新书的，多半是各书店出清的底货，价钱非常便宜，可以讨价还价。第二是卖英文书的，由于英文书的买主很少，所以你要买的话，能得到许多优惠。第三是卖地道的古版书的，17 世纪的白羊皮面书，18 世纪饰花的皮脊书等等，这里都有，锁在玻璃柜子里。价值较次的古书，则杂乱地在木匣中堆积着。这种书铺里比较热闹，光顾者大多数是中年人或老人。沅君和侃如来这些地方，并不一定要买书，站着随心翻阅一会儿，即是很好的消遣。

虽然远离祖国，但沅君却时时关心着那里的一切。1934年6月，在一个中国留学生的集会上，她忽然听到当年女高师同学黄英（庐隐）去世的不幸消息，不禁悲从中来。她感叹，当年她们这群指点江山、激扬文字的同学少年，毕业十年之后，变化之大，真令人有恍若隔世之感。才情出众、个性峥嵘的庐隐，竟然正当盛年而与世长辞了！这真是叫人难以置信。沅君怀着深深的悲哀，挥泪写下散文《忆庐隐》，发表在《人间世》杂志上，以示纪念。

庐隐的死使沅君陷入悲哀之中。两人同为“五四”之后文坛上独树一帜的女作家，尽管后来沅君将主要精力放在了古典文学研究方面，但她的小说集不停地出版、再版，这些都时时提醒她曾经的作家身份。她与庐隐，在精神上是息息相通的，庐隐的不幸，引发了沅君内心深处的殷忧。她与夫君，羁旅天涯，过着寂寞清贫的留学生活。世界大战随时都有可能爆发，多灾多难的祖国母亲将惨遭蹂躏。他们将来回国又能做些什么呢？百无一用是书生啊！“人真是在危机中讨生活！”这句话不时地萦绕在她的耳畔。每逢她情绪低落，乐观的陆侃如总是好言劝慰，人只能走一步说一步，目前当务之急是把毕业论文写好。

1935 年春，冯沅君、陆侃如完成了博士毕业论文的写作。一个关于戏剧，一个关于乐府诗歌，他们的论文观点鲜明、创见叠出，受到评委会的一致好评。据说陆侃如的答辩异常出色，面对评委严苛的提问，陆侃如从容自若、对答如流，引得评委们频频颔首。在答辩会即将结束时，一个评委似乎有意要为难一下陆侃如，问道："《孔雀东南飞》，孔雀为什么要往东南飞？"《孔雀东南飞》乃一古乐府题名，题目与内容并无实在的关联，这个提问着实难以回答。但这难不倒陆侃如，他气定神闲、一本正经地答道："因为《西北有高楼》！"《西北有高楼》同《孔雀东南飞》一样，也是一个古乐府题名，从字面来说，恰恰可以应对问话：因为西北方向有高楼阻挡，所以孔雀不得已只能向东南飞翔！机智的回答引来满堂喝彩。

1935 年 6 月，冯沅君、陆侃如获得法国巴黎大学博士学位。

第五节　痴迷古剧

沅君、侃如回到国内，首先要做的事便是找工作。不久，陆侃如被燕京大学聘为教授，沅君在大哥冯友兰的张罗下，去了天津女子师范学院。北京、天津相距甚近，见面也很容易，二人对这种两地分居生活并未感到不适。几乎每个周末，沅君都坐火车来北京，与丈夫相聚。

沅君讲课，很受学生们欢迎。50年之后，她的学生周孝铨充满深情地回忆说："冯沅君先生为中国文学史及戏剧史权威。讲课内容丰富，论点极新。如以巫祝为戏剧之起源等，又案以法国伯希和（汉学家）诸说，故甚受学生欢迎。著有《中国诗史》，认为中国文学中无论内容及形式，凡其性质属于诗歌者，均应以诗概之，不以其形式而分别为诗、骚、词及散曲，这种观点不落前人窠臼……"

在平日的教学与科研中，沅君深切地体会到，正史里的"文苑传"实在太简略，只记载文人的事功，而忽略与文学有关的其他东西；而且"文苑传"只为正统派作家做传，这对专门研究词、曲的人们来说，实在没有多少意义。因此，她想带领女子师范学院国文系研究所编纂一个《文人传记材料汇编》。沅君写信征求胡适先生的意见。

胡适先生对沅君的这一打算自然是欣赏和鼓励的。于是她一心一意地编写起文人传记资料来。但是两个月之后一个偶然的发现，改变了沅君的学术轨迹，从此，她迷上了古剧研究。

在巴黎时，他们养成了逛书铺的习惯，在看似不起眼的小书铺，往往会发现稀世珍宝。1936 年 5 月，他们在北京一书铺，极意外而幸运地发现了明人钮少雅编写的《九宫正始》。此书对研究南戏的起源和发展，以及整理南戏的曲目，具有极其重要的意义。

许多学者如王国维、董康等都在著作中谈到过《九宫正始》。郑振铎先生在 1934 年 6 月出版的《中国文学研究专号》之《文学》第二卷，发表了题为《三十年来中国文学新资料的发现史略》的文章，其中亦说起《九宫正始》："三年前，在苏州竟获得了此书的六卷，喜可知也！然非全帙（全书有十卷），最近始辗转托人抄补完全。在这书里，总有一百二十种以上的古戏文的遗文可得，其重要可知。"又有休休先生，在 1935 年《剧学月刊》发表了《九宫正始"骷髅格"中所引用的南戏》一文，其中写道："记载南戏种数的文字，除掉《南词叙录》及《永乐大典目》以外，当数最近发现的《九宫正始》及《百二十家戏曲全锦目》。《戏曲全锦目》年前曾几次想发表，但因迄未征得原藏书人同意，故迟迟不能与大家相见。兹先将钮少雅《九宫正始》（一名'骷髅格'）中所引用的戏文名目揭载。原书闻已有人将行翻印，不久或可与大家相见。"休休先生所列举的剧本名目并不完备，至于《戏曲全锦》则一直未公之于众。

冯沅君、陆侃如所见到的这个《九宫正始》的版本，是个早期的精抄本，但里面并无收藏家的图记或题跋。全书一函，共十册，每册约六七十页，无页码。每面九行，每行二十字。有眉批，有夹注，又有朱色的音乐符号。全书不分卷，以抄本另换一页为识。另页处之第一行均有“汇纂元谱南曲九宫正始”字样，大概一共可分 50 卷。

总之，这个抄本极为宝贵，书商要价颇高，为 1600 元。沅君、侃如爱不释手，却深感无能为力，连忙与前辈及朋友们商议，但一时难以凑齐这么昂贵的书价。顾颉刚先生帮他们出主意说：“你们先拿回去几天，将其中重要材料抄下，以后慢慢再作打算。”于是，他们通宵不寐，抄下了书中重要的部分，然后将原书送还书商，说实在无力购买，只好割爱。书商见状，遂降价为 880 元。沅君、侃如于是与朋友们一起出资买下该书，打算影印，以广流传（休休先生所言之翻印，读者始终未能见到）。

这部《九宫正始》的发现，对中国古代文学研究具有重大意义，沅君认为这种意义表现在五个方面：

第一，可借以辑佚元剧。书中举例，多引元南曲，其中一部分是已亡佚了的，而且大部分是《宋元戏文本事》及《宋元南戏百一录》两书所未录者。

第二，可借以校勘明剧。书中引南曲不多，而且这些南曲大都存在，自然辑佚的工作不多，但校勘的工作却大可努力。

第三，可借以校辑散曲。书中所引虽以剧曲为主，但也有一部分散曲，已佚者可辑，尚存者可校。

第四，可借以校正曲律。这一点已跨入音乐的范围，但如有曲律专家从事于此，定会有新的发见。

第五，可借以搜集文学史料，因其在每曲的附注中，常言及某剧的作者、版本等等。

冯沅君与陆侃如得到《九宫正始》后，按捺不住心中的喜悦和兴奋，写信向恩师胡适禀报此事，并说他们已经根据此书，辑出元传奇发表。胡适大为高兴，回信予以鼓励，叮嘱他们将论文稿子寄给《国学季刊》发表，还对“元传奇”的提法谈了自己的认识。

沅君、侃如感谢胡适先生的奖掖，立即投入扎实的论文撰写之中。他们接受了先生的建议，题目不用《元传奇拾遗》，而代之以《南戏拾遗》。但在文章的第六部分，他们还是使用了“元传奇”这一说法，并在文后的注解中，对此说法的合理性进行了论述。对先生的尊重，对学术的认真，二者得到兼顾。他们的为人为学，于此可见一斑。《南戏拾遗》发表在《燕京学报》上。

他们从《九宫正始》中辑出了赵景深、钱南扬两先生所辑 56 种以外的南戏 72 种，并对戏文的本事及来源做了考辨。这一工作精细而全面，得到学界广泛赞誉。从此，冯沅君对古剧的研究一发而不可收，简直达到了痴迷而忘我的地步。

1936 年，冯沅君在《燕京学报》上发表论文《古剧四考》，她将《学报》寄给胡适先生，请他批评指正。胡适在百忙之中回信，像朋友促膝谈心一般，知无不言，言无不尽，令沅君打心底里感动、折服。

第五章　漂泊西南天地间

沅君性情沉静，喜欢简朴清幽的书斋生活。每年暑假，她都住在燕京大学，极少外出应酬。陆侃如回江苏海门探亲，要带着她，她笑说听不懂南方人讲话，句句都得劳丈夫翻译，实在是添乱。陆侃如体谅妻子，也就不再强求。他们在燕园，有个独立的小院子，北屋和西屋相连，全排满了书架，两屋各有一张书桌。沅君每天早晨 6 点半起床，散步 15 分钟，吃非常简单的早餐——通常是烧饼白水或者豆汁油条。早饭后，沅君便开始了古剧研究。午饭、晚饭都很清淡且单调（她的侄女冯钟芸来她这里住过一段时间，对此印象深刻）。午休一小时；晚饭后到未名湖边散步一小时左右。晚上，她通常 11 点左右就寝。一个人，独自欣赏着朝晖夕阴，参与着书中种种人物的悲欢离合，这种苦行僧式的生活，在她看来，是一种妙不可言的享受。

第一节　北平被炸

1937 年 7 月 7 日，卢沟桥事变的枪声打破了北平的宁静。一时间，社会混乱，物价飞涨，人心惶惶。7 月 27 日，美国驻华使馆传出消息，说日军将于次日轰炸西苑。这天傍晚，送晚报的人来说城门已经关闭。报端刊登晋察冀政委会的布告，说是已拒绝日军无理要求，希望居民沉着、镇静，应付困难。西苑在燕京大学的西边，中间只隔一条马路，相距甚近。当时燕大中的美籍教职员工都已离校，去了使馆界。住校师生此时皆惶惶不可终日，一夜无眠。7 月 28 日凌晨，沅君等果然听到震耳欲聋的轰鸣声，日机从他们寓所掠过向西面飞去，他们感觉房屋都被震得抖动。沅君与家人急忙跑进校内的男生体育馆，入其地下室中躲避。此馆为钢筋水泥结构，在全校所有的建筑中，是最坚固的。早有一些教师及其家属聚集在了这里，附近的居民也陆续挤了进来。他们听见天撼地动的巨响，西苑给炸平了。日机不时地在燕大上空盘旋。局促地下室中，他们听到沙河一带传来炮声，如同天际惊雷。城市与郊区的交通被切断。燕大与清华相距只几里路，也无人来往。两地的电话则是时断时续。人心惶恐，谣言四起。有人说城内已有五六处被炸，惨不忍睹。有人说清华遭敌机扫射，伤亡多多。沅君大哥全家因事羁留在城内，二哥及堂妹两家都在清华校园内，听到传言，沅君几乎昏厥。7月29日，国民党军队被迫南撤，战事暂且平息。当友兰、景兰、沅君三家互相得知都平安无事时，不禁高兴得泪下沾襟。沅君有诗感慨系之。

北平事变

地室避兵朝复夕，亲朋生死两茫茫。
相逢事后无他语，骨肉平安谢上苍。

正欣失地具复收，互报大军去析津。
两日愁欢浑一梦，河山梦里属他人。

将军雄略识安危，忍把中原付他人。
最后牺牲应记取，幽燕父老望旌旗。

战乱惊恐，沅君突发阑尾炎，做过手术后，二十余天躺在床上养病。中秋月圆之夜，沅君静静地思量着国家、个人的前途和命运，心情十分沉重。忽然听到隆隆炮声，以为谁家在燃放爆竹庆祝节日呢，哪知竟是一群匪徒挨家挨户地抢劫。沅君的屋门被踢开，三五个手持长枪短刀的壮汉闯了进来，高叫着要沅君拿出家中的钱物，否则就对她不客气。沅君无奈，只得从命。这场劫难，令她在随后的许多夜晚噩梦连连。

北平、天津沦陷。1937年9月10日，教育部命令北京大学、清华大学、南开大学和中央研究院设立国立长沙临时大学。11月1日，长沙临时大学正式上课。此时日军正沿长江一线步步紧逼，师生们于1938年2月向云南搬迁，同年4月，到达昆明，改名为国立西南联合大学。其他一些大学也纷纷内迁。美国政府要求在华的美国平民迅速撤离，凡不肯撤离者，后果自负。燕京大学是一所教会学校，此时对战争持观望态度，选择了留在沦陷区。校方害怕学生举行爱国活动引起事端，解散了学生会，停办了学生社团编辑的杂志刊物。为了转移学生的注意力，不时地举办些象棋扑克比赛、歌舞晚会等等，甚至还租来一些温顺的骡马，让学生骑乐。燕大的“国剧社”此时异常活跃，天天排演传统戏剧如《四郎探母》、《打渔杀家》、《窦娥冤》等等。未名湖上，锣鼓震天，灯火通明。圣诞节到了，学校安排三天时间狂欢，华灯高挂，笑语喧哗，真令人顿生不知今夕何夕之感。沅君写了《书燕京大学事》组诗以抒心中郁结：

日落秋郊试马回，象棋六博又相催。
谁言冀北无春色，曷向勺园领略来！

连天箫鼓日喧喧，不熟国仇不数恩。
华屋春深人似海，中宵犹奏窦娥冤！

塞北江南羽书驰，寇师已迫蒋山陲。
华灯高馆明如月，珠样歌喉颂圣时。

金爵翠盘纵以横，燕园何处不歌声。
可怜圣诞狂欢里，万姓椎心哭历城！

第二节　嘉州杜鹃寂寞红

1938年初，冯沅君、陆侃如收拾了简单的行囊，乘火车沿津浦铁路南下。一路上，向窗外望去，到处是无家可归的难民，哀痛的眼光、病弱的躯体、断续的哭声……火车走走停停，一个多星期才到达上海。上海早已沦陷，破壁残垣，凄凉萧条。大学纷纷南迁，昔日同事故交也都难以见到。他们想去海门看望老人，却忽然传来海门被日军占领的凶信，敌寇烧杀抢掠，无恶不作。夫妇二人牵挂老人的安危，魂不守舍。沅君在诗中写到："消息传来哪忍听，屠焚见说遍郊垌。故园三月音书绝，魂断宜舫同寿亭。"（《闻海门失守》）宜舫、同寿亭乃陆侃如父母居所。中国之大，就没有他夫妇二人立足之地了吗？考虑再三，他们决定投奔大哥冯友兰。闻说大哥所在的长沙临时大学已经向昆明迁徙，已更名为国立西南联合大学。此时胡适先生出任中国驻美大使，冯友兰担任文学院院长。二人决定绕道香港、河内，向昆明进发。

香港灯红酒绿、繁华依旧，不折不扣一个不夜城。在这里可以让自己稍微喘口气，安抚一下半年来频受惊扰的灵魂。待了几天，他们又上路了，期盼能早日找到归宿。到达河内时，由于天气寒暖不定，饮食也没规律，沅君病了，不停地呕吐，人变得四肢无力。陆侃如扶沅君进了一家法国医院，他们竟然在这里与大哥冯友兰不期而遇。

他乡遇亲人，本是件高兴的事，然而，沅君却心如刀割。她看见大哥躺在床上，左臂伸得直直的，左手上还拴了一条绳子，绳子的一头缀着一个几公斤重的大铁块，以保持左臂不动。沅君一下眼圈红了，哽咽着说不出话来。大哥心下明白，小妹可能猜测自己是被日寇炸伤了，方如此悲愤，于是用很轻松的语调，对沅君讲了受伤的经过。

南京失守以后，日寇进逼武汉，长沙受到威胁，大家于是向西南迁移，当时的说法叫“转进”。1938 年 2 月，大部分学生编成队伍，由长沙步行前往昆明，还打算沿途做些调查研究。一些较年轻的教授加入了学生的队伍，其余的人们各自选择道路，到昆明集合。有些教授坐火车去了广州，经香港、越南，到达昆明；另一部分教授，包括冯友兰、朱自清、汤用彤、陈岱孙等，则乘汽车经过广西到越南，转往昆明。冯友兰等人先到了桂林，由桂林坐船到阳朔，一路上欣赏着绝美的自然风光，心情开朗了不少。然后舍舟登陆，坐汽车前往南宁。再从南宁出发，往中国的最南端睦南关行驶。那天早晨，经过凭祥县，司机叮嘱大家道："一会儿我们要过城门，城门很窄，大家不要把头或胳膊伸出车窗，以免碰伤。"当时冯友兰正出神地思考一个哲学问题，根本没听见司机的话，所以，汽车经过城门时，他伸在车窗外的左臂"咔嚓"一声碰在城墙上，遂感到一阵麻木。到河内的一家法国医院照 X 光检查，发现竟然骨折了，需要静躺两个多月才行。朱自清、陈岱孙在医院陪护了他好多天。冯景兰早到了昆明，闻说大哥受伤，便返回河内来看他。西南联大的校长梅贻琦也专程过来探望，走时留下他的秘书沈刚如与冯友兰做伴……冯友兰自己拿出在病榻上吟成的一首《满江红》，给沅君欣赏（后来这首词成为西南联大的校歌歌词）：

万里长征，辞却了、五朝宫阙。暂驻足，衡山湘水，又成离别。绝徼移栽桢干质，九州遍洒黎元血。尽笳吹、弦诵在山城，情弥切。

千秋耻，终当雪。中兴业，需人杰。便一成三户，壮怀难折。多难殷忧新国运，动心忍性希前哲。待驱除仇寇、复神京，还燕碣。

沅君和侃如看着病榻上的大哥，想一直陪伴他，直到他出院为止。大哥诚恳地说："你们现在最要紧的是在大学里找到自己的位置，西南联大现在人满为患，你们抓紧去昆明，或许还有一线希望。不要在这里空耗时间了，我没事的！"沅君听从了大哥的意愿，她恋恋不舍地告别大哥，留下一首《河内病院见大兄》：

间关避战过南越，伯氏折肱伤未痊。

一见惊呼欲下泪，家人情切在中年。

终于到达了昆明，故交新友对他们都十分热情。遗憾的是，西南联大果然早已没有空位了。他们在昆明闲住着，心情不免焦虑。沅君有诗云："群山万壑到昆明，故友新知倒屣迎。解罢行囊顿怅惘，书生才短只偷生。"他们不停地向四处各个大学打听，看是否需要聘请教员。

几个月后，中山大学向陆侃如发出了邀请，他们兴奋极了，急忙带上聘书，奔赴广州。"日落荒村驻客舟，南江导我作南游。野人惟识山中事，夜雨寒灯向广州。"10 月中旬，到达广州。这时忽然传来三四千日军在大亚湾登陆的消息，各地为之震惊。因为报上近来一直是大胜的报道，人们将信将疑，又因大亚湾离广州较远，其间有山河阻隔，广州至少可保两三个月平安，因此广州市面上商店仍然开门，人们仍上街购物。但过了两三天，风云突变，谣言四起，整座城市惶恐不安。人们开始想法撤离，或到广西，或到粤北，或到四川等等。在此情况下，当局开始疏散市民，但并无具体计划，只是鼓励大家逃避。成千上万男女老少争先恐后逃走，一时间，恐怖气氛笼罩全城。过了七八天，情势更为险恶。一方面，日军在哪里人们不知，另一方面，连站岗的警察也在马路上劝人撤退。机关单位更不用说，早就一人不留地撤走了。沅君、侃如打起刚刚拆开的行李，加入了逃亡大军的行列。这时候的交通工具，极其缺乏。几十万百姓，东突西窜。人们扶老携幼，徒步跋涉。行进中，携带的东西边走边丢，有些连孩子也被挤落，更有被踩死、挤死者，不计其数。各个渡口，挤船的人们不少翻落河中被淹死，水面上哭声一片……10 月 21 日早晨，广州被日军占领。对于广州之“以惊人的速度被日人攫去”，冯沅君表现出极大的震惊与愤怒。她认为“广州失守”，“应全是一群荒唐官吏的过失”。她在《说广东精神》[1]一文中，愤怒地揭露了广东官吏在战事吃紧之际，竟然置国难当头于不顾，依旧花天酒地、醉生

① 1939 年《宇宙风》（乙刊）2 期。

梦死；即使在逃难路上，他们仍然耀武扬威，拿手枪威逼车夫为他们开车，喝令勤务兵踢人行凶！对这等丧尽天良之辈，又怎能希望他们勤政爱民、为抗战尽心尽力呢？这篇文章掷地有声，充分表达出有气节、有正义感的知识分子们的心声。

中山大学迁往广东省西部的罗定，沅君、侃如和大家一起，在凄风苦雨中翻山越岭。沅君在经过百鸡岭时，还写下一首风格豪迈的七绝："天风扶我上崔嵬，路劈中峰一线开。俯首群山无觅处，松涛云海逼人来。"（《过百鸡岭》）历尽千辛万苦，他们终于到达了目的地。陆侃如忙着去讲课，冯沅君在家做家务。她感到十分无聊，于是重操旧业，搞起元剧研究来。怎奈国运板荡，生灵涂炭，她一会儿忧时伤逝，一会儿思念故土，眼睛虽望着手中的线装书，却往往不知所云。她在五律《闷极》中写道：

闷极都无事，抄书破日长。
成巢鸟自乐，委地花犹香。
心死谁忧乱，肠回更望乡。
舟流何所界，臧谷西亡羊。

1938 年 11 月，冯沅君收到了来自武汉大学中文系的聘书，这令她十分欣喜。1938 年春，日军进逼武汉，情势危急，武汉大学近千名师生背着行囊和书包，凄然告别美丽的珞珈校园，踏上西迁之路，汇入中国历史上最大规模的高校师生迁徙队伍。他们从水路，经宜昌，由长江溯流入川，经过一个多月的颠沛流离，来到遥远、偏僻的川蜀小城——嘉定（乐山）。从 1938 年 4 月 29 日，“国立武汉大学嘉定分部”在嘉定正式开课，此时陈源（陈西滢）任文学院院长，叶圣陶任中文系主任。

冯沅君于是收拾行囊、准备赴任。兵荒马乱的年代，一个弱女子孤身一人，千里迢迢跋山涉水，这怎么能让爱人放心呢？陆侃如劝她莫去，说性命比薪水更重要。沅君则反驳说，她不是为了薪水，再这样无所事事下去，她整个人都要垮掉了。两人发生了激烈争执，沅君倔强固执，像以往每次争吵一样，陆侃如最后退让了。他理解妻子的志趣和个性，尽管自己有一百个不放心，还是同意让她走。多年后，两人同时被东北大学聘任时，侃如心酸地回忆起这次离别如何令他凄凉悲伤。沅君心有所感，动情地写下《惆怅词》：

今日催君去，昨日留君住。
欲识离别心，残月明高树。

欢言蕴苦辛，三日一梦寐。
灼灼当户星，弦弦经天泪。

俯仰思今昔，寸心百忧会。

行矣复何言，努力自宽慰。

后期安可论，带甲满天地。

但得抱柱心，不辞常憔悴。

嘉定位于四川省中南部，坐落在岷江、青衣江、大渡河三江交汇处。这里风光秀丽，峨眉山、乐山大佛闻名遐迩。冯沅君历经千辛万苦，来到了这个景色优美的地方。最令她高兴的是她的同窗好友苏雪林、陆侃如在清华时的同门学弟高亨、陈源的妻子——作家凌叔华等都在这里。

据说苏雪林与丈夫感情一直不好，一方面是因为两人个性不合，另一方面是由于她总是拿自己的钱物帮助娘家的姐姐，惹得丈夫愤愤不平。后来苏雪林索性与姐姐住在一起，离丈夫远远的。嘉定本是苏轼家族的故乡，相传苏雪林乃苏轼第 33 代后裔，因此，苏家姐妹来到此地后就垦荒种菜、养鸡养鸭，决定在这里永久性地“安居乐业”了。沅君性情纯朴自然，又本自与雪林交好，因此雪林姐姐对她格外亲近，每次做了灯笼豆腐、黄焖鸡等，都要喊沅君过来享享口福。

兵荒马乱的年代，难得有这么个世外桃源，大家常相约一同到大自然中散心。陈源温文儒雅、幽默风趣；

他的妻子凌叔华清秀婉约、多才多艺，不仅小说写得好，画技亦十分精湛；叶圣陶则端方诚恳，一派谦谦君子之风；苏雪林敏慧多思，颇有情趣……大家在青山绿水中，谈文艺、聊风俗，挖野菜、捡彩石，暂且忘却了国恨家愁。他们还抽空去了成都，欣赏了那里的一些名胜古迹……然而一人闲处时，沅君则倍感凄凉落寞。自从结婚后，这是她第二次形单影只、滞留一方。她的几首诗，记录了此时的怅惘和孤寂。

西川见杜鹃花

辞家王粲久无家，盈身鼓鼙阅岁华。
照眼枝枝红似火，嘉州初见杜鹃花。

嘉陵江

见说巴江似美人，滩声疑怨复似嗔。
青山屏列树垂幄，一笑搴帏太绝伦。

嘉州乌龙寺

《尔雅》高台半就荒，坡仙洗砚事茫茫。
劳人恰似失巢燕，来向蚕丛觅画梁。

成都薛涛故居

乱里偷生强作欢，枇杷门巷一盘桓。
亭亭千个临风竹，翠袖无人倚暮寒。

都城山中

避寇沿江西复西，郁南地僻暂栖迟。
晓来时坐幽篁里，万叶千枝秋露垂。

第三节　澂江秋晚

一次，陈源和叶圣陶看冯沅君孤身一人流落异乡着实不易，就主动提出聘请陆侃如来武汉大学任教。沅君十分高兴和感动。此时，中山大学已不在罗定。因为屡遭日寇侵扰，中山大学决定迁往云南的澂江。当时从罗定到云南澂江有两条路可走：一是走内地：衡阳——独山——都匀——贵阳——昆明——呈贡——澂江；二是走海路：汕头——澳门——香港——海防——河内——昆明——呈贡——澂江。1939 年 2 月底，经千辛万苦的长途跋涉，中山大学全校师生员工先后到达澂江。澂江县在昆明的南部，距离昆明 56 公里，是个古老的小山城。当时中山大学迁去师生员工共有两千余人，学校无法集中开展教学，只能分散在城内城外，借用祠堂和庙宇上课。文学院分驻在城内的文庙、凤麓、玉观楼、观音阁、城外斗母阁和翠竹庵前寺等地。现在已是初夏，算来与丈夫分别已经半年多了，沅君多么盼望早一天见到亲人。

途径重庆时，沅君前去拜望了在中央大学执教的恩师胡小石先生，胡先生较沅君年长 12 岁，年已半百的他如今两鬓苍苍，身旁站着一群尚未成年的孩子，生活很是窘迫。蓦然看到自己昔日的高足登门造访，胡先生高兴极了。算来他们已有 14 个年头没有见面了。当年的沅君，刚从北京大学国学门毕业，在金陵女大教书，常到南城将军巷拜访胡先生。那时他的庭院里有几棵杏树，老枝横卧在书窗前，筛下斑斑日光。仲夏时节，师母欢喜地摘下一枚枚熟透的红杏让沅君品尝，真甜啊！……先生天性率真，至今丝毫未变，他把自己创作的诗歌读给沅君听，读到得意处，便手舞足蹈起来，令沅君深受感染。沅君一共住了两天，向先生详细汇报了自己这些年的求学、工作、生活经历。他们的聊天总是被日军的空袭所打断，特别是夜晚，警报时时响起，城市的房屋着弹起火，火光冲天，空气中弥漫着焦糊的气味。第三天清晨，沅君与先生、师母在嘉陵江畔凄然话别。战火纷飞的年代，往往一别而成永诀，他们不停地互道珍重、挥手致意。沅君一到澂江，赶紧给先生寄信报平安，还附有诗章《渝州谒夏庐师》：

待卜后期未有期，相逢乱里喜兼悲。

沧桑休问人间事，看取星星鬓上丝。

横窗老杏一枝枝，问字玄亭记昔时。
十有四年惆怅在，人生何事解相思。
地室连宵共避兵，摩空劫火月争鸣。
来朝又作天涯别，忧伤乱离判此生。

夫妇俩团聚后不久，陆侃如收到陈源、叶圣陶先生发给自己的邀请函。陆侃如非常喜悦，打算马上携妻子前往嘉定，过世外桃源的生活。谁料忽然传来嘉定被炸的消息。据报道，1939 年 8 月 19 日，日机对嘉州狂轰滥炸了整整一个下午，安宁美好的小城立刻化作废墟。沅君悲愤地写道：“滩声日夜荡离堆，采石江边知几回？谁道年时游赏地，而今城郭半成灰。”（《闻嘉州被炸》）两人只好继续待在澂江。好在胡小石先生那种苦中作乐、热爱生活的乐观心态给沅君以很大影响。在澂江的这段日子，读书与接近大自然都带给她无限乐趣——“嗜静成痼疾，痴顽不可治。摊卷坐枯株，忘我兼忘世。读书如饮酒，醰醰有至味。又如对名姝，盼睐有余媚。”（《读书》）“我爱山谷诗，意象孤且直。突兀写寒山，败毫濡枯墨。”（《读山谷诗》）澂江的秋天，宁静优美，带给人无限遐思。在北方，秋天是萧疏空阔的；而在澂江，却是群山苍翠，原野碧绿，展现出勃勃生机。沅君当年在天津女子师范教书时的学生如周孝铨、许玉娟等，不时来信问候她们最敬爱的老师。沅君回信，详细描绘了澂江的美丽景色，告诉她们，这里生活虽苦，但还是充满乐趣，并把自己创作的诗词寄给她们。老师淡定自若的精神风貌给她们以很大安慰和鼓励。

澂江秋晚

荷尽犹存粳稻香，远村烟树郁苍苍。
晚来倍觉秋山媚，一抹浓青卧夕阳。

浣衣

浣衣秋江水，水清鉴毛发；
波底漾群峰，鳣鲔栖岩穴。
日华江上至，金光倏明灭；
风帆乱沙鸥，出没长天末。
昔人苦悲秋，清秋自可悦；
会次乘夜来，涤荡星若月。

点绛唇

水珮风裳，晨稀月皎横塘路。
流萤无数，烟柳迷前浦。

一袖天香，夜气清尘虑。
花深处，喁喁私语，鸥鹭惊飞去。

沅君和侃如互勉，多想些愉快的事情，不要让自己陷进悲愁中不能自拔。坏天气总会过去，好日子终会到来。他们还与其朋友一起去昆明（及附近）的曹溪寺、滇池、翠湖等地游玩。曹溪寺是一座颇负盛名的丛林古刹，位于昆明近郊的安宁山中。这里林木苍翠，绿草如茵，云气蒸腾，清泉琮铮。相传唐代佛教禅宗六祖慧能大师，在广东韶州溪水口的曹溪建寺，大兴佛法，并派他的师弟从广东来云南传布“顿悟成佛”的禅宗教义，在安宁建起这座寺庙。由于寺前螳螂川与韶州曹溪相似，便取名曹溪寺。历代都曾修葺，殿内梁柱上尚留有宋代遗迹。殿内上厦檐下，有一天窗，窗式外方内圆，圆圈内部凿成空洞。据说每逢酉年的中秋之夜，如果天气晴朗，皓月当空，月光穿过小圆洞，直射释迦牟尼佛像的额端。随着月亮的移动，月光从佛像的鼻尖照至肚脐，白光如一面圆镜，嵌在佛像上，形成“曹溪印月悬宝镜”的奇观。可惜这年不是酉年。大殿前院里，有一株古梅，相传为元代僧人所植，风骨傲然。院内有优昙花一棵，传说为天竺和尚所种。树高丈余，枝叶分披，初夏开花，深绿色的花心，洁白无暇的花瓣，幽香四溢，一开即谢……自然，无限清景都化作沅君的笔底风云。

曹溪寺

石室嵯岈亦壮哉，滩声日夜走惊雷。
流泉古木曹溪路，应有幽人觅句来。

丰碑斑驳隐莓苔，佛国名花几度开？
拾得优昙叶一片，古梅树下独徘徊。

攀岩拔草觅招提，归自曹溪日已西。
如此江山行不得，林箐处处鹧鸪啼。

滇　池

滇池弱水共弥弥，老去垂杨空有丝。
篱菊江枫同寂寞，人间何处著秋思！

第四节　坪管凄凉乡思苦

1940年，云南物价暴涨，生活极为艰辛，中山大学被迫于是年12月迁到广东坪石。此时，由于坪石只是广东省的一个边陲小镇，所以学校各学院只能分散安置在坪石及周边地区。如文、理、工三学院分设于坪石附近之铁岭、塘口、三星坪；医学院设于乐昌县城；法学院设于武阳司；农学院则设在湖南宜章县的栗源堡；沅君被聘的中山大学师范学院设于管埠（陆侃如在文学院）。能够走上课堂，对沅君来说，是件高兴的事，她喜欢教书育人、喜欢为学生答疑解惑。但广东的气候潮湿多雨，她甚感不适。本来体质较弱的她，大病小疾不断，此时还得了严重的失眠症，情绪甚是低落。有一天，她蓦然发现，镜中的自己已是青鬓染霜。这个时期，沅君创作的诗词，多半是愁苦哀怨的。

偶 成

粤北冬春多雨，午夜愁听，万感茫茫

中宵风雨剧堪哀，心比寒炉燃复灭。
肮脏乾坤行欲遍，不知怀抱向谁开。

病 起

木落冬深日，带移病起时。
败蕉犹卧水，丛竹半成篱。
社散村人醉，田空野雀饥。
苍茫暮霭里，寒雨湿游丝。

鹊桥仙

阴晴不定，暖寒无据，种种恼人天气。
夹衣乍脱试单衫，忽凉意，侵人如水。

睡时疑醒，醒还有梦，事事都无滋味。
风檐干鹊祇相欺，几曾有，平安书至！

自从重庆别后，胡小石先生一直牵挂着沅君，频频地寄信给她，从精神上给予鼓励和支撑。他得知沅君对当地气候不适，就费心为她联系其他地方的工作；听说沅君病了，就寄来很管用的偏方。有时也会与她聊聊居处景色、对时局的看法、自己的抑郁岑寂等等。恩师的书信，让沅君感到亲人般的温暖。此时胡小石先生一家居住在四川江津县白沙镇，胡先生应白沙女子师范学院院长谢循初邀请来该院任教。同时，还在重庆中央大学兼课。

沅君贤弟：

警报中获惠书、诗作，忘机声之逼人也。所苦难眠，耿耿。近日川东连遭空袭，昼夜无间。此间但投一弹，无大扰。然每闻警报声作，人心辄惴惴不安，居镇者亦相率奔匿。

管埠想尚无此苦。山川阻限，未知流人相见当在何日，念念。与白眸兄谈，甚望弟等能来南泉，韶坪管非乐土。且此间两人可来，机会似尚不恶，愿从长考虑，以为如何？决来，则意以早为妙。

弟所居前尚有酒肆，甚羡之。

珍重

侃如兄问候

光炜　十二日

治疟方：

常山鳖甲　槟榔　乌梅　红枣　甘草

各二钱或三钱

治痢方：

山查　厚朴　莱菔子　苍术　白芍　枳壳　槟榔

各二钱

治疥方：

蛇床子　地麸子

各五钱　用麻油调敷

沅君贤弟：

秋霖沥淅，后土何时而得干也。烟火沉闷中，忽得三十一日书，大慰。狂寇猖獗，河山梗阻。客子陟圮之思，益令永感之人，东望泫怆耳！

门前秋稻尽刈，遗穗水中，更茁新苗，弥望青青，宛然池塘春草。光景迷迷惘惘，有不可言说之感。近来此间和平之声甚嚣，未知实相如何？惟美日谈判中作此结果，其得失不难相见也。

雪林仍在嘉州，未有他适之意。山居荒寂，如死或较死尤苦。世间最美的图画，孰过于太空之群星者。其经营位置自然合度，其妙，真不可名言，但恰如人意。

云起矣，令人不见月。云是月光之垄断者。杜诗云：我生何以在空谷，中夜起望万感集。我也不知其何为也。

幽居绝闻见，并报纸也不常得，终日蛰处如枯僧。

秋凉珍重不一

侃如兄问候

附词二首

光炜　九月十三日

第五节　三台的激情岁月

1942年夏天，迁移到四川三台的东北大学，邀请冯沅君、陆侃如前往执教。他们很是高兴，把不方便携带的锅碗瓢盆及简陋的家具等等，统统留给了邻居和同事，只将两人的衣物和书籍打成简单的行李，便上路了。一路上艰苦备尝，炎热、肮脏、嘈杂……好在他们已不是第一次迁徙了，对这一切已经安之若素。当时美国援华抗战物资由印度空运至昆明、保山、陆良、蒙自等地的机场后，需再经滇黔公路、川滇东路、川滇西路运输至贵州、四川等省。由于当时运输车辆有限，临时选派川、滇、黔等地的部分客运车辆用于货运。所以，沅君、侃如无法及时转车，中途在重庆住了下来。胡小石先生本以为他们不日即会到达三台，却收到沅君从重庆发来的信件，于是“惊呼号号，何蜀道之艰难至此也”。

总算赶在秋季开学之前，他们二人到达了三台。三台县位于四川盆地中部偏北，北邻绵阳，南连射洪，西靠中江，东接盐亭。隋唐时为梓州，宋、元、明为潼川府，清置三台县。古老的三台在唐代与成都齐名，为蜀地第二大城市，是川西北政治、经济、文化中心，享有“川北重镇、剑南名都”之美誉。诗圣杜甫于唐代宗宝应元年（762 年）七月流寓三台，在此居住了一年零八个月，创作《闻官军收河南河北》等百余首不朽诗篇。冯沅君对陆侃如说：“当年诗圣正是在这里听到了收复中原的喜讯，但愿我们也能在东北大学迎来抗日战争的胜利！”

东北大学始建于 1923 年，是东北三省规模最大的大学，张学良曾任校长。1931 年“九一八”事变后，日军占领沈阳，东北大学毁于一旦，此后迁徙于平津、开封、西安等地。1938 年，举校经川陕公路前往四川三台，3 月中旬到达，5 月正式复课。校址在旧潼川府贡院、草堂寺、潼属联中（今三台中学）等处。后来扩建了大礼堂、图书馆、藏书室、实验室、饭厅、盥洗室等等。陆侃如、冯沅君是当时著名的学者，他们的课很受学生欢迎。据说冯沅君的词曲讲得十分精彩，资料翔实，又妙趣横生，许多非文学院的同学也都赶来听她上课，教室盛不下，以至于外面都站满了学生。

东北大学的热血青年们组织了许多进步社团。如“黑土地诗社”、“山谷诗社”、“群力社”、“青年民主同盟”、“东北问题研究社”，还有中共南方局青年组所属的“新民主主义小组”领导下的“学习社”、“求实学会”、“野火社”、“东苑文学日报社”等等，采用墙报、油印小报、手抄报等形式传播马列主义，宣传抗日救国思想。据统计，1942 年东北大学校园内各式壁报多达 60 余种。一批热爱戏剧的志士仁人，组成了各式戏剧团体，把我国早期的优秀剧目奉献给大学师生及三台人民。如 1944 年成立的实验剧团先后演出了《北京人》、《日出》、《家》、《祖国在召唤》、《雾重庆》等，极大地唤起了广大民众的抗日觉悟。同时，也培养了一批业余戏剧爱好者。1945 年，中华全国文艺界抗敌协会会员、东北大学教授赵纪彬、董每戡受老舍先生嘱托，在学校成立了“文协”三台分会，吸收一些共产党员、进步教授和学生参加，积极进行抗日宣传活动。会员发展到三台、中坝、射洪等地后，扩大为川北分会。赵纪彬任主席，冯沅君任副主席，李芝东任秘书，主要成员有姚雪垠、叶丁易等。几乎每个星期六晚，大家都要在冯沅君、陆侃如家聚会，讨论现实政治，气氛非常热烈。还出版了分会刊物《文学期刊》，在川北一带有一定影响。当时出版期刊很不容易，冯沅君、陆侃如总是带头捐款资助。

1943年3月8日，三台“妇女运动会”隆重举办纪念会，冯沅君在会上做了激情演讲。她演讲的题目是《妇女与文学》。该演讲包括两部分内容：一、妇女在文学上的成就；二、妇女在艺术、政治、军事等各方面的贡献。冯沅君以饱满的热情、洪亮的声音、字正腔圆的北京话，列举了古代在文学上有突出造诣的几位女性：春秋时代的许穆夫人是我国历史上第一位女诗人，她出生在卫国都城朝歌，后嫁给许国许穆公，故称许穆夫人。公元前660年，北狄侵卫，许穆夫人闻知祖国灭亡的消息，异常悲痛，毅然决然地驰驱至漕，归唁卫侯，并要求救于大国，拯救祖国。半路上，被许国的大夫追上，强迫她返回，夫人对此十分愤怒，赋《载驰》、《泉水》两诗，痛斥了许国那些鼠目寸光的庸官，表达了一个女子热爱祖国、拯救祖国的坚定信念。当齐桓公得到这一消息后，立即派兵援救卫国。卫国收复后，她又赋《竹竿》之诗。蔡琰是东汉末年的杰出女诗人，她的《悲愤诗》是我国文学史上五言诗的代表作，这首长达540字的五言古诗，以极其沉痛的笔触，按时间顺序先后叙述了作者在社会大倾覆之际自身的悲惨遭遇，处处都绘声绘色，令读者如临其境，如被胡羌掳掠，一路受尽欺辱的辛酸；异乡孤苦，生不如死的悲凉；翘盼亲人，每每欢喜成空的落寞；尤其幸被赎归，女主人公却又被迫与骨肉分离的哀伤，更令人如见其形、如闻其声；还有终回故乡，却亲故皆亡的凄惨；以及重新嫁人，自己曾失身异族的自惭形秽……种种的一切，无不令她肝肠寸断、度日如年。真如冯沅君所言“无一字不令读者为她悲，无一字不令读者为她愤”。李清照则是北宋南宋之交的一位出色女词人，她才情横溢、睥睨当世，《声声慢》堪称词作之典范，沉郁顿挫、意悲情切，令人目击神伤。她还是一位评论家，她的《词论》，高屋建瓴，透彻精辟，堪称大家手笔。黄娥是明代女文学家，她博通经史，能诗文，擅书札。与杨慎新婚不久，丈夫即谪守云南，长达30年之久，黄娥留居夫家，管理家务。在天各一方的离别期间，以《寄外》诗闻名于世。又工散曲，风格缠绵悲切，有“曲中李易安”之誉……接下来，冯沅君又为大家介绍了历代杰出女性在文学以外，同样有不凡的建树：卫夫人是晋朝的大书法家，王羲之曾拜她为师；东汉的班昭，学识渊博，继父兄之志续写《汉书》；武则天改写了男人统治天下的历史，她在位40余年，将唐王朝推向鼎盛时期；明代的秦良玉，有勇有谋，与丈夫并肩作战40余载，抵御清兵的南侵，丈夫死后，她自任宣抚使，因军功而封夫人。在她的带动下，她的家族中涌现出许多抗清将领……最后，冯沅君对与会的各界妇女高声说道：“她们造就了光荣的过去，我们不该造成光荣的现在和将来吗！我们的才能不见得个个都不如古人，我们的环境都较她们好得多！男女平权的呼声她们何曾听见过！我们呢，实际上虽然不免还有障碍，理论上，我们同男性已有同样发展天赋和才能的机会。我冀望，甚且是预告：在将来，还许是不远的将来，文化的各部门都有女专家。我们并不放弃应有的文学地位，但也不以此自限。不然的话，都是自暴自弃。”冯沅君的讲演，声情并茂、有理有据，令听众深受感染和鼓舞。她的这篇讲演稿不久在《妇女新运周刊》上刊登出来。

在三台的这段日子，冯沅君的心情是积极而明朗的。此时，抗日战争已渐渐接近尾声，前方捷报频传，作为大后方，人民的精神风貌发生了巨大变化，抗日救亡运动一浪高过一浪。冯沅君从内心迸发出一股当年参加五四运动时的豪迈热情，她的身体也逐渐健康起来。从1942年至1946年，在三台的这段时光里，沅君的学术生命绽放出灿烂的光华，她先后发表了一系列功力深湛的论文，诸如《乐府的起源与分类》（与陆侃如合作）、《汉赋与古优》、《古优解》、《元剧题目正名的唱念者》、《孤本元明杂剧题记》、《诸宫调的引辞和分章》、《古优解补正》、《元杂剧与咏史好诗》、《“泛科”的“科”》、《再论诸宫调的引辞和分章》等等，在学界可谓独领风骚。学问离不开切磋琢磨，恩师胡小石十分关注沅君的学术研究，他经常在信中倾谈自己的见解和主张，这些都给沅君以很大鞭策和启发。1944 年 12 月，胡先生在白沙，身患疟疾，病得很厉害，身体虚弱，但依然在给沅君的回信中，对沅君所寄论文提出自己的意见，并详列文学史上诗歌流派的传承关系：

1945 年 8 月 10 日，日本政府分别电请瑞典、瑞士，将投降之意转达中、美、英、苏四国，“日本政府决定无条件投降”的消息通过无线电波迅速传遍世界。8 月 15 日早晨 7 时整（重庆时间），经中美英苏四国政府磋商约定，从四国首都重庆、华盛顿、伦敦、莫斯科，通过无线电广播用汉、英、俄语向战场上的海陆空部队、向世界各国公告：日本政府已正式无条件投降！一时间，整个中国沸腾了！东北大学沸腾了！师生们用锣鼓、喇叭、口笛、口哨、脸盆、铃铛等等，为庆祝胜利发出震耳欲聋的响声。身为东北大学文学院院长的陆侃如教授欣然提笔撰写一副对联：

万里流亡，尝胆卧薪，缅怀黑水白山，此时真个还乡去；

八年抗战，收京降敌，珍重禹时舜壤，来日无忘守土难。

沉浸在抗战胜利的狂欢中的三台，此时遭遇了六十年一遇的洪灾。8 月 30 日黄昏时，这座两面临江的县城已三面进水，街上乱纷纷的尽是扶老携幼、抱着被褥、挑着箱笼向高地奔跑的人们。入夜风雨大作，风欲拔树，雨似倾盆。沅君独自一人躲到东北大学的教授宿舍楼上，对着盏秋萤般的菜油灯，守着这充满了灾难气氛的长夜，耳边风雨声、波浪声、人们的惊呼声，混成一片。沅君无计可施，顺手拿起一本原版的《法国近代诗歌选》读了起来，深为该书的导言及一些诗篇所吸引。等沅君将此书大体读完，夜已过半，水势开始退了。

第六节　母亲离世

沅君自小聪明伶俐，讨人喜欢；加上她体弱多病，又是家中最小的孩子，因此，母亲对她的疼爱就格外多些。17 岁那年，沅君负笈北上求学，一晃便是六年。期间，她对母亲的思念一天也没有停止过。只是由于父母早早为她订了亲，父亲去世得早，她多次向母亲抗争未果，所以不愿回家探望母亲。其实，她当时并不怨恨母亲，她怨恨的乃是害人的封建礼教。后来，母亲在大哥的说服下同意她与陆侃如结婚，沅君从心底里感激母亲的成全。1935 年，沅君和丈夫从法国留学归来，沅君在天津女子师范教书（陆侃如在燕京大学任教），与母亲见面、相处的机会就多了。因为那时大哥冯友兰在清华大学执教，母亲与大哥一家住在一起。后来，日军侵华势力慢慢向内地渗透，华北局势紧张。母亲牵挂着唐河老家的那些田产，说要回去打理，以防将来万一孩子们在外面无法糊口时，回去还能有碗饭吃。

1938 年起，沅君便开始了漂泊无定的生活，昆明——嘉州——澂江——粤北（坪石、管埠）——三台，她把对母亲的挂牵都写进了诗词中。“烽火连三月，家书抵万金。”每过一段时间，她若收不到家书，便会心烦意乱、惶恐不安。自从流亡以来，多少个中秋月圆之夜，她泪流满面地遥望故乡中原，心中暗暗祈祷：“但愿人长久，千里共婵娟！”身处粤北凄风苦雨中的她，这种感怀尤为凄苦：

踏莎行　用姜韵

蛩语宵深，暑残风软。枫林露冷流萤见。长空诀荡翠奁开，孤怀凄警清辉染。　嘉友音容，慈亲针线。照人明月宁辞远。江声未解说秋心，断魂分付姮娥管。

踏莎行

——中秋夜闻歌

古木萧疏，野烟轻软。矶头蟾魄参差见。毕生留得几中秋，客心莫放乡愁染。　蛮岭千重，瘴江一线。流亡有地休言远。招魂哀怨遍潇湘，抚心若个听歌管。

写惯旧体诗词的冯沅君，这时也尝试着创作新体诗，它似乎更能真切、充分地表达内心汹涌的情感。不受韵律限制、不受字数限制，自由地宣泄、尽情地抒发。她写于此时的《寄姊》诗是这样的：

寄　姊

拈管伸纸，
写不出心头的言语。
寄向故乡亲人的，
是泪墨模糊的字迹。
似恶梦，
似暴风雨，
桐柏山麓战尘又起。

五月，

蔚蓝的天，

五月在我们是斗争的日子，

丰收的季节。

永记着，

去年此时魔掌下奔跑者的艰危。

抛撒了庄园、田地……

早晨走到正午，到黄昏，到夜里。

炮的怒吼要教大地翻个身来。

弹的开花像电闪，像星坠。

在逃难的人群中，

扶着八十岁的老母，

两目昏眊，

自己也五十余岁。

上弦月渐渐沉没，

来到深山古寺；

又闻道失了孙儿，

在死亡迫近之时。

常怀想，

在华北原野驰骋的斗士。

年纪轻轻。

国难铸成他铁的意志，燃起他火的潜力。
像教徒梦想天国，
他憧憬着大众的福利。
看！
“夜不闭户”，
这是两年前盗匪纵横的故里。
突破顽敌的火网，
踏着残敌的尸骸，
他如今又当出没于血迸血飞的天地；
忘却一切，
老母，妻，儿，自己。

五月是斗争的日子，
收获的季节。
“像风里的灰尘一样，
把这些侵犯我们疆土的人赶出去！”

泪眼朦胧中，她的面前出现了50多岁的老姐搀扶着80多岁的老母深夜向荒谷奔逃的悲惨画面。她看见冲天的火光烧毁了故乡的村庄，她看见成群的灾民饿得拿泥巴充饥，同时也看见坚强的子弟兵在血肉横飞的疆场上奋勇杀敌……这真是一首催人泪下而又鼓舞人心的浩歌。

1944年秋天，冯沅君在四川三台，连续几个月不曾收到家书。听着阵阵北来的大雁揪心的哀鸣，好像是诉说着故乡惨遭日本帝国主义铁蹄的蹂躏。她长夜难眠，挥笔写下《不寐闻雁，长谣述哀》的五言长诗：

不寐闻雁，长谣述哀

塞雁天外来，哀叫声伊轧；
流入夜不寐，思绪乱于发。
乾坤嗟板荡，落南走粱越；
仰愧沧浪天，八年只苟活。
晨夕远眺望，慷慨肠内热；
中原杳茫茫，云际飞鸟没。
卅载辞乡里，慈亲已耄耋；
茕茕北堂上，谁与共饥渴？
平生顾复心，耿耿老弥切。
家书胜万金，书绝连百日。
己卯虏骑至，祸变起仓卒。
夜行窜荒谷，照路托星月；
焚掠遍村墟，彤天烈焰蒸。
前岁旱太甚，田陇皆龟裂；
屑土充糇粮，流亡十七八。
展纸辄心悸，伯姊疏颠末。

日月正相斗，匈奴何时灭？
所向如无人，禹域从奔突；
桂柳水汤汤，汤汤皆人血。
南楚守不得，衡嶷空屹屹。
河洛三十县，鲸吞一电抹。
梦梦岂天醉，人难自作孽。
秉钧误国事，乔木本先揭。
卫巫谤能监，蛾眉性可伐。
辇金归私门，台鼎出嬖孽。
战士饥欲死，狗彘食人食。
上下殉财福，国斩更何恤！
识字忧患始，障海痛无术。
蹙蹙安所骋，顽洞妖氛合。
抚膺一叹息，涕下不可雪。

很显然，诗人对执政的国民党当局十分不满。“秉钧误国事，乔木本先揭”，日本鬼子之所以在我们国土上如此猖狂，完全是国民党治国无方、治军无能造成的；“辇金归私门，台鼎出嬖孽。战士饥欲死，狗彘食人食”，四大家族疯狂攫取财富，冲锋陷阵的战士们却食不果腹，这是多么令人发指的事实！身为“中华文艺界抗敌协会川北分会”副主席，冯沅君十分关心国事，经常与会员们一起纵论时局。每逢星期六晚，大家都在冯沅君、陆侃如家聚会，参加者有赵纪彬夫妇、杨荣国夫妇、杨向奎夫妇、董每戡夫妇、叶丁易夫妇等，无话不谈。谈到政治，总是对国民党政府不满。当时人民的生活太苦，而四大家族太阔，这是根本原因。

母亲已是风烛残年，战争结束却遥遥无期，想在有生之年再见儿女们一面，对老人来说已经成了奢望。她知道儿女们在外面不容易，尤其这兵荒马乱的年代，长途奔波实在有千难万险。因此，无论老人内心多么想念他们，不到病入膏肓，她绝不同意让人给他们发电报。1944年底，冯友兰接到老家的电报："母病速归。"过了不几天，又收到一封电报："母故速归。"可见她老人家在自料大限将至时，才会通知儿女们。因为沅君身体不好，友兰只叫上二弟景兰一同奔丧。他们二人从昆明乘飞机到重庆，从重庆坐轮船到宜昌。那时宜昌已被日寇占领，他们只好在宜昌上游的三斗坪的对岸上岸。然后翻越荆山山脉，在山里转了两三天，才顺着一个山谷走出山区。前面一条大河，就是汉水，他们过了汉水，来到了老河口。又坐了一天的公共汽车、下车走了一天的路，来到南阳。从南阳坐了一天的公共汽车，到了唐河。遇到堂兄，看到堂兄身穿重孝，方信母亲的确已经亡故了，他们不禁痛哭失声。寒冬腊月，北风怒号，冯友兰、冯景兰赤着双脚，披麻戴孝，为母亲办理了丧事。冯友兰挥泪写下《祭母文》，长歌当哭，不胜哀伤。

冯沅君没能送慈母最后一程，生不能奉养、死不能安葬，她的内心充满了愧疚、遗憾和悲痛。1944 年的除夕，冯沅君收到大哥从老家寄来的信函，叙述丧事已经完毕，并附寄沅君少年时寄给母亲的信笺一封。这封信写于戊午年，那时她 18 岁，正在女高师读书。倏忽 26 年过去了，如今母女阴阳两隔，永无再见之日，沅君援笔，蘸着泪血写了《岁除篇》寄托哀思。

岁除篇

戊申哭父时，母哭儿也哭；
甲申儿哭母，天地同黪黩。
父寿四十三，母年益四十；
三十六年事，历历心目集。
父生为廉吏，家世本寒素；
秋冬母夜绩，霜雪压庭树。
缩母口中食，充儿囊中钱；
遣儿从师去，长安远于天。
勗儿勤讲习，勗儿砺品性；
母心最慈惠，母教则严正。
学废母心伤，学进母心喜；
困学锲不舍，念母劳家里。

儿学初就将，母年已衰老；
欲报三春晖，相彼原上草。
峰青入骨白，氛祲昏禹甸；
儿辈窜梁益，母也滞乡县。
南北两相望，三千六百日；
生离成死别，因缘更谁诘。
天路云幂幂，墓门柏森林；
泪湿泉下土，识儿此夜心。

母亲去世三周年时，冯沅君发表了一篇祭奠母亲伟大人格精神的散文——《倒下了这个家族的巨人》。文中作者以诗一般的语言，深情讴歌了敬老爱幼的母亲对整个家族的重要贡献，热情赞扬了她破除迷信、崇尚科学与真理的智慧人生，对母亲不畏困难、坚忍不拔的意志以及忠恕仁爱、勇于为女子争取受教育权利的先行者姿态，报以由衷的崇敬。这篇散文收在1947年上海晨光出版公司发行的、由赵清阁主编的《无题集——现代中国女作家专集》里。诚如主编在序言中所言，此文“虽短而精，虽简而工”。

倒下了这个家族的巨人

——纪念我平生最敬爱者

倒下了这个家族的巨人！为了我们这个家族，

她贡献出超越半世纪的身心劳力。侍奉了婆婆的婆婆，恩养了子女的子女，掌握着一家盛衰的转力机。她像画家对她的画幅，像农人对她的庄稼，严肃、热情，不肯放松一个笔触，不曾轻忽一棵禾苗。

倒下了这个家族的巨人！抛撒开文字的媒介，从生活经验这宝典上，她读出人生的意义，道德的范畴，建立起她自己的思想体系。拆穿了巫人、堪舆家、日者，一切神秘，迷信违反科学的谎言。用她的智慧理解宇宙的一切；宇宙间的一切疏瀹，丰富了她的智慧。

倒下了这个家族的巨人！谨慎蕴藏着她的勇敢，严正陪伴着她的意志，理智指导着她的感情。正视着不易克服的困难。她不忙乱，不畏缩，用稳定的脚步，直走到尽头。成功、失败，她都泰然接受。在一切工作的完成上，她获得他处寻不到的愉快。在古今人善良的行列里，她看到天地间无比的美丽。

倒下了这个家族的巨人！像照明黑夜的火把，她教育了她四周围的人群。因她的示范，人们知道如何对前一代，后一代尽自己的职分，如何战胜精神的、物质的袭击；因她的启发，人们知道爱工作，爱正义，用忠恕消除彼此间的猜忌、怨怒；更因她的倡导，不少妇女，在学问对女人还是禁果时，却尝到他的异味，得到他的滋养。完成自力又完成别个，这是旧园地的花朵，却又肥沃了新苗的根土。

倒下了这个家族的巨人！如果人生真像演剧，她就像个优秀的演员。忠实的、出众的演罢她担任的角色后，她庄严的、安详的退出了剧场。在我们家人摧心的哀痛里，在乡党邻里识者与不识者的赞美叹息里。

第六章　走向新纪元

八年抗战结束了，日寇投降了。人们沉浸在久违的欢乐里，但又不免产生深深疑虑：国共两党还会继续合作吗？内战是否会一触即发？因为不时传来消息，在东北、华北及中原部分地区，国共两党的军队竞相展开城市管辖权与战略物资的接收。同时，苏联把在东北地区缴获的原日军轻兵器及部分战略物资，转移给了由林彪率领的东北解放军；国民党则从美国方面取得了军事援助，由美国海空军负责运送国民革命军前往华北、东北地区……事实上，两党已在部分地区对政权的控制上展开了零星的冲突。

1945 年 8 月 28 日，毛泽东、周恩来、王若飞在美国大使赫尔利、国民政府军委会政治部部长张治中的陪同下，乘坐飞机到达重庆与国民党进行和平谈判。1945 年 10 月 10 日，国共两党签订《双十协定》。《双十协定》的签订，使人们看到了和平、民主、团结的希望。

国民党统治区内爱国民主运动日益高涨，力量日益扩大，他们要求实现民主，主张停止内战。1946 年 1 月 10 日至 31 日，政治协商会议在重庆举行。1 月 25 日，中央大学及周边地区的大学联合，有 1 万多名学生在重庆市游行，强烈呼吁避免内战、维护和平。1946 年 2 月 10 日，重庆各界万余群众在较场口举行庆祝政治协商会议成功大会，遭到国民党特务的破坏，当场打伤郭沫若、李公朴、章乃器等 60 多人，许多人失踪和被捕，造成较场口血案。1946 年 7 月，李公朴、闻一多相继被暗杀。白色恐怖笼罩着知识界，大学内部一些进步教授上了特务的黑名单，一些教授被教育部指名解聘。身为东北大学文学院院长的陆侃如，其一切活动都受到国民党特务的秘密监视。

第一节　神秘字条

抗战胜利后，各大学陆续迁往原址。东北大学定于暑期迁回沈阳。学校搬迁，是件大事，耗费至大。为了减少搬迁压力，只让教职员工迁回，家属留守。大家多已习惯了四川温暖的气候，对东北漫长的严冬心存恐惧，所以不少教师选择了离开东大、另谋生路。陆侃如与冯沅君当时名气很大，完全可以另谋高就，但陆侃如身为文学院院长，不能不以大局为重，在这个关键时刻，他必须为大家做出表率。于是陆侃如草草处理了家当，打好了背包，与沅君踏上了前往沈阳的征途。

1946 年初秋，东北大学师生完成了迁徙。多年战乱，原来地处北陵的颇为整齐、壮观的校舍如今破败不堪。师生们自己动手清理垃圾，把残存的几座楼房收拾出来作为教室，职员们的宿舍只能租用周围居民的房屋……千头万绪、百废待兴。直到 1947 年 2 月，东北大学方正式复课。寒冷的冬天，狂风呼啸，大雪纷飞，别有一派悲壮豪放的气氛。虽然生存环境严酷，但冯沅君内心不再像往昔那样悲切哀伤，因为毕竟赶走了日寇，战争结束了。

然而，日子却并不安稳。此时内战已迫在眉睫，国民党员无孔不入，潜入大学校园各级领导队伍之中。陆侃如身为文学院院长，副院长便是新派来的国民党员，表面上客客气气，实际上处处掣肘，令陆侃如很是不悦。那时共产党在当地也已开始放手发动群众。平心而论，冯沅君、陆侃如内心是倾向于共产党的，对国民党则是敬而远之。但当时他们都潜心于学术，对政治抱着静观其变的态度。然而“树欲静而风不止”，他们的信箱里经常塞满了各种宣传材料与匿名信件，有的是关于共产党的政策的，有的则充满了恐吓意味，警告不要与

“赤党”往来等等。

一次，陆侃如晚上在学校开完会回家，路上一个身着黑色皮衣、戴着礼帽和墨镜的彪形大汉挡住了他的去路，要他“小心点”，令他一阵惊悸，额头上渗出了冷汗。又有一次，沅君的一个女学生来还书，走后，沅君发现书中夹着一个字条，上面写着：“注意说话分寸，注意交往友人。晚上少外出，出门要结伴……”等等。过后沅君询问那女生，女生却回答“不知道”。冯沅君本来身体欠佳，加上东北气候干冷，来沈阳不久即伤了风，久治不愈，这下又频受惊扰，遂终夜失眠心悸，度日如年。

胡小石先生时常有信来，告诉沅君南京中央大学的一些情况。胡先生信中说：“今日弄政治需有裙带关系做背景，教书亦需有裙带关系做背景。真从来未有的趣剧，吾辈何幸而得此看客哉！”南京物价飞涨，连带书价也跟着剧飙，薄薄一册图书，竟至5万元，稍厚一点的则价尤高。胡先生嘱咐沅君，在沈阳若见到考古、文字学等书籍，为他代购数册。沅君做事一向认真，接到信后，便多处搜访，为先生购书三册，寄往南京。

1947年初夏，山东大学邀请陆侃如、冯沅君夫妇二人来该校教书。山东大学地处青岛，一个美丽、温暖、湿润的海滨城市，那里有几位从前十分要好的朋友，如赵纪彬、杨向奎等。陆侃如、冯沅君非常高兴，爽快地答应了邀请。6月，他们收到了山东大学校长赵太侔发来的聘书。

第二节　海波黛色

1947年夏，冯沅君夫妇受山东大学校长赵太侔聘请，到青岛任教。

青岛位于胶东半岛南侧，依山傍海，景色宜人，向有花园都市之称，是个风光极为秀丽的海滨城市。这里地形起伏，高低错落，点缀着簇簇青山，分布着姿态各异的建筑物：有精美的德式建筑，有雅致的日式建筑，有中国的宫殿式建筑，以及古典城堡式、园林式等各式各样的建筑。金色的沙滩，赭色的礁石，红瓦绿树，碧海蓝天，山、海、城交相辉映，融为一体，组成一幅灿烂夺目的美丽图画。尽管这画中有德、日殖民地的痕迹，有中华民族忍辱负重的烙印，但依然掩饰不住祖国河山的内在灵气和秀丽之美。

摆脱了东大的惊恐不安，置身于新的城市，沅君面对青岛的碧海蓝天，心中感到舒畅和高兴。她想起当年自己参加的五四运动，正是为了收复山东，收回这美丽的海滨岛城。天安门前集会中那爱国青年的血书“还我青岛”四字历历如在目前，不禁感慨万千，心潮起伏。

沅君夫妇报到后，被安置在一座滨海的德式三层楼房住。楼房带有花园，推窗远眺，视野极广，碧海与蓝天连成一体，真个是海阔天空。

当天晚上，赵纪彬、李慎仪夫妇为冯沅君、陆侃如夫妇接风洗尘。赵纪彬比冯沅君小 5 岁，是河南安阳人，投身革命较早，1926 年就加入了共产党，1934 年进文化教育界工作，先后在复旦大学、东北大学、东吴大学任教授，从事中国哲学思想史研究。赵纪彬在东大任教时，东大正流亡四川三台。当时陆侃如任文学院院长，冯沅君任教授，他们都是文学院的老朋友、老同事。1946 年东大回迁沈阳，国民党特务机关排挤进步人士，解聘了七八位教授，其中有早就列入国民党黑名单的赵纪彬，还有杨荣国、叶丁易等。赵纪彬后来到了青岛的山大，算是先入为主，所以为老朋友接风。两对中年夫妇对酌叙旧，谈笑风生，从四川三台说到东北沈阳，又从沈阳说到山东的青岛。陆侃如谈及东大的紧张气氛、逮捕学生和担惊受怕，对青岛的美丽和安宁感到十分欣慰。

赵纪彬对他们说全国都在反饥饿、反内战，青岛也不平静，有游行，有军警，也有逮捕，表面看似平静，实际上地火燃烧，斗争很激烈。后来杨向奎也同样告诫过他们，说青岛并非世外桃源，繁华背后有地火，他们不久就会有所感受。冯沅君夫妇初到青岛，对青岛的政治局势一无所知，更不知道赵纪彬是共产党，听老朋友这样说，自然不敢掉以轻心。赵纪彬向他们介绍山大和文学院情况，谈到故旧熟人，说大家都万分欢迎他们的到来，纷纷要造门拜访。青岛地势起伏不平，你来我往，上坡下冈的，大家都嫌麻烦，因此，中文系主任杨向奎教授打算专为他们举办一个欢迎会，以免大家的奔波之苦。杨向奎很年轻，比沅君小 10 岁，是河北丰润人，1935 年毕业于北大历史系，从事中国古代史和思想文化史研究，也曾在东大执教，说来也算是沅君的老校友和老同事，所以杨向奎对欢迎沅君夫妇十分热心。

他们围坐在楼房晒台上的小桌旁，品尝着海鲜，沐浴着月光，天南地北，叙谈着久别重逢的喜悦。海风轻轻地吹来，令人感到夏日凉爽的惬意。畅谈不觉光阴短，眼看月移花影，客人告辞。赵纪彬送客，嘱咐他们务必要绕过美军兵营，一路小心，并把一张小纸条塞到陆侃如手中。他们匆匆回家，就灯展视字条，上写：

> 在三台，你们已被盯上了；回东北后，你们又上了黑名单。郭是监视你们的，因为你们资助过学生去解放区。来青岛后，仍要支持进步，但要小心

谨慎。

字条是用宋体书写的，这是当时革命力量地下宣传工作的通用书写字体，不知是否出自赵纪彬之手。对于“资助过学生去解放区”，他们感到茫然不解。许久，才恍然想起从前是给过一个学生一笔钱，不过那是因为他母亲生病，那笔钱是给他母亲看病用的，并且在他母亲去世后又还了剩余的部分。据字条所言，这笔钱是“资助”学生去了解放区。能有这个用场，既出乎他们的意料，也令他们感到十分欣慰。陆侃如后来回忆当晚这次做客说：

……（沈阳东大）学校四周军警密布。那样穷凶极恶的样子，不是亲身经历的人，是很难想象的。

正好山东大学的朋友约我来教书，我便到青岛来。青岛向有花园都市之称，可是那几年恰是青岛历史上最黑暗的一个时期。美帝和国民党反动派勾结起来，妄想拿它做军事基地，来进攻中国。山大的校舍变成美国兵营，喝醉了的美军官兵满街闯祸。我到青岛的第一个晚上，朋友们邀我吃便饭，回寓时他们警告我和沅君说：“夜深了，千万不要从美军兵营门口走，最好是绕道，宁愿多走几步。”这几句话给我的印象深极了……

山东大学坐落于岛城南部，南面靠近汇泉湾，校园占地400余亩，校舍和礼堂是平房，其余多为楼房。这处校园原为私立青岛大学旧址，最早则是德国俾斯麦兵营，所以具有浓郁的德式建筑风格。红色的筒瓦屋顶，粗犷的花岗石墙壁，狭长的流线型窗户，美丽的图案浮雕，古朴典雅，饶有异国情调。

当时的山大设文、理、工、农、医5个院，14个系，另外还有个“海洋研究所”。文科规模不大，只有中文（文史）和外语（外交）两个系；学生人数也不多，一个系所有年级的学生也就百十来人。然而，文史系师资力量很强，目录学、考古学、历史学、音韵学、文字学、经学、哲学、思想史、绘画、戏剧、创作等，皆不乏研究名师。除擅长经学、史学以及哲学思想史的赵纪彬、杨向奎，诸如戏剧家赵太侔、绘画家黄孝纾、作家王统照、文字学家殷焕先、音韵学家刘逌和、古诗专家萧涤非等，都是当时的知名学者。萧涤非是江西临川人，小冯沅君6岁，1933年清华大学研究院毕业，也是1947年来到了山大。冯沅君、陆侃如、萧涤非三人的到来，使本来比较薄弱的文学史专业陡然转弱为强。一下子多了三位名师，师生精神颇为振奋，学术气氛空前活跃起来。尤其是沅君夫妇的出现，明显地给文学院增添了生气和光彩。

首先是他们的学识、才华和讲课艺术吸引了学生。

陆侃如本是清华才子，思维敏捷，口才很好，不仅讲述内容生动有趣，而且板书也很流畅美观，令学生们啧啧称赞。他的中国文学史课最受学生欢迎，学生通过听课，能轻松地获得不少知识和治学途径，感觉收益很大。冯沅君讲课更有独特魅力。她的讲稿只是一个简单的讲授提纲，仅仅是作为讲课的思路线索。上课时，她先把纲目写在黑板上，然后拿出一些卡片，开始讲授。卡片上全是论证课题的资料，她总是一条一条地引出来，有根有据、扎扎实实地加以说明，让学生边听讲边作课堂笔记。沅君对资料极为熟悉，尤其是她的中国小说戏曲课，由于早年下了深厚功夫，所以信手拈来，如数家珍。小说和戏曲的内容及语言本来就很生动，曲又有一定韵律，加之沅君授课的匠心独运，她的讲述总是妙趣横生，学生十分爱听。

讲授只是沅君教学的一个方面，每次下课时，她还要开出课后参考书，让学生阅读并写出读书札记。她经常检查学生的课堂笔记和课后读书札记，并在上课时即兴点评、提问，以此督促学生用功读书，努力思索。学生不敢大意懒惰，认真读书并做札记，日积月累，进步很快。

陆、冯二教授形影不离的恩爱夫妻形象，成为校园的夺目一景。

初到山大这年，冯沅君 47 岁，陆侃如 44 岁，恰值人生和学术的黄金阶段。中年的潇洒神韵，学者的沉静风采，旺盛的才华激情，都毕集于其身。他们总是相依相伴、形影不离地出现在校园内。每天清晨，他们夫妻俩一起到市场去吃早点，然后双双去校园上班，又双双结伴回家。冯沅君的课安排在上午第三、四节，陆侃如的课安排在上午第一、二节，陆侃如总是要在爱妻的教室门外等候，静静地听着她的讲解，听得非常从容，等得极有耐心，他根本不介意来往行人的侧目。沅君下课后，陆侃如总是帮她清理一番身上的粉笔末，接过她的讲课包，然后相伴离开教学楼回家。冯沅君一头垂肩美发，身穿摩登高档旗袍，旗袍上有时罩件深色毛衣，脚踩一双乌黑锃亮的中跟皮鞋。陆侃如则西装革履，英姿勃勃，陪着沅君慢慢地走在校园内外的路上。这对中年教授夫妻高雅端庄，时尚潇洒……他们并肩而行，不知惹来了山大师生们多少崇敬和羡慕的目光！

不久，他们搬到山大第一公寓内居住。公寓在鱼山路 26 号（甲），是两层的日式联体木结构楼房，一个单元住宅，楼上楼下各有两间。这里靠近闹市区，交通便利，对面就是青岛市图书馆，查阅资料很方便，离学校也不远。虽然没有了住海边三层楼房推窗观海的浪漫，但独家独户，闭门读书，既明亮又安静。他们的会客室很大气，房间两侧的大书架一直顶到天花板，中央有圆桌，周围一圈藤椅，大窗近似落地，白色窗帘朴素而雅致。去过沅君家的人，都很羡慕这间高雅的会客室。当时青岛住房拥挤，教师生活并不宽裕，沅君夫妇知道这是学校对他们的格外照顾，他们很感谢学校。

晚饭后，沅君夫妇喜欢到海滨散步。他们通常沿鱼山路南行，越过小鱼山脚的土坡，来到汇泉湾边。这里曲径盘陀，茅亭古朴，绿草如茵，是个美丽的海滨浴场。面对大海，极目天涯，顿觉神清气爽，天地间充满了诗情画意的浪漫情调。晚霞映照在海面，海鸟飞翔在天空，波光云影，如诗如画。观海浪，听涛声，感受着海风的轻轻吹拂，遥望那缥缈的天际云烟，令人陶醉于自然之美，心思飞向天外。他们徜徉海边，流连忘返，有时坐在岩石上悄悄说话，有时余兴未尽，则继续沿海岸徐行，观小青岛、前海栈桥。离开海滨，他们往往沿莱阳路向北，经大学路转鱼山路回家。接着是读书、备课、撰写论著，直到夜静更深。

陆侃如性格开朗，交游很广，喜欢从事些社会工作，活动空间广，有时比较忙碌。相对而言，冯沅君的应酬要少许多，除了上课，更多的时间是在家里静静地读书。沅君喜欢诗词曲剧，爱吟诗填词，抒发情感，乐于与老师、学生、同事、朋友交流学术，沟通思想和各种信息，也有自己的交游圈子。其中，胡小石先生是对她帮助最大的良师益友。

胡小石先生博学多才，著作等身，早年在女高师任教时对沅君影响很大。不论学术研究还是诗词创作，沅君都深受启发，获益匪浅。胡小石先生不仅多才多艺，而且是个天生多感、充满爱心的性情中人。他幼年时跟大人进戏场看戏，一听到丝弦弹奏，便情不自禁地流下泪来，年近花甲也还是这样。他自己说："此不关处境之屯泰，天性多感，亦真无可奈何耳。"这种至情流溢的天性，使他悲人生、慈万物，处处体现出菩萨心肠。胡小石很爱自己的学生，在女高师，冯沅君和程俊英是他最喜欢的得意高足。毕业时胡小石又鼎力推荐沅君进北大国学门，成为中国第一位女研究生。沅君很感激恩师，所以毕业后数十年一直保持与胡小石先生的通讯联系。沅君视胡小石为恩师，胡小石却一点师尊的架子都没有，把自己看作是沅君的兄长和朋友。人间"良师益友"四字，对沅君来说，胡小石先生可真是当之无愧，最为贴切了。

沅君到山大前后，胡小石正在南京中央大学任教。当时全国反内战、反饥饿，物价飞涨，学潮、工潮、米潮在各地风起云涌。胡小石一直关注并支持学生运动，反对内战。他寄给沅君的信件，内容涉及很广，诸如时局信息、南京物价、愤世嫉俗、抨击黑暗、悲叹民生、文化生活、诗词以及学术和思想的交流等。

谈论时局信息和民生物价的内容，如：

南京中大学生为首的万余人入市游行，“正气凛然，令人回想五四之盛”；南京米价“石米三万元以上，生活奇昂，还乡实不能活”，“人声、车声，日夜喧闹”；南京一双羊绒毛袜，“市售三四千万”，传闻煤源“或至断绝”，“燃煤取暖，此间惟朱门豪族可以有之”。

指斥某些人沽名钓誉、利用学术镀金获取政治资本是出卖灵魂的勾当：

司马谈说：六家之学皆务为治，此正中国学者不治之病根。汉之大学，班固以为利禄之途，则灵魂开市久矣。我今乃知何为大学教育，政治资本而已，灵魂市场而已。

他感叹民生艰难：

和谈则大抵无望。民生涂炭，何时能已耶！

物价又飞涨矣！回念昔日漂泊西南，犹是天上耳。战祸不息，如何得了。哀民生之艰难，亦书生忧杞而已。我辈只有得过且过而已。

天气忽奇寒，晨已见冰。街头难民已有冻死者。惨极，惨极！谁为之耶！

上引后两段写于1947年沅君来到山大的那个冬天，其爱国忧民之深情，跃然纸上。

学术研究方面，论析诗词风格说：

论词分伶工、文士二派，此体系极是。诗派也如此对立着。平日论诗，以为建安以下，正始（嵇阮）与太康（潘陆）二派互为消长。前者质而后者文，即刘舍人《文心》所分“风骨”与“情采”二途。陶谢并备，陶属正始，而谢属太康也。此义可与词论相发。惟云魏武近倡优，及汉赋托始与五言诗同，尚未喻其旨，幸有以启之。

这段文字含有不少沅君的意见，其中所谓“词分伶工、文士二派”，“魏武近倡优，及汉赋托始与五言诗同”，就显然是沅君请教胡小石的讨论意见。

或话及生活琐事，如：

臂痛，乃风寒也。医生于此，一向束手，然有一单方可治风湿痛，极奇效。今书于下：

以生姜的大片（愈大愈好），用白菜叶包之（否

> 则烤干无用)。于炭火中考热，趁热贴患处，一二片即可。外用干毛巾包紧过夜。姜气辣热，透入肌理，极快极效。
>
> 吾去岁末，每晚此术，不过三次，几乎痊愈。转告他人，亦然收效。盍取一试，至盼至盼，可以保险也。

观此，知沅君可能得了肩周炎或关节炎之类的风寒病。当时沅君正值易于患这类常见病的年龄，所以胡小石给她提供了疗效不错的民间单方。

信中，有时也涉及他们对人生遭际和世事变化的感叹，如：

> 生活之孤独，谓一室惟汝与台钟对坐。汝闻钟摆滴滴之声，钟则闻汝之叹息声。有机缘能日日见潮汐听涛声，亦可羡也。
>
> 每想象海波黛色，为之神驰。想岛上夜月极清，高城日晓，遥念海上生明月之美。我太福薄，天谴居此粪城。
>
> 秋来鸡鸣寺仅一游，乌臼已由人采尽矣。闻栖霞红叶，乡人采之卖钱，如卖花者，树上面光秃，前所未有也。六朝松则苍翠无恙。

1925 年沅君在南京金陵女子大学执教，讲授中国文学，曾观览六朝松，并去鸡鸣寺、栖霞山等处游赏，栖霞的红叶很有名，她十分喜爱。20余年倏忽而过，沅君已经年近半百，抚今追昔，浮想联翩，所以信中话及故地。胡小石先生则用青岛“海波黛色之美”劝慰沅君。他说自己对青岛那美丽的海滨之城倒是很眼馋，但可恨“福薄”，无缘得居，命中只有住南京“粪城”的份儿。他回答了沅君对于鸡鸣寺乌臼、栖霞红叶和六朝松的问询，还挑选出两片从栖霞山采摘的红叶，用厚纸细心地包裹起来，夹在信封中寄给沅君，并附上了《题六朝松》的小诗：

弥天黄叶战西风，独立斜阳意万重；
海水清清何处去？登楼来问六朝松。

名书法家曾熙评价胡小石先生说：“其为人孤俊绝物，苟非所与必面唾之，虽白刃在前不顾也。及观其事师敬友，则循循然，有古人风。”胡小石先生的孤俊气节主要表现在对南京当局的不屑和对学生运动的关注支持，“事师”这里暂不多论，“敬友”则在上述与沅君的通信中可略窥一斑。

第三节　向往新中国

1948 年，全国局势发生了历史性的转折。这年夏秋之际，解放军开始外线作战，转入全国规模的战略进攻。中秋时节，解放军攻克山东省府济南；冬季，辽沈战役获胜，淮海、平津二役相继展开，国共两党形成决战态势。逐渐地，山东大部地区已非国民党所有，青岛附近全成解放区，胶济铁路运输中断，只有海上一线运输供应青岛。青岛基本成为孤城，物资匮乏，民心惶恐，形势很紧张，街面店铺一派冷落萧条。

这年秋季，十几名山大进步学生被捕入狱。共产党地下工作者为了解救学生，四处筹款，可当时经济困难，大家都很贫穷，谁也拿不出什么钱，筹集到的钱远不够疏通关节救人出狱。眼见同学关在监狱受苦，大家都很着急。地下党让学生去找冯沅君夫妇。沅君夫妇闻听，当即慷慨解囊，捐出了两人刚领到的全部月薪，并表示救人要紧，倘若不够银行还有。他们的钱几乎是原来所有捐款的总和，学生们接过钱，看着这笔饱含师生情的救命钱，心里充满无限敬意和感激，禁不住热泪盈眶。他们用捐款买来慰问品探监慰问，疏通关节，在多方援助下，终于保释出入狱的同学。这件事汇报到当时在即墨马家村的青岛市委，市委书记宋于成对沅君夫妇的慷慨义举深表赞佩。为此，他特别指示山大地下党注意团结进步教师，争取更多的人拥护共产党，支持解放军解放青岛。

从这以后，山大地下党在教师中展开了工作，常举办一些教师参加的活动，介绍信息，分析时局，帮助他们提高对国共两党和中国前途的认识，从而争取和培养了一些拥护共产党的进步知识分子，其中就有杨向奎、陆侃如、冯沅君等人。当时，靠近大学路的山大校舍一直被美军占为兵营，师生们受到美军监视，精神上很压抑，感觉很不舒服。1949 年年初，在青岛地下党的组织领导下，山大进步师生参与，发动各种社会力量支持，终于把美军赶走，收回了校舍。这一胜利振奋人心，极大地鼓舞了山大师生的志气。学生们在学校礼堂举行文娱晚会庆祝，内容有大合唱《光明赞》、舞蹈《掀起你的盖头来》、谢幕歌曲《团结就是力量》等，大都是宣扬光明进步、为解放青岛造势的进步节目。礼堂被挤得水泄不通，全校师生激情燃烧，连演六场，场场爆满。冯沅君、陆侃如夫妇受学生邀请参加，首场晚会坐在前排。学生对他们很尊重，很信任，常请他们参加读书、座谈、讲演等各种活动。在地下党的宣传影响下，陆侃如和冯沅君日益进步，对社会形势的认识越来越明朗，越来越靠近共产党，很快成了党的积极拥护者。

青岛当时还是国民党的天下，共产党还处在地下秘密状态，山大校内有国民党特务，训导处就有特务，有的进步学生被借故开除了学籍，教授中王统照先生等也被迫离开了山大。所以，山大师生们的言行也不可过于激进，必须注意策略，掌握分寸，不然就可能引火烧身，被列入黑名单。陆侃如后来回忆说：

> 训导处的特务们召开了个座谈会，讨论“中国到哪里去”。要每个同学说出自己的心里话，并且一定邀我出席发言。我不能不出席，却也不能说什么，只说了一句：“中国前途一定是光明的。”不料这又引起许多烦恼。我方明白：在反动派统治下，只要你不肯和人家同流合污，你便无处安身。所以在青岛解放前夜，“黑名单”的威胁便笼罩在山大一部分教授和同学的头上了。

青岛解放前夕，1947 到 1948 这两年，冯沅君在各个刊物上连续发表了一些她所翻译的法国诗歌，有《人民颂》、《工人歌》、《双牛吟》、《我曾漫步》、《他曾从这走过》、《一天早上我起来》等。前三首都是歌颂劳动人民的，其中《人民颂》、《工人歌》都是法国大革命时期的流行歌曲，《双牛吟》写农夫对耕牛的热爱；后三首是情歌，歌颂对爱情的追求和自由生活的向往。沅君说读这类诗歌，“会看到前途光明的新兴人群”。当时中国正处在解放的黎明前夜，全国人民正面临新中国的诞生，这些诗歌与时代共鸣，表达了对光明的向往。沅君选择在这个时候发表这些诗歌，其内心律动是歌颂前途光明的新兴人群，企盼革命风雨的快快到来，内心憧憬着未来的光明世界。

光明终于来了。

1949 年 5 月，解放军分东、西、中三路进攻青岛市郊，收缩包围圈。6 月 2 日，沧口、李村防线被攻破。口子一撕开，国民党军全线崩溃，急惶惶从海上撤逃，或缴械投降，或作鸟兽散。解放军开进岛城，人们纷纷涌上街头，锣鼓喧天，载歌载舞，唱《解放区的天是明朗的天》等歌曲，欢天喜地，热烈欢迎自己的队伍。青岛解放啦！

青岛解放，山大移交人民政权。中国人民解放军青岛军事管制委员会（简称军管会）派文教部部长王哲接管山大。原山大校长赵太侔向王哲办理了交接事宜。赵太侔是山东益都（今青州）人，中国戏剧家和现代教育学家，北京大学英语系毕业，曾留学美国哥伦比亚大学读西洋戏剧，回国后任北京艺术专门学校教授和戏剧系主任，是我国现代戏剧的创始人。于 1932 至 1936 年、1946 至 1949 年两度任山大校长。1949 年春，有人劝他出走南方，南京国民政府教育部也密令他南撤广州，他拒绝执行国民党政府命令，坚持留校护校，与进步师生一起迎接解放，将山东大学交给了人民新政权。后来在1968年“文革”中惨遭迫害，投海自尽。

王哲接收山大后，委派文教部大学处处长罗竹风作为军代表具体负责山大工作。罗竹风小沅君11岁，是山东平度人。早年求学北京，读过北大中文系，在青州任中学教员，1937年弃教回乡，组织游击队抗日，次年加入中国共产党。抗战期间当过平度县县长，但主要在文化部门任职，与胶东文化协会会长马少波关系很好，两人同是闻名胶东解放区的笔杆子，有“罗（骡）马同槽”的戏称。当时青岛改天换地，山大也面临旧体制的更新，百废待举，事务繁多，罗竹风有条不紊地处理着一项项工作。这位38岁的年轻军代表身着戎装，一身淡绿色的军衣，胸前佩戴标有“中国人民解放军”字样的方布徽章，军帽上有红五角星，英姿勃勃，风度儒雅，浑身透着书卷气。他亲切、诚恳、朴素，形象鲜明，理事干练，在礼堂给师生讲话，语言简要得体，有和蔼可亲的感染力。他的出现令山大师生感到新奇，感到新气象。师生中传说他参加过“一二·九”运动，并投笔从戎，亲手组织了家乡第一支抗日游击队，不禁油然而生敬意，都很佩服、很拥护这位年轻的军代表，积极支持他的各项工作。

冯沅君、陆侃如夫妇虽然是向往光明的进步人士，衷心支持和欢迎解放军解放青岛，管理山大，但毕竟没有与共产党组织进行过直接交往，所以文教部初进山大开展工作时，他们似乎还有些顾虑，并没主动向文教部靠拢。一年后的陆侃如回忆当时情形说：

> 我起初对新政权还保持相当的距离。文教部在山大办了几天的公了，朋友劝我和他们谈谈，我说："我不爱奔走权门！"这是我在反动派长期统治下养成的孤高的脾气，误把人民政府的干部看得和旧官僚一样了。但是他们诚恳的话语，亲切的态度，艰苦的生活，踏实的作风，说服了我，使我渐渐地相信他们不是骑在我们颈上的统治者，而是替我们谋幸福的勤务员。使我渐渐地乐于和他们亲近。最使我感动的是"七七"纪念那天。我和几位朋友被邀到汇泉去阅兵，阅兵却是我从来做梦也没想到的事，和我同车的一位同志说："这些都是人民的军队，我们是人民，当然有权利检阅自己的军队！"这句话多么简单而有力，每个字都深深地浸入我的肺腑，使我真实地感到现在是国家的主人了。

在青岛解放一个月后的7月7日，陆侃如受邀参加了解放军的汇泉阅兵典礼。不久，山东大学建立党总支，罗竹风任总支书记。行政上成立了校务委员会，丁西林、陆侃如、童第周等进步教授进入委员会。陆侃如任副主任委员，兼山大图书馆馆长。从此，陆侃如进入山大领导层，担任学校管理工作。

沅君仍然教她的书。一天，陆侃如下班回家，非常高兴，面带几分神秘的笑容，告诉沅君说有个人自称是她的学生，说听过她的课，这位学生说要来看她。随后交给沅君一张字条：

冯先生：

十七年前的学生向先生请安。

竹风奉命来到山大，还望冯先生、陆先生多关照，对我们的工作多提出批评。

近日工作纷乱繁杂，常有顾头难以顾脚之困。待稍有闲暇，定登门拜访先生。

罗竹风

即日

字条虽简，水平极高！仅“十七年前的学生向先生请安”一语，就足以感人肺腑。全部内容清晰简练、语气得体，将尊师与使命熔为一炉，谦虚诚恳，寥寥数语，洋溢着浓浓真情和气度不俗的书卷气息。沅君感到很惊讶：想不到这位声震山大的年轻军代表，这位学校第一领导人，竟在北大读过书，还听过自己的课，还来认多年前的先生，可真是令人惊喜！

“一二·九”前夕，罗竹风果然前来看望冯沅君先生。他一则礼节性拜访先生，畅叙当年师生情谊，追忆母校生活；二则请冯先生为山大学生作“一二·九”运动讲演，进行革命传统教育。沅君自然不负重托，爽快地点头答应，认真准备。“一二·九”纪念会在学校礼堂隆重召开，身着军装的罗竹风主持会议，冯沅君作讲演报告。时值隆冬，天气很冷，沅君穿了件黑色的毛皮短大衣，讲演进行了一个多小时，不时响起阵阵掌声。

沅君夫妇对公益事业和新中国的态度相当积极。山大图书馆缺乏经费购置新书，作为馆长的陆侃如很着急，沅君支持他捐献自己的薪资给图书馆购书。这样持续了一年多，被学校发现阻止。其后，他们又向图书馆捐赠了自己家中的部分图书。1950 年，抗美援朝战争开始，国家号召人民支援前线，山大一些学生投笔从戎做志愿军去了朝鲜，许多穷学生都节衣缩食，从牙缝里抠出钱来捐献国家。沅君夫妇比较宽裕，一次捐出一万万元人民币。当时通行的是旧币，一万元相当于一元，一般年轻教师的月薪是四五十万元，即后来的四五十元。沅君夫妇的一万万元捐款相当于一万元，大约是普通年轻教师20年的年薪。这个天文数字是他们俩多年来的大部分积蓄。由于数字庞大，名列榜首，轰动山大，获得师生们的高度称赞，并刊登上《青岛日报》和山大校报，广泛宣传。他们也在报上发表了文章，表示自己不能上前线，就要在后方努力工作，勤俭节约，积极支援前线，支持国家。还有，新中国刚刚建立在战争废墟上，满目疮痍，百废待兴，急需筹集资金恢复建设，因此以自动认购的方式向全国人民发行建设公债。当时人民都很贫困，一则拿不出什么钱，二则对公债也缺乏信任，所以人们大都不愿主动购买公债。发行不动就努力宣传，做动员工作，买公债就是爱国，爱国就要积极买公债。沅君夫妇对认购公债很积极，山大每次发行公债，他们都买得最多，名列第一。那时他们的大部分薪水都用来购买了公债。

后来，全国掀起土改运动，高校进行阶级教育，山大组织师生观看歌剧《血泪仇》，并组织师生访问团到青岛郊区，直接参与和了解农村土地改革，接受阶级斗争教育，增强感性认识。冯沅君、陆侃如也在访问团中。他们和师生一道，参加了斗地主、分田地，访贫问苦等活动。这次活动对沅君的思想触动很大。

在参政意识上，冯沅君远不如丈夫强烈，不过她与陆侃如同样都是时代潮流的积极追逐者。幼年时，她不由自主地受封建教育，被裹了小脚，然而，她的心很大，意气高远，小脚徐行，丝毫没有落后于时代步伐。她早年参加五四运动，接触过李大钊，受过革命思潮的影响，去过具有革命传统的法国，对马克思主义有所耳闻，抗战与内战时期一直在国民党统治区，目睹国民政府的腐败，向往光明，支持革命，憧憬新中国、新生活。所以，她积极迎接解放，新中国成立后坚决拥护共产党，拥护新政府，积极响应党的号召，出钱出力，绝不落后。

然而，她毕竟是刚从国民党统治区过来的旧知识分子，没有直接涉及过阶级斗争的思想武器，按时势要求必须进行思想的改造和更新，而这种改造更新是需要联系个人实际，需要从自己的灵魂深处爆发革命的。在访问活动中，对沅君来说，有一个直接触及思想的尖锐问题，那就是：你是出身于哪个阶级？是剥削别人的还是被别人剥削的？这个阶级斗争的思想武器很厉害，一下就会切中要害，谁也难逃它的法眼。沅君自然也不例外。很显然，按阶级分析法，沅君出身于剥削阶级的旧官僚地主家庭。

思想改造，谈何容易！当时许多人并不能真正从思想深处接受这种阶级分析法和思想改造，也只是口头上做做表面文章而已。冯沅君不然，她是时代潮流的积极追逐者，她可不甘落后于时代步伐。她向往光明，向往革命，所以她是真正从思想深处接受了阶级分析的方法，认真检查和改造自己旧思想的人。她在访贫问苦受到直观教育后，很坦率地说自己出生于地主家庭，靠收租剥削来养活一家人，见贫雇农这样贫苦，自己有犯罪感，所以她坚决支持土改，支持劳动人民翻身做主。她的这一认识发表在报纸上，对土改运动和思想教育起了积极的推动作用。

沅君夫妇慷慨地捐献巨资，积极地认购公债，诚恳地改造思想，这一切都表达了他们向往光明、热爱祖国的眷眷之心，在山大起到了良好的表率作用，促进了各项工作的顺利展开。从师生私情来说，他们积极地支持了罗竹风的工作，用实际行动给予了他最大“关照”。书记罗竹风见两位先生大公无私，人品高洁，既敬佩又感激，时常登门探望。久而久之，师生关系越来越密切。

沅君的爱国行为和积极进步精神，使她的名望和影响越来越大。加之罗竹风的推荐，逐渐有了许多社会头衔：山东省人民政府委员、山东省妇女联合会副主席、山东省文联副主席、省人民代表大会代表等，青岛市的同类组织中一般也有她的相应席位。1950 年 3 月在济南召开的山东省人民代表大会上，沅君被推选为主席团成员。同年 6 月，山大设立学术委员会，冯沅君任主任。

1951 年，全国高校进行院校重组，山东大学扩建，吸收了华东大学和齐鲁大学的一些系科，文史系分为中文、历史两个系。哲学家华岗任山大党委书记兼校长，童第周、陆侃如任副校长，罗竹风调往上海工作。至此，军管会过渡管理时期结束，山东大学步入正轨发展。

第四节　拥抱美好时光

新中国建立，人民当家做主，社会精神面貌焕然一新。那是个非常鼓舞人心的时代，全国人民都群情激奋地欢呼着胜利，都充满激情和喜悦。山大副校长陆侃如春风得意，当选为华东作协理事、全国政协委员、九三学社青岛直属小组组长和九三学社中央常委。夫妻双双参政，品尝着当家做主的美味，天天心花怒放。作为领导的陆侃如多次在各种场合做报告，演讲和发表文章自不待言，就是冯沅君也常按捺不住心中的激动，走向讲台，发表演说，抒发自己的激情和感想。这些原汁原味的文章反映了她当时的真实思想。譬如，1954 年，她参加第一届全国人民代表大会，回校后在《新山大》发了一篇感想文章，题为《难忘的日子》：

今年九月十五日，是我终身难忘的日子。下午三时，第一届全国人民代表大会第一次会议在北京中南海的怀仁堂开幕了。我坐在第九排上，倾听着毛主席的开幕词。看着他果毅而仁慈的容貌，听到他洪亮而恳切的声音，我真是万分的感动，万分的兴奋。我永远忘不掉他的英明的教导："我国人民应当努力工作，努力学习苏联和各兄弟国家的先进经验，老老实实，勤勤恳恳，互勉互助，力戒任何虚夸和骄傲，准备在几个五年计划之内，将我们现在这样一个经济上文化上落后的国家，建设成为一个工业化的具有高度现代化程度的伟大的国家。"我一面听，一面想，我沉醉在这个伟大的声音里——这是代表六亿人民的心声呵！

我想到40年前，那时我是封建家庭里的一个女孩子，没有和男子同样受教育的权利。霹雳一声，五四运动的号角鼓舞了我，使我开始挣脱了封建枷锁。但是，资本主义的教育却又使我陷入另一个泥坑里，使我成为一个专门研究古典文学的个人主义的书呆子。后来，左翼的文艺书籍唤醒了我，祖国的和人民的灾难触动了我，我开始注视到书斋以外去。但从此又成为特务注意的目标，而把我的名字列入黑名单里去。直到五年前，人民解放军开进青岛市区，随着青岛的解放，我也从特务的干扰里解放出来，从资本主义和封建主义的顽固思想里解放出来。五年来，在党的教育下，在新的幸福的鼓舞下，开始批判了过去的错误，开始学习着用革命的立场、观点、方法来教育青年。从一个封建家庭的女孩子，变成为毛泽东时代的人民教师，这确实是40年前所梦想不到的。但必须指出，在中国妇女与文教工作者中间，我并不能算是一个个别的例子。像我这样变化中的妇女，变化中的文教工作者，真不知道有多少呢。我为自己庆幸，我为他们庆幸，他们也正在庆幸。

更梦想不到的是，我这个对人民还没有做出什么贡献来的人，居然和战斗英雄与劳动模范们一起当选为全国人民代表大会的代表了。我感到无上的光荣，同时又的确使我很惭愧。我一定加倍努力工作，来报答党和人民。

从这难忘的日子起，经过了这半个月的大会，我对建设社会主义社会的信心增加了。我觉得社会主义社会就在我们面前，仿佛伸手就可以摸到。祖国五年来在党和毛主席的正确领导下，各方面都取得了惊人的成就。周总理的报告说明这一点，代表们的发言证明这一点。中华人民共和国宪法的通过与颁布，国家新的领导工作人员的选举与决定，一连串的喜事都是将我们的祖国向社会主义更推进一步。在国庆观礼台上，我一方面看到前面广场上50万群众的壮大的队伍齐声欢呼，一方面看到上边观礼台上毛主席和他的亲密战友们，以及苏联和人民民主国家的领袖们并肩站立，我更亲切地感到我们的祖国是这样的伟大、美丽、光荣，世界上任何力量都不能阻止我们祖国的胜利，任何力量也不能阻止和平民主社会主义阵营的胜利。不消说，这正是我们妇女，我们文教工作者，我们全体人民的幸福生活的有力保证。

世界在前进，祖国在前进，我们每一个人必须前进！这个难忘的日子策励着我们前进！

1956年，党中央召开知识分子问题会议，沅君深受鼓舞，又发表了《我们要跟上去，我要跟上去》：

周总理的报告是令人振奋、感激的，同时也是我近来渴望着的。在报告中，他说出了大家心里的话，也说出了大家未想到而听后却心悦诚服地来接受的话。这个报告像巨大的火炬，引导着，照明着知识分子们的前进。同时它又使我深刻地感到：党对于我们真像个贤明的父母，温暖地爱抚着每一个人，却又严肃地教育着；党要每个人都不断的进步，都成为有用的人，幸福的人。这两三天来，我一再地、兴奋地读着这个珍贵的文件。我读时直想高呼：在党的领导下，同志们努力前进呀！我们要无保留地把我们的力量贡献给社会主义建设，我们要使工人、农民和知识分子在社会主义事业中的联盟巩固起来，我们要使祖国的科学迅速地赶上世界科学先进水平。

我读时也一直策励自己：你的任务是帮助年轻的同志们学习，让他们迅速地成长为国家有用的干部，你不好好地改造自己，如何能完成任务。你今后一定要在党的领导下，同志们的帮助中，努力提高自己的政治水平，业务水平，在教学与研究的实践中，逐步肃清学术思想上的错误；在工作中，要细心、大胆，有克服困难的信心。在这样伟大的时代，你如果不全心全意地接受改造，让自己成个落后分子，那你不独对不起党，对不起人民，也对不起自己。

看呀，胜利的旗帜在招展，“伟大祖国人民正在奔向社会主义”，我们要跟上去！我要跟上去！

情恳，意切，心诚！满纸喜悦，一腔热血，朝气蓬勃，就像是个20岁的少年。这是灵魂深处呼唤出来的文章，从中，我们仿佛看到了其激情澎湃的内心世界。

沅君积极参加各种政治学习和社会活动，而且学习得很努力，工作得很认真。即使是在学校露天广场开的比较松散的群众性形势报告大会，她也要到现场去认真地听。

她政治地位高，社会兼职多，但从不忘记自己是个教师，自己的岗位是讲台，因此她的主要精力始终放在教学和研究上。在北京开会时的暇余她也非常珍惜，常去北京图书馆读书查资料，而很少到兄长冯友兰家走走。

华岗任校长注重招揽人才，沅君向他推荐引进了高亨，文史学科很快形成群英云集、人才荟萃的壮观局面。历史系有“八大金刚”：张维华、童书业、郑鹤声、杨向奎、王仲荦、赵俪生、卢振华、许思远，还有韩连琪、徐绪典、孙思白，都是闻名学界的知名学者。中文系有“冯、陆、高、萧”：冯沅君、陆侃如、高亨、萧涤非。四人治学领域各有侧重，前后衔接，专长互补，是一支实力相当雄厚的古典文学研究队伍。这期间，沅君受教育部委托，与北大游国恩、复大刘大杰等人编写了《中国文学史大纲》。新中国的发展要求新教材、新思想、新观点。为了适应新形势，沅君夫妇从1953年到1957年，用4年时间，对他们在新中国成立前出版的《中国文学史简编》和《中国诗史》做了修订，还应中国青年出版社邀请撰写了《中国古典文学简史》，先后有中文、英文、罗马尼亚文版出版发行。

她是教研室主任，除了编写教材还一直坚持上课，承担着多门专业课程。1955年又开始带研究生，并在次年受教育部指定招收副博士研究生。同年，苏联研究生陶宁娜师从沅君，成为沅君门下的外籍弟子。她的课有本科生、研究生、青年进修教师等多种课程结构，查阅资料，批改作业，论文指导，头绪多，任务重，每项工作都认真、严肃、到位，从不敷衍了事。

这时，50多岁的沅君讲课仍很投入，仍然是充满激情和艺术风韵，当年听过课的学生回忆说：

> 有一次，她讲苏东坡的词《念奴娇》，一字不落地背诵："大江东去，浪淘尽，千古风流人物……"她在讲解的时候，完全沉浸在作品的魅力中，洋溢着对千古名篇的挚爱。我记得她在台上踱着步子、目光凝视前方的风度神态。这首词写得大气磅礴，她讲得也铿锵有力。先生虽外表纤弱却传达出了词中神魄飞扬的气势，把苏词的感情发展到极致，自然也难忘。冯先生讲李清照的词《声声慢》"寻寻觅觅，冷冷清清……"时，又完全是另一种气氛。

又是一次一字不落地朗诵，声音低回，如泣如诉。充满如水柔情，字字送进听者的耳膜，令人肃然动容。无意间，发现她的眼角闪烁着晶莹的泪光。

她在寻觅什么？为什么要冷清？为什么要动情出泪？讲课固然投入，难道仅是文学艺术的审美感染么？

生为女人，未能做母亲，这或许是沅君的终身缺憾。同是才女，惺惺相惜，在清照词中，她感到了人生缺憾的寂寞清冷。从她与学生的接触中，可以看到她试图弥补这一缺憾的热切心情。

沅君家藏书宏富，书架满满当当，书斋清静朴雅，散发着书香气。沅君常在书斋接待学生来访。她明确地对学生表示：自己没有孩子，很喜欢跟年轻人接触，十分欢迎学生到她家里来。学生们到沅君家中，沅君总是热情招待，拿出糖块、水果给学生吃，和蔼可亲地与学生交谈。除了解答学术疑问，她的谈论话题很广，凡文学、读书、写作、人生、经历、山大掌故、生活琐事等无所不及，常风趣幽默，妙语连珠，往往逗得学生开心地笑起来。

在沅君的感染下，学生也能畅所欲言，没有顾忌地提问老师。譬如，沅君的小脚，也可成为师生间的一个话题。沅君说自己小时候缠过足，所以走路很不方便，穿皮鞋要塞些棉花，并感叹说单个人很难抗拒社会风气，很难抗拒潮流，她小时候缠足就是受了当时社会风气的祸害。有同学问她留法时她的小脚是否会给她惹来麻烦，她笑容可掬，爽朗地回答说："这也不难，学习孟丽君么，外面套双靴子就行了。"这类话题显得很亲密，活跃了气氛，融洽了师生关系。

沅君对学生谈人生，常引用辛弃疾的两句词来形容自己："是非是处求其道，才不才间度此生。"意思是在是和非之间努力去寻找正确途径，去探讨真理；对自己要有自知之明，既不能自高自大，也不能妄自菲薄。她说自己是个很平常的人，说有多大才能是瞎吹，说没有一点才能也不合乎实际，自己算是处在有才和无才之间，所以是"才不才间度此生"。

她语重心长地教导学生要珍惜人生，尤其要珍惜人生中大学这几年的宝贵读书光阴。她说读大学文科，文、史、哲都要打好基础，古典文学更是基础，古文学不好，白话文也就做不好。她主张文学专业的学生在大学期间要背诵古诗文，古文至少要背诵百篇以上，诗词背诵得越多越好。

沅君是成就和名气都很大的古剧研究名家，但她却十分谦虚，丝毫不掩他人之美。在与学生谈到戏剧时，她极力推举赵太侔和丁西林的专长，说："山大有个赵太侔先生，新中国成立前曾任山大校长，在美国研究过戏剧，与洪深、田汉、曹禺等许多戏剧名家都是好朋友，熟知他们的剧本都是怎样写出来的。此人不爱讲话，难见笑容，但讲课非常好……物理系还有位丁西林教授，也是个大戏剧家，能讲也能写，擅长写喜剧。他写的独幕剧《一只马蜂》、《压迫》曾轰动全国，你们可请丁先生给你们做报告。”

1952年夏，梅兰芳率剧团到青岛演出，全城轰动。人们蜂拥至剧院门前，一票难求。首场演出有梅大师的《霸王别姬》。有位戏迷学生本来无望看戏，这日恰巧路过系办公室门口，被沅君叫进去。沅君拿出一张戏票，说陆先生有事不能去看戏了，问他愿不愿意陪自己去。这学生喜出望外，鞠躬道谢，接过戏票离开办公室，像鸟一样欢快地飞走，高兴得简直找不到北了。当晚，他按时陪沅君租车去永安大戏院，尽情领略了梅大师那尽善尽美的艺术风采。沅君本对戏剧深有研究，也看得津津有味，兴致勃勃。散戏后，沅君提出不再坐车，沿海滨道路散步回去。学生求之不得，正好借机请教，自然是一万个同意。他们沿海滨徐徐前行，沐浴着微微的海风，边走边谈。沅君兴致很浓，从高校合并谈到文艺批评。她说高校合并利弊双得，各校应该互相学习，取长补短；文艺思想自有流派，应该互相交流，求同存异，不应强求一致，或强加于人。更多的是谈论《霸王别姬》和梅派京剧。沅君认为《别姬》能成为梅派经典剧目愈演愈红，有立意高新、技艺娴熟、剧本写得好、配角整体上成功等多种因素。这戏“调动了京剧的唱、念、做、打、舞蹈和虚实结合等手法，着力塑造了一位‘幼娴书剑，习文兼武’的巾帼女杰形象，突出了她坚韧忠贞、慷慨殉国的高尚情操”，比被逼殉情的杨玉环形象要高大。“写刘、项决战，项羽兵败被困垓下的大场面，是节省笔墨的虚写；写虞姬在‘汉兵已略地，四面楚歌声’的包围下，拔剑起舞、慷慨悲歌是实写。虞姬独步帐外、一抒愁怀，看到的‘云敛晴空，冰轮乍涌’、‘一派清秋光景’是虚写；而此时听到的‘四面楚歌声’则是实写。这种以无限美好的无限空间和楚国命运难以扭转的现实有限空间对照，更有声有色地烘托了悲剧性的‘典型环境和典型性格’。”她还说：“作为京剧艺术大师的梅兰芳，其不朽的艺术功力和贡献在于他是美的创造者，在于他在舞台上塑造的女性，都是优美动人的艺术形象。从早年塑造的闺阁少女，到中年以后塑造的巾帼英雄虞姬、梁红玉、穆桂英，都具有从面貌、衣裳到心灵的美，美得令人惊羡、赞叹，仰之弥高。”这位学生聆听着沅君的精彩评论，豁然开朗，心中不禁暗自感叹：自己面前的冯先生同样也是位“仰之弥高”的一代宗师。

1952年6月，陆侃如、冯沅君一同加入九三学社（陆为九三学社山东地方组织创始人之一，后来他历任九三学社中央常委、青岛分社主任委员、济南分社筹委会主任等职）。

陆侃如、冯沅君在当时的知识界名望甚高，他们的才学人品令人钦佩，青岛市九三学社在他们的带动下迅速发展，短短的三四年间，便由原来一二十人壮大到近200人。冯沅君在做好本职工作之余，积极参加社会工作。她在担任青岛市妇联副主席期间，从不缺席会议，坚决支持妇联的各项工作，如提高妇女觉悟、送子参军、鼓励妇女进识字班等等，认认真真地做好每一件事。陆侃如身为九三中央常委、青岛市主任委员，不仅在青岛积极发展社员，还在山东省内各大城市开展工作，将一大批文教、科学界人士吸纳到九三学社中来，热心筹备成立省级组织……不料，1957年的“整风反右”运动来了，陆侃如被打成了“右派”，一切活动戛然而止。

学术上的一代宗师，生活却极为简朴。新中国成立后不久，沅君夫妇都被评为一级教授，两人月薪近700元，加上各种补贴约1000元左右，这收入在50年代是很高的。他们捐款、买公债一掷千金，个人生活却非常清苦，凡饮食、用物、衣着等一应消费，都是尽量节俭，能省则省。

沅君家四口人一起生活，除沅君夫妇，还有陆侃如的继母（小妈）和异母小弟弟陆晋如。据陆晋如回忆，当时一家四口，“每日早晚餐吃的是家乡贫下中农所吃的玉米稠粥，早晚面餐都是吃素菜。只中午一餐，或是大米，或是馒头加小米。中午全家四人用两碗菜，一荤一素，荤菜也往往是半荤半素的”。一次学生代表吕慧鹃与沅君到妇联开会，散会后食堂已经关门，沅君便带她回家吃晚饭。她随沅君回家，家人已经吃过饭，纱罩下留有沅君的晚餐：一盘混合面饼子，一碗红萝卜丝，一会儿又端上了一小锅小米稀饭。这就是全部的晚饭内容了。这与陆晋如的回忆情况一致，而这种情况的饮食还应该是指国家不很困难的时候。50 年代后期，沅君夫妇也常到教工食堂买饭，食堂的菜每份五分到两角，多数情况下他们都是买五分或一角的。陆侃如烟酒不沾，家中的糖果烟茶都是用来招待客人的。

沅君家的生活用具，如水壶、锅盆等，大都是修补过的，家具也都很破旧，连椅子也摇晃不稳。60 年代，一次长兄冯友兰顺路探望妹妹，在沅君家吃了顿便饭，回京后对子女大发感慨，说：“四姑家像个烂摊子，书架是用几块木板搭起来的，我坐在摇晃的椅子上，生怕塌下去，连身子都不敢转动。”沅君夫妇惜物如金，常用废纸起草文稿。有些印刷品，如九三学社、人代会、政协、文联、学校等的印刷信函等，或纸质较好，背面干净，他们舍不得扔掉，便用来书写文稿，物尽其用。据说，一次沅君用印刷品的背面写了个条子，交给一个青年教师去查资料，这人没留心沅君手迹在背面，以为误拿了废纸，竟随手抛弃，沅君不悦。废纸充分利用，用水也很节约，也是充分利用。她家的水，那是滴水如油般珍贵的：凡是洗手脸、衣物、蔬菜的水，要储存在水池旁的一个桶里，用来搓抹布、涮拖把，然后再冲厕所；淘米的水也不浪费，要用来洗碗，可以把碗洗得更干净些。如此节约用水，所以她家水表走字最少，常常不到邻居的一半。既省了钱，又给国家节约了资源。

穿着上，沅君夫妇的衣袜都很简朴。袜子补了又补。据说她家有大小两副袜底板，特地用来补袜子。袜子穿破，套在袜底板上，便于缝补。在拉家常时，沅君说，用袜底板补的袜子平整舒展，旧袜筒做补丁最好，穿上去不硌脚，感觉很舒服。沅君还说，男同志内衣领子袖口不能破，破了露在外面，会让人笑话；女同志无所谓，领子藏在外衣里，破了别人看不见。因此，有人猜测，沅君的内衣很可能是用陆侃如的旧内衣改制，或是用价格比较便宜、但粗糙耐用的布料自己缝制的。

沅君夫妇还是成双成对、如影随形地出现在山大。

但与从前形象迥然不同，尤其是沅君，衣着外表极其普通寻常，土里土气，已经不再引人注目。岁月的推移，使沅君额头眼角多了几条皱纹，眼镜还是那副黑边圆眼镜，头发剪短了许多，别在耳朵后面。衣服样式色调比较单一，通常都是上蓝下黑，平时是上穿洗得泛白的旧蓝士林上衣，下穿黑布裤、黑布鞋。开会场合则稍微向后梳整头发，上身换一件半新蓝色列宁装，脚上换穿一双平跟系带皮鞋。陆侃如也不再西装革履，而是颜色普通的制服或中山装。那个年代提倡艰苦朴素，整个社会的衣着都很单调，没有鲜艳亮丽的色彩，更没有丰富多彩的个性舒展，基本是“灰蒙蒙的一群人”，难于从服装上去辨认个性的不同。这是时代使然，即紧跟时代步伐，响应党的号召，努力奉行勤俭节约、艰苦朴素，认真改造思想，积极支援国家建设。

爱美是女人的天性，沅君也很爱美。1956 年，时值释迦牟尼诞辰 2500 周年，陆侃如参加中国文化代表团前往印度访问。出访历时半个多月，半个多月中，几乎天天都有陆侃如的来信，由中文系信件管理人老胡送到沅君手中。陆侃如从印度归来，说印度有位先生与他闲聊，对他说朋友旧的好，妻子新的好。他反驳说不对，自己还是觉得自己的老妻好，多年老夫老妻还是非常亲密，这次离家出国期间，每天都要给她写封信。陆侃如这样对印度朋友说，也是这样做的。他回国时给沅君带回了一条印度绸方巾。方巾鲜艳漂亮，蓝宝石底子，红、黄、白三色图案，饶有高雅浪漫的印度特色。沅君喜欢得不得了，但不敢围出去，也只有在家里看一看、试一试，出门还是围原来褪色的旧头巾。这倒不怪沅君“刻板”，也不能怪她冲不破思想障碍，正如她在对学生谈论自己的小脚时所说，单个人很难抗拒社会风气，很难抗拒潮流。当时的潮流是艰苦朴素，全国都在张扬勤俭节约，沅君自己也在努力改造思想，虽有爱美天性，又怎么能独逆潮流去围这块艳丽招眼的外国头巾？以她的身份和影响，如果围这块方巾出门，那她肯定会招致非议。尽管这块漂亮的方巾不能围出去，但沅君还是很高兴，很感谢丈夫对自己的细心关爱，感到很幸福。

冯沅君与陆侃如，恩恩爱爱，相敬如宾，相濡以沫，在人生旅途上一路风雨走过来，转瞬间已有 25 年。1954 年 1 月 25 日，他们在青岛咖啡馆举行了一个小型庆典，庆祝结婚 25 周年。副校长童第周、文学院院长杨向奎、古典文学教研室的同事都参加了宴会。大家向这对学界的美满伉俪举杯祝贺，沅君夫妇很高兴。他们风雨坎坷，四处漂泊，相依相伴走过了 25 年，在青岛的山大终于安定下来。从 1947 年到 1956 年，青岛山大的这十年生活，有美丽的海滨可供散步，有新中国当家做主的幸福感，有学者的自信心和赢得的尊重。虽然新中国成立后的生活显得清苦了一些，但他们内心舒畅，其乐融融，精神是亢奋的，情感是甜蜜的。这是他们人生旅途中最美好的一段时光！

第七章　坚决跟共产党走

时光并不都是美好的。就像人生，总是欢乐伴随着悲哀，坎坷追随着顺达。

正当沅君夫妇春风得意、享受当家做主的甜蜜时，陆侃如忽然被划为“右派”，从此跌入政治深渊，一蹶而不振。作为妻子的冯沅君也受到一定程度的牵连，处在了很尴尬的境地。尽管遭受政治挫折，沅君对共产党的信心依然坚定不移，从 1957 年到 1966 年这十年，她依旧是恪尽职守、兢兢业业地为人民工作。

第一节　丈夫跌进政治深渊

1957 年的初春，万物尚未从冬眠中醒来，料峭的北风呼啸着掠过光秃秃的大地，给人们带来阵阵凄凉，一切都是那么萧条冷落，似乎在诉说着春暖前的寒意。

陆侃如是全国政协委员。2 月 26 日，他冒着凛冽刺骨的北风，从青岛乘上去北京的火车，准备参加全国政协二届三次会议。到京后，陆侃如除参加政协会议外，还应邀参加了中央举办的多个会议。其中有2月27日至3月1日在中南海怀仁堂举行的最高国务会议第11次扩大会议，3月6日至13日召开的全国宣传工作会议，以及3月11日晚毛泽东在中南海颐年堂召集部分大学负责人的座谈会。这些会议，都是毛泽东亲自召集并做重要讲话的国家重要会议。在这些会上，毛泽东讲了正确处理人民内部矛盾问题、知识分子改造问题、党的作风整顿问题、百家争鸣问题等等，陆侃如直接聆听了毛泽东的讲话，并在座谈会上与毛泽东进行面对面的交流。北京会议内容很多，其中一个重点内容是共产党整风问题。新中国建立以来，由于中国共产党处在执政地位，党内“有许多同志就容易采取单纯的行政命令的办法处理问题”，“甚至用打击压迫的方法对待群众”，“脱离群众和脱离实际的官僚主义、宗派主义、主观主义，有了新的滋长”，所以党中央准备开展整风运动，整顿党内的官僚主义、宗派主义、主观主义。北京的各种会议，先期透露了这个精神。在全国宣传工作会议上，毛泽东宣布中共中央决定开展党内整风运动，并号召一切同共产党奋斗的人们勇敢地负起责任，向共产党提出批评和建议。会议期间，毛泽东还和一些党外人士座谈，要求大家帮助共产党整风，多提意见。陆侃如听了毛泽东的讲话，和各位代表一样深受鼓舞，心情振奋，决心不负毛泽东厚望，一定要认真帮助共产党整风。

4月27日，中共中央正式发出《关于整风运动的指示》；4月30日，毛泽东邀请各民主党派负责人在天安门城楼举行座谈，请他们帮共产党整风；5月4日，中共中央发出《关于请党外人士帮助整风的指示》。

此后，全国就开展了大鸣大放、轰轰烈烈的整风反右运动。开始是整风，即民主党派和人民群众提批评意见，帮助共产党整风。而在帮助整风过程中，意见或许提得过了分寸，其中也有心怀叵测、觊觎政权者，把批评变成攻击，要求取消一党执政，轮流坐庄。于是运动就走向另一面，即由整风转变成了“反右”。“反右”，就是反击“右派”对共产党的进攻。什么叫“右派”？“右派”，“就是把人群分为左、中、右，或叫进步、中间、落后”，按这一定义，“右派”也就是落后分子群。在1957年那场“反右”运动中，有55万多人被划成了“右派”。

陆侃如回到山大后，立即向九三学社传达会议精神，动员大家帮共产党整风。九三学社对帮助共产党整风的鸣放运动非常热情，他们专门办了配合这场运动的鸣放刊物《民主报》，供大家讨论问题。

当时高校有些人习惯于新中国成立前的校长负责制，对新中国建立后的高校党委负责制不太赞同，于是就在这次鸣放运动中成了一个重点问题：高校要不要取消党委制？陆侃如在讨论会上发言，赞同取消党委，并在《民主报》第1期上发表了《我赞成取消高校学校党委制》一文。文章一发表，立即在山大引起轰动，有的支持，有的反对。山大全校开展大鸣大放，张贴大字报，进行大辩论。学生自发组织“民主论坛”，在校园树林里架起喇叭，师生可上论坛自由发表意见，进行争鸣和辩论。这些意见中，既有温和的善意批评，也有不满情绪和过激言论。5月下旬是山大鸣放最激烈的时候，《青岛日报》做了报道。6月3日，约120余名山大学生到《青岛日报》社，质疑该报对山大整风运动的报道。次日，部分“学生代表”集会，要求停课鸣放。多数学生表示反对，双方激烈争论。校长晁哲甫去省开会，陆侃如主持校务委员会讨论，决定不停课。

正当鸣放运动开展时，5月15日毛泽东写了《事情正在起变化》一文，发送党内高级干部阅读。文章说：“最近这个时期，在民主党派和高等学校中，右派表现得最坚决最猖狂……我们还要让他们猖狂一个时期，让他们走到极点。”6月8日，《人民日报》发表毛泽东撰写的社论《这是为什么》，指出右派分子企图乘此时机打翻共产党、工人阶级和社会主义事业，拉着历史向后倒退，退到资产阶级专政。社论像一盆浇头冷水，把鸣放热情浇得一干二净。山大校园顿时沉寂下来。7月1日，《人民日报》发表毛泽东写的社论《文汇报的资产阶级方向应当批判》，公开点了章、罗同盟。“反右”运动在全国普遍展开。

6月17日，中共山东省委和整风领导小组根据中共中央组织“反右”的相关部署，在当天的《大众日报》发表文章，对陆侃如等18人进行了点名批评。随后不久，山大即展开了对陆侃如的批判。7月9日，山大召开文科师生大会，历史系知名教授“严厉驳斥了陆侃如企图取消党的领导”。各大报纸的激烈“炮轰”更是接踵而至，令陆侃如难以喘息。

陆侃如的错误，也将冯沅君推到了十分难堪的尴尬境地。

7月，正值冯沅君到北京出席第一届全国人大第二次会议。会议期间，记者采访沅君对“右派”言论的态度。《文艺报》7月7日头版发表重头文章《彻底粉碎资产阶级右派分子的阴谋——访人民代表柯仲平、方令儒、冯沅君、谢冰心同志》。其中对沅君的采访报导如下：

另一位女代表，著名的文学史家冯沅君，向记者谈起了她的感想。

冯沅君对记者说："右派分子的反社会主义谬论，是别有用心的，可说是野心家的阴谋。毛主席的'关于正确处理人民内部矛盾的问题'武装了我们的思想，这个经典性的文件使我们对右派分子的谬论认识得清楚了，周总理的政府工作报告丰富具体，义正词严，大大地加强了我们的斗争力量。"

冯沅君同志接着对记者揭穿右派的诡辩伎俩。她说，章乃器曾说，他不是政治家，也不是政客。对于他这种狡辩，茅盾同志说得最好：你说你不是政治家，这是实在的，但你说你不是政客，恐怕是过于"谦虚"了罢！

冯沅君还认为，章、罗、储等右派分子的言论，对一部分知识分子是有不良影响的。这从青岛的学校中可以看出来。她又举北京大学的某些学生要印发一些反社会主义言论的材料，为印刷工人所拒绝，和山东大学某些学生到当地报馆贴大字报，劳动群众严峻地批评二事，说明出身不同，立场不同，对反动言论的认识不同。她主张知识分子必须彻底改造。她说：这次与右派分子斗争，是对知识分子的考验，大家要在斗争中改造自己；同时，还要加强马克思列宁主义理论的学习。

在谈到右派分子企图完全抹杀社会主义事业的巨大成就，向党和人民发出恶毒的攻击时，冯沅君同志说：“成绩是主要的，各方面都是如此，在文艺方面也不例外。野心家的胡说八道是不攻自破的。整风中提出缺点和错误，为的是改进工作。但指出缺点和错误，不等于否定伟大的成绩。客观存在的事实谁也抹杀不了。社会主义事业的巨大成就却正是有目共睹的客观存在的事实。”

在这里，沅君试图按毛泽东“正确处理人民内部矛盾”的理论对整风“反右”运动进行分析，努力区分两类不同性质的矛盾，即把整风中的“右派”反社会主义谬论与群众提出缺点错误的善意批评区分开来对待。她一方面严厉地批评了“右派”别有用心的反社会主义性质；一方面为善意批评进行辩护，说“指出缺点和错误，不等于否定伟大的成绩”。

从思想上说，沅君是坚决拥护共产党领导的，她不赞同陆侃如的取消高校党委制。在她看来，党委负责制并没什么不好，山大第一任党代表罗竹风率领下的党组织就把山大的工作搞得很有成绩，这是她切身体会的，也是有目共睹的。不过，她在接受采访中没有涉及自己的丈夫。当时是在北京，陆侃如的问题还没昭告天下，她明白当时还没有必要去主动张扬家丑，去扩大不利影响。但她也明白问题的严重性，深知其中的利害关系。她不仅在接受记者采访时努力批判“右派”，而且针对“右派”分子“解放后生活未改善”的言论，以切身感受进行驳斥，写了一篇题为《管家婆谈生活》的文章，用笔名发表在7月10日的《人民日报》上。会议结束，一回青岛，她立即找了党委书记兼校长晁哲甫、副校长杨希文、中文系总支书记梁学礼等相关领导，表明自己坚决要和陆侃如划清政治界线，绝不容忍他的反党、反社会主义言论，并检讨自己平时大意，没有认清和批判他的反动思想。这样，冯沅君算是比较及时地与各级组织领导打了招呼，从陆侃如那已经铸成大错而无可挽回的政治烂泥潭中，暂且把自身救出了险境。

不出沅君所料，全国“反右”斗争的重点目标虽是章、罗同盟，而不是九三学社的陆侃如，但对陆侃如的批判却也在步步升级，调子很快就极为严峻了。

7月21日，《人民日报》发表重头文章，直接点名批判陆侃如，肩题为：《道貌岸然的学者原来是野心勃勃的阴谋家》；主题为：《陆侃如想把“九三”分社变成反共司令部》；副题为：《山东大学师生和分社成员群起反击，右派的美梦破灭了》。文章说陆侃如在鸣放运动中“四处点火，向党放出毒箭；他妄图以九三学社和山东大学为阵地，组织起一支向党猖狂进攻的队伍。利用被篡改了的毛主席讲话记录到处放火，和所有右派分子一样，陆侃如最热心的是反对党的领导。在青岛，他第一个喊出了‘取消学校里的党委制’的口号”。“有人批评他的这种谬论是毒草”，他却说批评他的人“做梦也没想到这棵所谓‘毒草’还是毛主席亲手种下的”。“经过多次追查，陆侃如才不得不说出这是根据一份被篡改了的毛主席讲话记录稿写的”。

8 月 5 日，《大众日报》发表长篇批判文章《陆侃如——披着学者外衣的右派分子》。

8 月 12 日，山东省第一届人民代表大会在济南召开，冯沅君夫妇俩都作为人民代表参加会议，陆侃如被推举为主席团成员。这次大会，基本上成了“右派”陆侃如的专题批判大会。与会代表纷纷上台驳斥批判陆侃如的“右派”言论，批得陆侃如张口结舌，无言以对，十分难堪，唯有低头认罪。会上，冯沅君也做了专题发言，题目是《批判陆侃如的反党谬论》。发言指出，“青岛右派分子陆侃如的反党反社会主义的政治阴谋，主要体现在撤销高等学校的党委制上”。这一语，清楚地界定了陆侃如的谬论范围。接着梳理总结了他的系列根据，并分七个方面，从理论深度上逐一进行分析批判，重点是理性地论证其取消高校党委制的荒谬和不成立。沅君指出，解放八年来党和人民待陆侃如不薄，一直尊重和信任他，给了他许多职位和荣誉，他却恩将仇报，要推翻党的领导。她警告陆侃如说，党和人民是宽大的，但他必须彻底交代，认识罪过，诚恳投降，才能获得党和人民的宽恕。最后，沅君痛心地说：

> 各位代表：我怀着惭愧而沉痛的心情告诉您们，我是陆侃如的妻子。我没有能够及早看出他的阴谋企图，向党揭发，而让他越来越猖狂，终于张牙舞爪地向党进攻，我的错误是严重的。何况我又不是个一般家庭妇女，而是受党和人民信任的人，是省人民代表和全国人民代表，真应该罪加一等。
>
> 我的错误的根源是右倾思想，这种思想使我的政治立场容易动摇，平日不善于识别毒草和香花，一遇到政治风暴容易迷失方向。毛主席说，没有正确政治观点就等于没有灵魂，这在我身上就得到说明。

沅君的事业主要用心于教学和研究，对政治上的进取不像丈夫陆侃如那样热衷。陆侃如虽也爱学术，甚至在专业研究上游刃有余，但久任副校长，比妻子对政治更为热衷，所以赞同取消高校党委制，以便放开手脚，扩大用武之地。他们夫妻俩在这个问题的认识上有点分歧很正常，丝毫也不影响他们仍然是生活、情感、学业上一直鸾凤和鸣、如影随形的美满伉俪。起初，他们也并没在意这点小小的不同认识，不料陆侃如竟因此一步踏进了政治泥潭，沅君即使自己跳进去也已无力救出他。作为夫妻，既划清政治界线，又主动承担一定责任，以不至于双双淹没沼泽，也真难为了沅君。

陆侃如陷入了政治泥潭，在四面楚歌的强大压力下，只得认罪。他在省人大会议上做了认罪发言，并于8月24日和9月16日分别在《大众日报》和《青岛日报》发表长篇认罪书《向全省人民低头认罪》、《向全市人民低头认罪》，以充满忏悔和惴惴不安的心情，全面检讨自己的罪过。他说自己“恩将仇报，完全辜负了人民的好意，犯下了反党反社会主义的滔天大罪”。文章最后说：

> 我对人民是有罪的。我向党进攻是有组织、有纲领、有计划、有步骤；从开始进攻到暂时退却，都有周密的考虑与打算的。我的罪恶的主要事实，我已经写了书面交代，来争取人民的饶恕，也只有这样，才能表明我悔过的真心。
>
> 现在我的头脑清醒了一点，再回想一下过去的罪恶的确严重到万分。平心而论，不管就全国人民说，或是就我个人说，共产党实在是我的恩人。我

竟想推翻它的领导，实在是毫无理由的。我今后一定老老实实听党的话，老老实实走社会主义的路，不但全心全意接受党的一切方针政策，而且全心全意靠拢党的基层组织，接受基层组织的全面领导。我决心向党员干部学习，在思想情感上和工农打成一片；必须把自己改造成一个工人阶级的知识分子，才配在社会主义大学里工作。

代表们，我实在没有脸在这里说更多的话，我只有拿今后改过的实际行动来替自己赎罪。

美国人莫里斯·梅思纳（Maurice Meisner）在《毛泽东的中国及其发展——中华人民共和国史》（社会科学文献出版社，1992 年）一书中评述“右派”罗隆基、章伯钧说：“在报刊和整风会上受到无休止的指责后，被迫承认曾经结成一个全国性的‘反党联盟’，并策划过一个反社会主义制度的‘阴谋’。当原来的坦白交待被认为不够时，他们就必须作出更丧失人格的其他交待。”陆侃如也像其他“右派”分子一样，深刻地、上纲上线地检查了自己的错误，若不然他就很难过关。8 月 24 日《大众日报》登载陆侃如认罪书这天，《人民日报》发表了新华社记者述评，文章题目是《陆侃如缴械投降低头认罪》。

9月24日，山大举行全校大会，校长晁甫哲做了整风“反右”总结报告，指出“反右斗争已取得重大胜利，但党的整风还要继续下去”。这样，山大的“反右”斗争算是告一段落。这次运动中，陆侃如在劫难逃，理所当然地被划为了“右派”。“右派”帽子让陆侃如身败名裂，一落千丈，之前的一道道荣耀光环纷纷消失，名誉和地位遭受惨重损失，从此一蹶而不振。

10月，陆侃如被撤销所有行政职务，免掉一切社会兼职，工资由一级教授降为四级教授。次年1月，九三学社四届三中全会召开，陆侃如被撤销了中央常委和青岛分社主委两项职务。除了四级教授，陆侃如仅保留下了一个中国作家协会理事的头衔。此后，陆侃如虽然在1959年被摘掉“右派”帽子，到1963年之前又连续当选为政协第二届、第三届山东省常务委员会委员，并在1960年作为中国作家协会理事，参加了在北京召开的全国第三次文代会，又受到毛泽东、刘少奇、周恩来等党和国家领导人的接见，但他实际上已被革命队伍淘汰，断送了政治前途。

第二节　坚决听党的话

丈夫遭此劫难，是家庭的不幸，也是妻子的不幸。

真是一步走错，悔之莫及。夫妻俩没有什么化解办法，也只得小心谨慎，努力工作，以求各级党组织领导和师生们的宽恕，身家平安。

陆侃如自从被划成“右派”，撤销一切行政职务和社会兼职，虽然政治失意，可也算是“无官一身轻”，能潜心研究学问了。他是高校中很罕见的才子，其才干，凡接触过他或是听过他讲课的人，无不由衷敬佩，感叹其不是一般的有才，而是确确实实地“太有才啦！”据说他任职政务时批阅文件，通常都是一目十行，随阅随批，不论多厚的一摞公文，到他手里匆匆一翻，很快就能批阅完毕，而且能对文件十分准确地稳抓要点，领会精神，批阅上也毫无瑕疵，真是干练利索。他讲课的口才，那更是妙语生花，直听得满堂听众笑逐颜开，如醍醐灌顶，振聋发聩，加上一手流利漂亮的板书，听他的课，简直是美妙的艺术享受。陆侃如脱离行政工作后，专心业务，成绩斐然。仅1962年这年，他除了给研究生、本科生、青年进修教师讲授文心雕龙、历代文论、古代文学等课程外，科研上完成了两部著作，还发表了12篇论文。这年陆侃如59岁，已经年近花甲。以花甲之龄，有如此成就，可见其真才实学，确非庸常之辈可比。

当时的“右派”家属，为家庭、为子女、为个人前途，离婚的到处都是，有的多年夫妻也在人生旅途上分道扬镳了。而沅君，自然是绝对不会离婚。不论陆侃如犯了什么错误，他都是自己的丈夫，她都会体谅他，宽容他。不论她的处境有多么尴尬，她也要与自己的丈夫在一起。她毕竟与丈夫相依相伴多半生，有过“天地合，乃敢与君绝”的海誓山盟。何况她还深深地爱着自己的丈夫，自己的丈夫也深深地爱她。她岂能在困境中抛弃自己的丈夫！

物以类聚，人以群分。人类自从有了自己的精神性情，就总是喜欢亲近与自己相同的灵魂。当年陆侃如拼命追求沅君，主要原因便是仰慕其才华。两人可说是才子配才女，惺惺相惜，情趣相投，志同道合，故能相亲相爱，至死不渝。多年来俩人无儿无女，相依为命。丈夫政治失足，沅君很痛心，但她并不责怪丈夫。她了解自己这位如意郎君的出众才情，也很理解他一失足成千古恨的难免。沅君拥护党的领导，同情丈夫的不幸遭遇。她努力工作，继续上课，带研究生，指导进修生，埋头进行研究。她既十分心疼丈夫，却又不能回避他的政治问题，不得不参加他的批斗会，对他进行表态性批判。据说，在一次陆侃如批判会上，沅君是这样说的：“我大半辈子与老虎同寝共枕，竟无觉察，是得了神经麻痹症吧！”把丈夫比为“老虎”，说自己是“神经麻痹”，寓意很深，也很广，似乎蕴藉着多重含义，可以满足各路神仙的解读诠释。“老虎”，这林中王，是美其英武，还是喻其凶残？“神经麻痹”，是轻描淡写，还是深刻自省？这些，都留下了可供人们思索的余地。

由于在整风鸣放运动中，主要是一些知识分子闹得凶，所以1957年整风“反右”运动后，中共中央强化了思想领域的工作，抓紧了对知识分子的教育和改造。“反右”运动过后不久，全国又在科研单位和高等院校里掀起了一场“拔白旗”运动。当初鸣放运动时，沅君在家养病，没到学校参加活动，仅是作为名人在家里接待校刊记者采访，对党组织提了一点点不痛不痒的温和意见，没有引起注意和反映。“反右”时也就把她的意见看作善意批评，没有划为右派言论，没有打成“右派”。而“拔白旗”运动，却拔到了沅君头上。

“拔白旗”，只是大运动中的小运动，或者说仅是运动中的一个小小插曲。“拔白旗”是相对“插红旗”来说的。“白旗”、“红旗”，都是一种形象化概念。白旗指资产阶级和资本主义，象征着落后或反动；红旗指无产阶级和共产主义，象征着先进和革命。红旗是那个年代的最摩登的旗帜，是代表着未来、代表着时代的潮流和发展的旗帜。1958年，中共中央正式形成了“三面红旗”的施政口号。“三面红旗”是总路线、大跃进、人民公社。总路线的内容是“鼓足干劲，力争上游，多快好省地建设社会主义”，出发点是要尽快地改变我国经济文化落后的状况；“大跃进”的意思是在生产发展上追求高速度，以实现工农业生产高指标为目的，要求工农业主要产品的产量成倍、几倍，甚至几十倍的增长；人民公社是合并农村生产合作社，即小社合并成大社的农村组织形式，后来基本形成“三级所有，队为基础”的经济制度和“政社合一”的基层行政制度。“三面红旗”违背了社会经济发展规律，后来都一一夭折。尤其是“大跃进”，仅搞了3年，1960年就结束了。“大跃进”期间大搞农田水利建设，大炼钢铁，导致浮夸风，提出的口号是“超英赶美”，“人有多大胆，地有多大产”，各地到处大放高产“卫星”，如天津东郊水稻实验田亩产12万斤，徐水亩产红薯120万斤、小麦12万斤。那个年代人们激情燃烧，似乎通过“大跃进”，明天就能到达共产主义。整个社会都很疯狂，不管男人、女人、老人，还是小孩子，都卷进大跃进中，为共产主义的加速到来增砖添瓦。年近花甲的冯沅君也要艰难地趋着一双小脚参加义务体力劳动，去拔草，去捡废铁投进炼钢炉中。

“拔白旗”就是在“三面红旗”这样的大背景中产生的。5月8日，毛泽东在中共八大二次会议上说：“红旗横直是要插的，你不插红旗，资产阶级就要插白旗。与其让资产阶级插，不如我们无产阶级插。资产阶级插的旗子，我们就要拔掉它，要敢插敢拔。”5月23日毛泽东再次强调插红旗，说“你不插，人家就插，看到哪个地方没有红旗就去插，看到白旗就拔”。6月1日《红旗》创刊号的发刊词指出：“毫无疑问，任何地方，如果还有资产阶级的旗帜，就应当把它拔掉，插上无产阶级的旗帜。”中国科学院哲学社会科学部雷厉风行，6月2日就召开会议“拔白旗”，要求把无产阶级的红旗插满社会科学的各个工作岗位。全国各地各级党组织也立即召开会议，传达贯彻八大二次会议精神。这样，全国各地便展开了“拔白旗、插红旗”运动。

谁是“白旗”？就知识界来说，资产阶级学术权威就是“白旗”！这次目标，显然是“反右”运动尚未触及的知名学者。因为他们大都出身于地主资产阶级家庭，是从旧中国走过来的旧知识分子，他们的思想和世界观还没有彻底改造好，所以他们理所当然地就是“白旗”了。

冯沅君的哥哥冯友兰首先成为“拔白旗”的目标。当时任毛泽东秘书、中宣部副部长的陈伯达，早在北大60周年校庆大会上就直接点了冯友兰，说他这样的旧知识分子，受过西方资产阶级没落时代的教育，又受过封建思想的影响，“在解放前已经有系统地形成一套资产阶级哲学观点”，“要最后抛弃资产阶级的意识，并不是一件容易的事”，不经过长期的深刻系统的批判和自我批判，就不可设想能够获得无产阶级的意识。后来，冯友兰检讨交代了110多项错误。在这个基础上，北大中国哲学史教研室召开扩大会议，对他进行批评帮助。会上，冯友兰非常虚心诚恳，表示要以“个人求医”的态度求大家“集体会诊”，对他针砭批评。于是，“参加会议的人也就毫不客气对冯开展批评。有的说，冯的政治立场还没有很好地转变，冯在解放以后，虽然向无产阶级表面投降了，但是由于没有缴械，随时可能向党进攻，因此劝冯不仅应向无产阶级投降，而且应该缴械。有的说，冯的资产阶级反动学术思想，解放前是直接为蒋介石反动王朝服务的，解放后还没有得到改造，因此仍然成为冯向马克思主义进攻的武器。还有人说，冯友兰这几年来不但不去努力批判自己的资产阶级学术思想，反而把自己的旧学术作招牌，用这块招牌向党和人民讨价还价，这是十分错误的”。冯友兰表示很感谢教研室同仁们的“帮助”和“集体会诊”，诚恳接受大家的批评意见，进一步深刻检查自己的思想，要订好“红专”规划，不走“白专”道路。随后不久，便在北大哲学系的全体教师会上，宣读了自己的“红专”规划，承认自己是“哲学界的一面白旗”，并且表示“决心拔掉这个白旗，向党和马克思列宁主义缴械投降。在马克思列宁主义的哲学队伍中，重新做一个小兵”。

冯沅君的背景和情况与兄长冯友兰大体相同。她的家庭出身、旧知识分子经历、学术权威和文化界名人地位，使她理所当然地成了山大的一面资产阶级“白旗”。她的“白旗”，主要在于“白专”道路。“白专”就是不问政治，只顾专业，或者说是资产阶级思想指导下的专业研究；红专则是政治、专业都关心，或者说是无产阶级思想指导下的专业研究，也称“又红又专”。陆侃如热心政治栽了跟头，冯沅君埋头业务则是“白旗”。是“白旗”自然要“拔”，所以冯沅君的白专道路受到了山大革命师生的批判。

冯沅君审时度势，一方面积极响应党的号召，拥护“三面红旗”，满腔热忱地参加大跃进的各种活动，一方面也进行严肃认真的自我批判。

“大跃进”中，山大举行全校誓师大会，冯沅君作为一名教师代表上台发言，她表态说了三点内容：一是争取在两至五年内思想上达到共产党员的水平；二是争取在几年内买够 4 万元公债，支援国家建设；三是指导好苏联留学生陶宁娜的专业研究。全国大炼钢铁，沅君同大家一起参加劳动，砸矿石，拣焦炭，守钢炉，并参加各种形式的大跃进活动。期间她还随省文联去临沂参观水利兴修，体验生活，并写下了几首《歌唱跋山水库》的词。

沅君努力做自我批判，批判自己的“白专”思想。一次，她在文学馆二楼走廊贴出了亲自用毛笔写的自我批判的大字报，检讨批判自己曾经欣赏的费孝通的“一间房，两本书”的“白专”思想。不料这一自我批判，反又受到不少大字报批判，说她表面上是在进行自我批判，实质上却是借此散布“埋头读书，不问政治”的白专思想。走廊的墙壁上几乎贴满了大字报。沅君站在走廊里，认真阅读批判自己的大字报。尽管这些大字报的内容千篇一律，大体都是“拔白旗”、“批白专”之类，但书法上却千姿百态，各有风格。她一面阅读内容，一面欣赏书法，把涉及自己的批判逐条记录下来，表示虚心听取，深刻检讨，认真改造自己的思想。

冯沅君是位很要强的女性。与时俱进而不落伍，跟上时代潮流的发展。她的内心深处是真正拥护共产党和社会主义制度的，当然她也就很情愿地去改造自己的思想，纠正自己的“白专”道路，而并非口是心非地敷衍。

她根据师生们的批判，全面深刻地检查自己的“白专”思想问题。她写了篇检讨文章，题目是《我在学术思想上的严重错误》。文章长达1.5万字，在《山东大学学报》（1959年第1期）上全文发表。文章对自己的学术思想进行了系统的清理批判，深刻检查可能存在的一切资产阶级倾向，并努力上纲上线，虔诚地往灵魂深处挖掘。她不仅对别人的批判意见照单全收，深刻检讨，绝不反驳，而且对别人看不到的地方，如受到胡适思想影响、繁琐的资料考证等等，她也要仔细寻找，努力检查，主动提出来批判。她与陆侃如在30年代合作写的《中国诗史》中，较早地涉及了民间歌谣。沅君在文章中自我批判说：

> 我比其他搞文学史的人更坏，因为我歪曲了民间歌谣。第一，这段论“近代歌谣”的章节是放在附论中，这显然是认为歌谣不能与文人的诗篇平起平坐。这种主次颠倒的安排，正暴露我对民间文学的歧视。第二，所论的歌谣只限于近代，那显然是将近代以前的歌谣都一笔抹煞。实际上，我也是这样做的，除了附论中的这些谬说，对任何时代的歌谣，我都只字不提。第三，就是对待近代歌谣，我也是重糟粕而轻精华。我选取为例的第一首歌谣是《乡下女客进城拜菩萨》，这首歌谣尖刻讽刺了贫苦妇女，除表示对劳动人民蔑视

外，它什么意义也没有。

沅君所归纳的上述三点，从当时的阶级斗争观点和文学的人民性分析去看，都算是言之成理的。不过，这只是问题的一个方面。另一方面的实际是：从前的文学史研究对民间歌谣关注不够，这方面的基础很薄弱，《中国诗史》这样处理歌谣，从人民性上说也已经比其他文学史著作先进一步，是应该充分肯定的功绩。功，沅君自然是不能表的，她非但不表功，还深挖多掘，使劲儿批判自己的主观动机不良，说自己歧视民间文学，有意抹煞近代以前的歌谣，“比其他搞文学史的人更坏”。生拉硬扯也好，自扣高帽也罢，总之，沅君的自我批判态度是极其认真、极其虔诚的。除了自我批判，这期间她还努力发表了一些适应新形势，用无产阶级的新思想理论武器研究古典文学的新论文。她这样深刻检讨，自我批判，努力自新，博得了广大师生的宽容和肯定。沅君是文化名人，思想问题并不严重，而且又能自检、自批、自律，努力改造思想，所以是属于坚决听党的话、跟党走、受到组织信任的高层知识分子。尽管受批判，期间仍然连续担任了第二届、第三届全国人大代表。

信任归信任，批判归批判。信任的是人，批判改造的是她的思想。思想改造是个长期过程，所以她是人大代表也要接受思想再教育。譬如，沅君是研究生导师，一项重要的专业工作就是指导研究生的学业。新研究生入学，院系领导告诉学生，说沅君是旧知识分子，需要进行长期的思想改造，需要大家帮助改造，明确地对学生说：专业上她指导你们，思想上你们指导她。这种定位，搞得师生关系很尴尬，学生不敢密切地靠近老师，老师也不敢过多地靠近学生。双方心存芥蒂，无形中疏远了本该非常密切的师生关系，影响了教学相长。

1958 年大跃进这年，学术界资深革命家成仿吾来到山东大学，担任山东大学校长兼党委书记。

成仿吾是湖南新化人，早年留学日本，五四运动后同郭沫若等发起成立创造社，曾任广东大学教授、黄埔军校教官。1928 年加入共产党，1934 年被选为中华苏维埃共和国中央委员，参加过二万五千里长征，其后历任多所高校的校长。成仿吾是当年创造社的缔造人之一，冯沅君当年的好几篇成名小说就都是在创造社的期刊上发表的。成仿吾年长冯沅君 3 岁，很赏识沅君的才情，说起来也算是当年“淦女士”的知音。成仿吾 1958 年到山大时，沅君正被“拔白旗”、“批白专”、改造思想，处境很尴尬。成仿吾刚任校长，山大情况还不熟悉，也不便过问什么。他到任后首先组织山东大学从青岛到济南的搬迁。同年10月底，山东大学完成了搬迁工作。搬到济南后，他与冯沅君同住第一宿舍，见面也只是点点头而已。

一个周日的一天，成仿吾忽然只身登门看望冯沅君。沅君毫无准备，见成老突然来访，既惊喜，又窘迫，连忙给成仿吾让坐，请他坐在自家那已经使用多年的陈旧的藤椅上。成仿吾坐上藤椅，藤椅吱呀作响，有点摇晃。他打量一眼房间，室内所有的家具和用品都是破旧的，地上堆着灰蒙蒙的书箱，箱子上、架子上到处都是书，拥挤不堪，显得很凌乱。成仿吾见此情景，心里很不是滋味，怎么也想不到当年的淦女士如今竟是这般清苦。他坦率而诚恳地向沅君提出了批评意见，嫌他们太俭朴，说人岁数大了，摇晃的藤椅不安全，还是撤掉藤椅换沙发吧，沙发坐着舒服些。都花甲之年了，不能光顾工作和学问，工作和学问是做不完的，应该给生活留点时间，注意身体，劳逸结合。接下来，他又很随便地谈了些工作方面的话题，譬如中文系的教学工作、文学史编写工作等。随后，成仿吾把谈话转向正题。他这次造访，是与沅君沟通思想、交换意见的。

成仿吾说，解放十几年来，冯先生一直听党的话，跟党走，政治上要求进步，思想上有很大提高，拥护三面红旗，积极努力工作，这些都是应该充分肯定的。沅君表示自己受过胡适的深刻影响，在学术思想上犯有很多错误，自己有错误，大家批判是应该的，自己乐意接受，没有意见。成仿吾认为，冯先生对自己的错误要有个正确的认识。诚恳地进行自我检讨，这是可取的，但也不能求全责备；虚心地对待群众批评，也是对的，可也不能照单全收。听过胡适的课，难免不受他的影响；研究古典文学，也不能不做资料考证。思想转变是个长期过程，得一步步来，不能着急。其实冯先生的学术思想是有很大提高的，对民间文学的认识就比一般学者早一步，尽管认识得不全面，可也是进步，在这个问题上不必全盘否定自己。前段时间“拔白旗”，把冯先生当“白旗”，混淆了政治和学术问题，显然是不妥当的。我们的做法有错误、有偏差，希望冯先生不要介意，像从前一样坚决拥护共产党、毛主席，继续努力，争取政治思想进步。

成老一番肺腑之言，令沅君惊讶和感激。她一直接受批判，好久没有听到这样肯定自己的宽慰话了，心里自然感到温暖。她又是冰雪聪明的人，很快就明白了成老的来意。成老作为山大校长和党委书记，不仅算是故人，他的来访，是代表了学校党委的态度，是对拔沅君“白旗”的失误画了个道歉性的句号。成老肯定沅君的成绩，鼓励她振作精神，从“白专”道路的思想阴影中解放出来，继续积极地为党为人民做贡献，这其中也透露了坎坷已过、前途光明的些许信息。

“大跃进”接连持续了3年，到1960年时，浮夸风终于转化成了一场全国性的人为天灾。这一年，国内发生严重自然灾害，国际形势恶化，苏联逼债，国内歉收，中国人民缺衣少食，忍饥挨饿，“低指标、瓜菜代”，食物奇缺，逼得全国人民不得不停止大跃进，转入生存危机的自救中去。

山大新校家属宿舍落成时，正值困难时期。冯沅君的家也从老校搬到了新校。新居房间宽敞，书籍全部上架。冯、陆两位先生分别安放了宽敞的书桌，虽然还是老藤椅，没有更换沙发，但条件大为改观，连研究生也能在家中上课了。老师喜迁新居，学生们前来祝贺，并为冯先生祝寿。冯沅君真是心花怒放，高兴得像个孩子。

家属宿舍楼新建，四处都是乱坟岗和荒地。国家号召生产救灾，为了补充食物，有些教师辛勤开垦，零零散散地种上各种蔬菜或粮食。春天的清晨、傍晚或星期日，宿舍区、校园里总是热热闹闹，不少人给瓜菜浇水、施肥、除草。沅君家前有空地，她也学习别人开垦荒地，种上了南瓜、丝瓜。当时虽是困难时期，沅君家有特别照顾，生活上还是能吃饱饭的。沅君种瓜，目的是响应党的号召，“将收获分给粮食不足的同志”。但由于没经验，几次种植都失败，不管多么精心呵护，最后竟一无收获。为此，她写了篇散文《种瓜不得瓜》，谈了实践出真知的切身体会。散文不长，却充满了深切的情感。如写她百般呵护瓜苗，却不能使其生长后说："无可奈何地看着它们死去，我尝到了生而不育的妈妈的痛苦滋味。"这是真切感人的心理描写。

1963 年，国家已经走出三年困难时期的困境。也是在这一年高教部肯定了冯沅君的研究生指导工作，她的经验在《光明日报》发表，供全国各大高校推广学习。经山东省委讨论同意，她被国务院任命为山东大学副校长。

沅君没有辜负山大党委和成老的期望。美好时光再度眷顾沅君。她精神奋发、满怀喜悦地担起了为祖国为人民做更大贡献的重任。

第三节　兢兢业业地工作

沅君任副校长期间，按学校规定，她有外出乘坐专车的待遇，可以随时打电话调用学校汽车。这个优待，沅君从来没有主动用过。因为在她心目中，自己仍然是个普通的山大教师。正是基于这种思想理念，她虽然担任副校长，却从不放弃业务，去专职做行政工作。她的主要工作还在中文系，是科研和教学。

从1957年整风“反右”到1966年“文革”开始，这10年，沅君的大部分光景是处在人生逆境中，与其他高层知识分子一样，受到思想改造和挨批判的遭遇。她虽然拥护共产党、毛主席，坚决听党话，跟党走，乐意改造思想，接受批评和批判，提高自己，但受到整个社会时代思潮的批判，精神上毕竟是一种压抑，绝对不是件开心事。何况她本是个很追逐时尚潮流的人，却遭到时潮的攻击，又岂能高兴起来。好在沅君心胸开朗，性情豁达，又有知己丈夫陆侃如同舟共济，相互慰藉，党和国家也给了他们比较优厚的物质待遇，也算是苦中有乐，很知足了。

这10年，也是沅君老当益壮、工作奋斗的10年。沅君本来就有极强的敬业精神。遇到人生逆境，更是拼搏奋发，在读书、讲课和学问中寻觅自己欢乐的精神家园。不论丈夫划为右派，自己被“拔白旗”，还是担任副校长，她都兢兢业业，一丝不苟地把自己的精力和心血投入进去。从沅君当年的学生对她的回忆中，可见她这段时间的敬业情况。

中文系56级学生、安庆师范学院教授石家麟说：

> 二年级时，终于盼到冯先生给我们开《元曲》课，同学们都十分兴奋，不仅因为冯先生是中文系

最孚众望的教授，而且因为她早年的文学作品同学们大都拜读过，仰慕已久。冯先生当时年近六旬，穿戴朴素，步履稳健，和蔼可亲。讲起课来吐字清晰，声调舒缓，徐疾有致。她在讲到元杂剧的“楔子”时，先谈了“楔子”的作用，然后略略提高嗓门，强调“楔”（xiē）不读“契”（qì）。并指出：“不少同学的作业中还有错别字，对于中文系的同学是不该有的。希望大家勤查字典，我读了大半辈子的书，字典还常备案头。勤查字典是消灭错别字的不二法门，舍此别无捷径。”冯先生此言，如醍醐灌顶，使我茅塞顿开。本人读书就常犯“长字读半截，阔字念半边”的毛病，而且，在此之前，我也是把“楔”读成“契”的。从此，我手边不离字典，洋相也就出得少一点。

这反映了沅君本科教学情形，严谨、认真、巧妙，一语道破，点石成金。

中文系59届学生、上海鲁迅纪念馆研究员吴长华说：

我在山东大学中文系读书时，曾有幸接受过冯先生的教诲。那时我们高年级学生要写学年论文，我选的题目是《论〈牡丹亭〉》。出乎意料的是冯沅君先生竟是我的指导老师，这样我们的接触就多了起来，每周总有一个晚上要到她那里去。每次到她家里时，她总是早已等在会客厅里了。那时她身体不好，没讲几句话，就常常要咳嗽，可是她还不厌其烦地给我们辅导、讲解，在讲解前先朗读一遍。使我惊奇的是她身体那么弱，朗读却是铿锵有力，节奏性很强，至今仿佛仍在我的耳边回响。她对我们很亲切，没有一点当教授的架子。对我们提出的哪怕是幼稚的问题，也都认真回答。

这反映了沅君对普通本科生的论文指导情况，虚怀若谷、和蔼可亲、诲人不倦，展现了学术大师的风采！

历史系62级学生、齐鲁书社编审赵捷说：

60年代我在山大历史系读书时，冯先生是中文系名教授。她早年写的小说影响很大，后来研究戏剧名望更高。一说冯沅君，同学们没有不知道的，都很崇拜她。当时她每学期都开设学术讲座，文科学生都喜欢去听，中文系的自不用说，历史、政治、外语等其他各系也都有许多学生去。由于规模大，所以她的讲座只能设在新校小礼堂。这里可容纳一两千人，得用喇叭。她是当时唯一一个用喇叭举行讲座的人。别看礼堂容纳人多，每次都

> 是座无虚席，去晚就没座位了。去的早的同学可以在前排抢到座位，坐到前排听得真切仔细不说，最幸运的是还可以得到冯先生的讲座提纲。冯先生每次讲演，都有讲演提纲，用蜡纸刻写出来，油印个二三十份，讲授前分发给坐在前面的同学。我虽然学历史，但很仰慕冯先生，很喜欢听她讲座。不愧是名师，讲得是真好！如《〈荆〉〈白〉〈拜〉〈杀〉四大南戏评介》(即《荆钗记》《白兔记》《拜月亭》《杀狗记》)、《文史工具书的使用方法》，至今都铭记未忘。冯先生讲《文史工具书的使用方法》这次，因为对我很有用，我很早就去了，抢了个前排，幸运地得到了冯先生的提纲。很珍惜，40多年了，一直保留下来。

这是冯先生的公共学术讲座情况。各系学生趋之若鹜，座无虚席，争抢前排，可见她受到学生的普遍尊崇和爱戴。学识渊博，传道有术，讲红了山大校园。

陆侃如在后来追忆沅君的长文中，说："她为了提高教学质量，不断改写讲稿。最后几年，不讲大班课了，但仍不断指导研究生及青年教师们。星期日及寒暑假，她也从不停止工作。连省委安排她到泰山和青岛海边休养时，她也挂念着教学和研究工作，还未满期就提前回校工作了。”[1]

对于研究生指导工作，沅君更是扎扎实实，一丝不苟。当时，新中国研究生的教育和培养还刚刚起步，没有什么经验。沅君是资深的研究生导师，积累了一些方法和经验。她受教育部重托，写了《培养研究生的体会》一文，1962年8月14日全文发表在《光明日报》上。文章从十二个方面介绍自己的培养方法、经验和体会，尽管与后来相比还不完善，在当时却算是一套初步的、比较系统的研究生培养蓝本。《光明日报》是当时知识界的权威报刊，影响很大。这篇文章的发表，引起高校同仁重视，对我国研究生的教育培养起了积极的推动作用。中文系教师座谈讨论冯沅君的文章，交流经验，有人说冯先生的办法是“抱着孩子走路”，意思是对学生管得太多，应该放松一些，让学生自己主动地学习。沅君却不认同，说该抱着走的时候就该抱着走，难道放鸭子似的就好吗？研究生指导途径很多，名师传学各有千秋，两种意见都有道理，讨论切磋也很正常。不过，沅君的途径应该是更稳妥、更有效，体现了更负责、更敬业的高尚师德。

我们从当时冯沅君研究生的叙述和回忆中，也可见

① 陆侃如著，《忆沅君——沉痛悼念冯沅君同志逝世四周年》，见《新文学史料》，1979年第3期。

到她的研究生指导情况。

中文系副博士研究生、郑州大学中文系教授尚达翔说：

'60年秋，济南久雨成灾。星期二下午是冯先生给研究生上课的时间，哗哗的大雨就是停不下来。冯先生住在老校，上课却在新校，两地相距有四五里路，都是泥泞的庄稼地。花甲之年的老人，又是一双解放脚，如何走得过这么长的田间小道！学生们万分焦急，他们家里又没有电话。商量结果，派了个男生骑自行车去老校，让冯先生改日再来上课。哪料，骑车的学生刚刚上路，她却撑着伞，背上挎了个书包蹒跚着过来了。女学生们赶紧把先生扶进屋，让她换上干燥鞋子，埋怨她这样大的雨不该蹚水过来。她却若无其事地说：看天下着雨，我就提早上了路。还好，书包没淋湿。说完，她掀开备课本，拿出了一叠卡片，开始上课了。

此后，学生们做了个决定，上课前，由庄克华去老校接先生，课后，由男生送她回家。不让先生单独来往了。

哗哗大雨中，一个花甲老人，一位学术大师，撑着一把雨伞，用一双蹒跚的解放脚，一步步走过四五里的泥泞，为的是不耽误给学生上课。

沅君64级研究生、山东大学中文系教授张忠纲说：

我第一次见到先生，但觉得很面熟，因为她和冯钟芸教授长得很像。冯钟芸教授是先生的侄女，也是我的老师，我在北大学习时，她曾为我们开过杜甫研究课。我们坐下后，冯先生亲切地和我们交谈起来。先生虽64岁高龄了，而且身体有病，但精神却很好，谈笑风生，幽默有趣，不时地引起我们大笑。我问她身体比以前好些吗？她说，至少是不比以前坏，而且还有好的趋势。现在每天坚持散步，做气功，争取把身体健康状况保持在"原有水平"。她说她打的是持久战，并一再嘱咐我们要注意锻炼身体，不要睡得太晚，不要把身体搞垮了。她说生在新社会真是幸福，使人越活越年轻，因为不论在生活上还是精神上都很好，整天又和年轻人在一起，心情舒畅，就不感到自己年老，更很少想到"死"。

谈到研究生的培养和学习，我对先生说："我各方面都很差，水平很低，而且很懒，希望先生严格要求我，我是因为先生严格要求才考先生的研究生的。"先生听了笑起来，很有风趣地说："我知道你是北大的‘高才生’，这是老话，现在说就是‘优秀学生’。我要求你严格，你要求我也应该严格，这是互相的，教学永远是相长的。‘教学相长’在有些老师听来，觉得是一句口头禅，其实是千真万确的。将来你们当了老师，就会体会到了。”

先生为我制订了详细的计划，规定了必读书和参考书目，每周星期五上午定期辅导。辅导时，每段文学史开始，先生先简要介绍概况，然后对重要作家作品详细讲授。并要我准备两个读书札记，按照先生指定的篇目做札记，做完后交给先生审阅批改。下次辅导时，她对札记中的问题一一解答，还给我进行整理，我就把另一本札记交给先生审阅。这样两本札记交替使用，非常方便。对每个作家，先生都要求我写出简要而精当的概述，对指定篇目都要抄出原文（需加校勘），然后加以注释，写出主题思想、内容分析、艺术特色、突出疑难问题。先生对札记的批改极为仔细，一个字、一个标点都不放过，都为之认真改正。小的改动，先生就用极工整的铅笔小字标在旁边空白处；大的改动，纠谬辨误，先生则为之详细解说，由我记录下来。

循循善诱，如拉家常，谈笑间，消除了学生顾虑，鼓起了求知信心。方法、步骤、规划，制定得井井有条。两本札记、师生互动，教学相长利用得天衣无缝，真是严密、周到、细心之极。

先生经常教导说：做学问“功夫要死，心眼要活”。所谓“功夫要死”，就是要肯下苦功，博览穷搜，精研审慎，不能有半点马虎。对知识的掌握要做到搏、深、透、熟。所谓“心眼要活”，就是要肯动脑筋，善于思考，有所创见，不能因袭成说。对知识的运用要做到活、新、准。这可说是先生的“治学三昧”。

这里，从“学”与“思”两个方面做了精辟的理性归纳，是冯先生的治学真传。

冯先生在多年从事本科生、研究生、青年教师的教学工作中，独创了一种“集体答疑”的教学形式。即学习告一段落时，由学生提交读书札记，札记上要提出疑难问题，冯先生汇总学生们提出的问题，集中给大家解答疑问。答疑后学生可以继续提问，师生间相互讨论。讨论中，先生也检查学生的阅读情况，让学生提出自己的见解，或让其他学生谈出自己的不同意见。这种课堂集体式的追击性提问和讨论，既让学生不敢掉以轻心，也能调动学生的积极性，促进了学生的刻苦读书和认真思考，并且锻炼了学生的口头表达能力。

唐人韩愈在《师说》中说：“师者，所以传道、授业、解惑也。”解释虽简，道理很深。一个称职的大学教授，应该是有道可传，有业可授，有惑能解，不单要有真才实学，而且要有奉献他人的崇高精神。冯沅君，是真正的“师者”。

第八章　真爱留在人间

1966年5月16日，中共中央政治局扩大会议通过了毛泽东主持起草的《中国共产党中央委员会通知》（简称“五一六通知”），“文化大革命”（简称“文革”）开始。这是一场史无前例、规模空前的持久性政治运动。毛主席支持革命造反派造资产阶级的反，说对反动派造反有理。运动中，凡是走资本主义道路的当权派、资产阶级学术权威、一切封资修和牛鬼蛇神，都是这场革命的直接对象。

“文革”一直持续到1976年才结束。冯先生的生命未能走出这段漫长的历史沼泽，祖国改革开放的灿烂春天与她失之交臂。

第一节　风暴1966

1966年6月初，运动像飓风一样席卷全国，所有高校、中学学生全部停课“造反”闹革命，山大校园一片混乱，“无产阶级文化大革命”开始了。

6月16日，山大调整领导班子，冯沅君不再担任副校长职务。这时，山大校园已是风雨满楼，群情骚动。起初还是学习讨论，领会精神，贴贴大字报，不久便是学生们组织成队伍，直接用暴力冲击需要“造反”的目标。各种名目的群众性“红卫兵”组织纷纷成立，打着“造反有理”的旗帜，喊着“舍得一身剐，敢把皇帝拉下马”的口号，到处“破四旧”、抄家，揪斗“走资派”、“反动学术权威”，“横扫一切牛鬼蛇神”。在“破四旧”、抄家过程中，不可避免地掺杂着打、砸、抢行为。

什么是“四旧”？四旧是“旧思想、旧文化、旧风俗、旧习惯”，内容可多了去啦。就普通住家户室内物品而言，凡珍玩字画古书之类都是四旧，都是查抄破毁对象。谁是“走资派”？山大头号走资派当然是成仿吾，因为他是校长。谁是“反动学术权威”？中文系少不了“冯、陆、高、萧”，因为他们名气最大。那牛鬼蛇神呢？造反派看谁不顺眼，谁就是牛鬼蛇神，就在横扫之列。

“破四旧”是“文革”风暴的先头风。造反派乱哄哄地冲进教工宿舍，暴力查抄打砸属于四旧的物品。把房间翻个底朝天，折腾得乱七八糟，书籍扔得满地都是，人就在上面践踏走动。书是学者的治学工具和精神粮食，是教师的命根子。他们教书、做学问，依靠的就是书籍；没有书，他们就无从工作了。他们或许不太在意珍玩器物，但对书都非常珍惜，许多老师爱书如命，甚至把书看得比自己的生命还要重要。造反派抄家，肆意践踏甚至焚烧他们心爱的书籍，实际是在焚烧他们的心，摧残他们的精神意志。在这场“破四旧”抄家风中，高亨先生侥幸躲过劫难。他家有一镇宅之宝，是一封毛主席 1964 年给他的亲笔信。高亨把这书信精心放在镜框，悬挂客厅正位显眼处，用来护家。书信内容如下：

高亨先生：

寄书寄词，还有两信，均已收到，极为感谢。高文典册，我很爱读。肃此。

敬颂

安吉

毛泽东

1964 年 3 月 18 日

还真管用！造反派见当厅毛主席给高亨先生的亲笔信，而且语气敬重，谁还敢在他家造反？都望而却步，逡巡退走，于是，高宅免遭祸难。沅君与高亨比邻而居，却没有高亨幸运。她的人大代表身份以及与毛泽东等国家领导人的多次合影，丝毫也不能阻挡红卫兵的入室查抄。幸运的是，她家的藏书并没遭到什么破坏。据她个人记录，“破四旧”时，她交出了一只金手表，一条金项链，两个金戒指，以及数十枚零碎玉器。或许正是因她主动交了这些贵重物品，才换取了她家藏书的相对安全。后来沅君向曲阜搬家时，搬家重点仍然是好几十箱沉重的书籍，可见她家的藏书破坏不大。

揪斗牛鬼蛇神和走资派更是气势汹汹。陆侃如是摘帽“右派”，又是“反动学术权威”，首先被揪出来，列为专政对象，作为第一批牛鬼蛇神押上了批斗台。这些牛鬼蛇神被揪出后，要戴高帽、挂牌子、游街，受斥骂，被推搡甚或殴打，扣工资、关牛棚，体罚劳动。揪斗老师的红卫兵，前不久还是虚心求教的莘莘学子，一夜之间成为横扫的革命英雄。各个红卫兵组织都积极争夺批斗牛鬼蛇神的组织领导权，变着花样儿地设法整治牛鬼蛇神们。譬如，让他们戴帽挂牌，低头弯腰站在台上，或是跪在台上，接受批判；让他们排成队，唱着凄厉惨恻的《鬼嚎歌》“我是牛鬼蛇神，我有罪我有罪……”去游街；给他们剃“鬼头”，就是用理发推子从前脑门向后脑，从左耳根向右耳根，各来一推子，形成十字型，把留下的头发分成四块；或是让他们彼此揭发、相互辱骂等等，不一而足。那年月，“革命”、“造反”、“阶级斗争”，是时代潮流的最强音符。激进造反派推波助澜，整个社会都很疯狂，每个城市和乡村都精神分裂症般地卷入这场红色风暴中。

沅君此年 67 岁，作为“反动的黑权威”，“伪装进步的老狐狸”，也很快被揪上了批斗台。她在学术研究和教学上的悠久经历，使她的“反动学术思想”流毒深广。谁最了解冯沅君的“反动学术思想”？当然是文科的“革命师生”，尤其是中文系，最了解、最懂行、最能击中要害，所以中文系的造反派当仁不让地承担起批斗冯沅君的大任。这帮批，那帮斗，有时连日不断，沅君穷于应对，身心疲惫，饱受了折磨之苦。

有次她被当作“活靶子”批斗，受到惨不忍睹的人格侮辱。那是在中文系教室。教室内四面墙壁上贴满了大字报，空间拉起一根根绳子，绳子两侧也挂满大字报。这种墙贴绳挂的教室内大字报布局，是全国风行一时的普遍方式，目的是在室内有限空间容纳更多的大字报，烘托出热烈的革命气氛。所谓“活靶子”，就是被批斗者现场接受批斗，回答各种审问。历史似乎在故意捉弄人：以往沅君为了促进学生掌握知识，学有成就，曾采用“集体答疑”的方式进行教学；如今学生是原样搬来，又一桩桩、一件件，从头到尾地清算她的“反动学术思想”了！连日的批斗，已经使沅君非常疲乏。她神情沮丧，面色灰白，头发乱蓬蓬的，显得苍老了许多。年迈体弱的她，只能老老实实地站在教室中间的大字报下，低头接受“革命师生”的批判，回答审问，不停地揭发检讨着自己的一系列“罪过”。然而，造反派师生并不就此罢休，逼迫沅君高声自责，自我辱骂，诸如：“我是牛鬼蛇神，我有罪！”“我肆无忌惮地贩卖封资修的毒素，腐蚀青年学生，丧心病狂地和党争夺接班人！”“我有罪，罪恶滔天，罪该万死！”等等。那喊声拉着颤抖的长腔，嘶哑、凄惨、悲凉，感人肺腑，令人心酸，似乎穿过宇宙时空，击穿了人的灵魂。这凄切的惨呼声，时而又被造反派的口号所淹没。他们举拳向沅君狂呼：“打倒反动的黑权威！”“打倒伪装进步的老狐狸！”“冯沅君不投降就消灭她！”随后，造反派又强迫陪斗的“牛鬼蛇神”们对着沅君唱歌辱骂：“你、你、你，你这个老狐狸……”可怜一代才女，年老却被顽童欺侮。这样恶作剧式地捉弄冯先生，真是荒谬透顶，恶劣之极！

“文革”中有句风靡全国的口头禅，叫作“是可忍孰不可忍”。造反派如此侮辱冯先生，才真正地“是可忍孰不可忍”呢！人活着是需要尊严的。受如此凌辱，身心憔悴，看不到光明和出路，让人如何活下去？以往运动中，对待知识分子的思想改造，还都是采用比较温和的理论性的批判，这次却是不问青红皂白，上来就是疾风骤雨，残酷打击，把人往死里折磨。许多老教授感到困惑不解，不知所措。有些人实在没法承受批斗折磨，只得茫然问天，饮恨自尽。原山大校长赵太侔就悲愤地投身了大海。死，固然是件难事；但活着似乎更不容易，或者需要比死更大的勇气。沅君也像其他老教授一样不理解这场红色风暴，不明白世界为什么会变成这个样子，不解为什么昨天还是虚心向老师求教、老师百般爱护的学生，今天怎么就突然变脸围攻老师。也许是她自己真的错了？多年来真的是毒害了青年，真的是思想反动？可她也真的是在努力进步呀！长期以来她一直拥护党，坚决听党的话，紧跟党的步伐，努力改造自己，虽然做得还很不够，但也绝不是“伪装进步”。自己多年的真心努力，怎么就成了“伪装进步的老狐狸”呢？沅君觉得自己很委屈，想不明白。其实，不但沅君不明白，其他教授也不明白，全国人民都不明白。当时恐怕连发动“文革”的毛主席也不明白，因为他老人家一旦把这场风暴发动起来，下面怎么搞也就由不得他了。

委屈归委屈，但沅君绝不懦弱。她经历过战乱磨难，有顽强的意志和信念，精神上一直是强者；她饱读文史书籍，熟知前贤志士们的人生磨难，像“文王囚羑里”、“孔子厄陈蔡”、“孙子膑脚”、“屈原放逐”之类，沅君都了如指掌。面对残酷的人生，她顽强地活了下来。她很快就适应了新的生存环境，严格按照新的生存法则坚强生存，每天按时到系报到，接受批斗，认真写检查，也像其他“牛鬼蛇神”一样随波逐流，彼此揭发，相互批判，听训话，学习毛主席著作，参加劳动。

一次批斗副校长吴富恒，沅君作为牛鬼蛇神参加陪斗。会后她记录说：“星期五上午参加斗争吴富恒大会，我们这些牛鬼蛇神都站在台前。开始时我情绪有抵触，细想后觉得这样做有道理。一、把我们示众，让群众认清谁是革命的对象；二、使我们进一步认清自己是人民的罪人，努力悔改，交代问题，接受教育。三、对吴富恒是文斗，将我们示众，也是文斗方法之一。”用文斗，已经很感谢革命小将们了。如果是武斗，那当然就要挨打，要受皮肉之苦的。

斗争在深入，很快又刮起一股从城里赶走牛鬼蛇神的风。红卫兵清查城市居民，陆侃如的小妈作为不劳而食的牛鬼蛇神被揪斗批判。她胸前挂的大纸牌子是“反动地主”。批斗后，造反派勒令她回老家接受贫下中农监督改造。这老人家带着自己年幼的儿子陆景如，已经随沅君夫妇生活了十几年。她没有收入，母子俩的衣食，儿子上学，全依赖沅君夫妇。而沅君夫妇潜心事业和工作，无暇，也不善理家，长期以来的家务都是靠这位老人打点。他们生活上互相依赖，彼此谁也离不开对方。

但在当时情况下，陆侃如是专政对象，冯沅君是牛鬼蛇神，谁也无从去对抗红卫兵，无从为她说话。这样，老人家便含着眼泪，领着儿子，伤心地离开了济南。

沅君夫妇经济宽裕，向来有钱，但生活一向节俭，而且沅君对钱的掌控和支出非常严格。在世俗眼中，她的节俭几近有些过分的抠门儿。可实际上，沅君并不是个吝啬的人，新中国成立初期国家有难，她慷慨捐资，一捐就是一万万元人民币，相当于大学普通年轻教师20年的薪水。她这样在意节俭钱财，只是为的一个目标：一生攒够10万元，建立“陆冯奖学金”，鼓励后学进步，振兴教育。然而，沅君这一理想总是破灭，她辛辛苦苦积攒的钱总是不停地流失，甚至使她离目标越来越远。这次“文革”风暴，红卫兵在很短时间就搞走了好几万元。沅君把相关情况都做下了记录。如上所述，她记录下“破四时”旧上交了一金表、一金链、两金戒、几十枚碎玉。此外，沅君还在笔记本上记录说：

> 六六年八月下旬，大字报指出：“资产阶级教授的稿费，应该交出。”我同陆侃如合计了下，交出四千元给毛泽东主义红卫兵（那时叫革命造反队）。后来，毛泽东主义红卫兵成立，他们要求捐款，我们拿出了八千元（共一万二千元）。同年九

月上旬，山大红卫兵宣布我们这些有问题的应交出存款和公债，我们交出存单二万四千元，公债四千多元。[1]

上述 4 笔共计 4 万多元。又有以组织或个人名义索要捐款的十多人次，每次几十元到几百元不等，沅君皆记录了姓名数目，合计 3230 元。上述钱款共计 4.3 万多元。这在当时是一笔天文数字的钱款。那时一般城市最低伙食费标准 12 元，这标准对贫苦农村来说已是高不可攀的人间天上。冯沅君家伙食费每人每月 15 元，夫妻俩每月用 30 元，是属于一般情况。按这一伙食标准计算，4.3 万多元可供沅君夫妇俩食用 90 多年。这么大一笔钱，应该是沅君夫妇的大部分积蓄，突然就没有了，被红卫兵拿去挥霍了。沅君积攒它们不容易，肯定是很心疼的，但也无可奈何。她记录下来，一则表示她对革命造反派已经给予了经济支持，同时也在很大程度上透露了自己的委屈和不情愿。是的，钱财是人们生存的物质基础，代表着人的辛勤劳动成果，代表着人生的社会经济价值，关乎着身家性命的生死存亡，有谁家的钱乐意随便让人无端拿走挥霍浪费呢？恐怕世界上没有一个人情愿那样做。

---

① 严蓉仙著，《冯沅君传》，人民文学出版社，2008 年版，第 321 页。

不乐意也没办法，还得表示出情愿和乐意。红卫兵造反派眼红沅君夫妇的高收入，觉得他们是牛鬼蛇神，不配享有这种优厚待遇，就连续不断地总来要钱。沅君无奈，只好表示不再存钱，除了生活费一切多余全部上缴。她在一个材料中说："自己的工资 327 元，陆的工资 196 元。开支有：两人伙食费 30 元，寄海门（陆侃如小妈和弟弟）30 元，书报杂志 10 元—100 元。共计约 100 多元。多余的可上缴，数目由革命师生决定。"

"文革"初起不久，牛鬼蛇神曾一度停发工资，只给一点生活费，甚至连存款都不许取。每天就是批斗、写检查、劳动改造。

到秋季，红卫兵忙于去外地串联，对牛鬼蛇神的批斗和监管开始放松。牛鬼蛇神们每天按时报到，接受批判，或写检查，揭发问题，多数时间是参加劳动。生活规律化，感到轻松了许多。红卫兵对他们训话的口气渐渐比较温和，态度也不那么粗暴了。

此后，沅君一连几年过着接受批判、劳动改造的日子。

第二节　炼狱中净化灵魂

自从陆侃如小妈离去，沅君家的生活便成了一堆毫无头绪的乱麻。陆侃如是全天管制劳动的专政对象，每天都是早出晚归，根本不能管家。沅君本不善于操持家务，而且也要按时出勤，参加劳动、挨批斗，同样是无力料理卫生和买菜做饭。好在学校有食堂。大跃进时期全民普遍兴吃食堂，当时沅君请人用废罐头盒改制成大口杯式的碗具，用来去食堂打饭。这碗具还在，沅君擦洗了一番，便拿它去食堂打饭。平时他们夫妻的伙食水平不高，食堂的饭别人能吃的，他们自然也能吃。不用买菜做饭，马马虎虎吃饱肚子，也就满足了。至于家里卫生和身上穿戴，自然是顾不上照应的，况且他们的处境也不允许讲究衣着。

知识越多越反动，对专业心灰意冷，学问是不能做了，家务也无从打理。蓦然间，沅君发现自己的人生模式已经彻底改变，发现自己处在了一个新的人生炼狱。这炼狱，到处都在残酷地考验人性，赤裸裸地暴露着各个样式的人格与灵魂，善恶、真伪、美丑，千态百状，无所遁形。既是炼狱，自然也能提炼人生，净化灵魂。既然已经改变人生模式，那就进入角色，随遇而安。沅君面对的新任务是体力劳动和思想改造，这正好是转变人生、净化灵魂的良机。抛弃了书本的绞脑辛苦和那些专业研究的思绪纠缠，她正好借助体力劳动好好反思自己已经走过大半辈子的人生，从精神上升华自我。

沅君从来没有过看不起体力劳动。她对各种劳动都很重视，很努力，很认真，也渐渐地产生了体力劳动的兴趣。在她看来，体力劳动也是很重要的工作，所以必须要做好，而且要一丝不苟地认真做好。下面的日记摘录，片段地反映了她的劳动改造生活和思想精神情况：

这几天的劳动任务是清理大字报和拔葵花干。拔葵花干是个新工作，而且需要很大的体力，能连根拔下最好。我当然说不上拔，就是用镢头刨也勉强得很。结果只能做轻活，把别人刨下来的运走，堆起来。看到别人劳累，深恨自己不能分担。为什么我这样无用？这都是剥削阶级养尊处优的生活把我惯坏了。

我感到近来确实有忙不过来之势，上午的劳动是固定的，下午晚上本来可以写揭发稿，可是，好几个方面都要这方面的材料，我的时间和精力就照顾不过来。此外，还常有学生来访，例如，昨天晚上就有两起学生来访，长的一伙一个多钟头；今天中午也有学生来访。当然，我知道这些是应该做的，但总觉得疲于奔命。因为最近几天一直在感冒、发热，不想吃东西；本来不是大病，但成了我的负担。我很担心，万一病情加重，不能参加劳动、学习，又怕被人怀疑是躲避改造，怎么得了！其实，这是娇气，这是剥削阶级饭来伸手的生活方式，是“四旧”的生活方式，必须清除。

我的劳动任务仍是打扫女厕所，打扫厕所起初有些勉强，主要是怕脏。后来我想为什么人们对自己亲近的人的脏东西就不嫌脏？可见这是思想感情问题。现在这些革命姐妹正在忙文化大革命，我没有理由怕脏。我是个思想反动有严重罪行的人，无论什么样的劳动，对我都是改造思想和赎罪。我要提高对劳动的认识，从思想上、操作上提高劳动质量。为了提高劳动效果，要设法备足劳动工具，今天擦玻璃，若有块干抹布，就可擦得更光亮些。

收拾女厕所时，便池中污物太多，用凉水冲不下去，用热水倒是冲下去了，气味特大。我冲了几次，病后身体虚弱，有点受不了。存有侥幸心理，便离开了。这事充分暴露了我的资产阶级怕脏思想和畏难情绪。这种可耻思想的产生土壤是剥削阶级厌恶劳动养尊处优的生活。

因为我的劳动任务是清扫厕所，为此，我准备了一套特用的工具，有小铲、木棍、粗铁丝、扫帚。蒋先生送给我自制小铲，灵巧方便。他助人为乐的精神应该学习。天寒地冻，给我们厕所整理工作带来困难。水管冻结，便池污物堵塞，不易清理。痰盂冻结，倒不出也挖不出来。我得设法与之斗争。如若用冷水，痰盂水需三个钟头化开；如若去提热水，一小时二十分便有效果。问题解决。[①]

扫厕所是个脏工作，而沅君的主要劳动恰是清洁厕所。她做什么都很认真仔细，扫厕所也不例外，像做学问一样严肃认真，彻底到位。她的怕脏思想转变，是由想到"为什么人们对自己亲近的人的脏东西就不嫌脏？可见这是思想感情问题"促成的。这是发自肺腑的真情实感，把对普通的人类之爱上升到亲人的地位，或者说把对亲人之爱推广到普通大众，用来克服怕脏思想，确实是一种认识的提高、情感的转变、精神的升华。这种爱心的萌生，正是灵魂净化的过程。事无大小，都可做到上乘境界。扫厕所尽管简单，也很脏，可就人类生活来说却是一件必须的工作，同样也有上乘境界。厕所的洁净程度，是清扫人精神境界的直接反映。如果重视其职，干得认真，干得好，就应该是很了不起。沅君正是这样，做到了极致的上乘境界。她的心态是平和的，她的爱心是宽厚的，她的人格是高尚的。她清理干净了厕

① 严蓉仙著，《冯沅君传》，人民文学出版社，2008 年版，第 325 页。

所，也净化了自己的灵魂，高大了自己的人格。

作为牛鬼蛇神和改造对象，她不仅要自我检讨、批判，而且要揭发和批判别人，不然是不成的。那时各个牛鬼蛇神都要互相揭发，尤其是对校长走资派，不揭发就是包庇，就是同流合污。沅君当然也不能例外，她与其他所有牛鬼蛇神一样，先后写过揭发批判校长成仿吾，副校长杨希文、吴富恒，教务长张琳以及丈夫陆侃如等人的材料。不过，她的批判都是抽象的上纲上线，“揭发”的内容也都是大路货，是大家都知道的，而不是具体的揭发新内容。她从不像某些人那样，为了表功赎罪，为了显示自己革命，而无中生有地捏造罪名，诬陷他人。沅君具有宽厚的人品，向来不喜谈人之短，“文革”迫不得已的“揭发”，总是出于无奈，轻描淡写而已。

第三节　等待丈夫的孤苦岁月

“文革”的形势仍在激烈地动荡着。在破四旧、横扫牛鬼蛇神、揪斗走资派和大串联的各浪高潮过后，1967 年上海造反派发起向走资派夺权的“一月风暴”，夺取了上海市的党政权。其后各地纷纷效仿，开始了全国性的“自下而上地夺权”，伴随夺权的是武斗，各个造反派之间掀起权力之争的混战。到1968年，工宣队入驻高校领导工作，参与斗批改，全国各地普遍建立“革委会”。

1968年元旦，中央两报一刊（《人民日报》《解放军报》《红旗》杂志）发表元旦社论，提出要彻底清理阶级队伍。所谓“清理阶级队伍”，也简称“清队”，就是把以往揪出来的所谓地、富、反、坏、右、特务、叛徒、走资派、“漏网右派”、“国民党残渣余孽”等来一次大清查，进行“群众专政”，组织处理。既然革命形势的发展要求清队，那就要有被清理的对象。对需要收审的重点对象，一般是确定好目标，找到刑事上的罪名，组织群众突然抓捕，扭送公安部门。抓捕过程是由群众出面，体现了“群众专政”的意义。自社论发表，清队运动很快在1968年内全面铺开了。这次群众专政运动，比以往的揪斗批判更为惨烈，据说有不少人在清队中“畏罪”自杀。山大当时约有正副教授50人，绝大多数受到审查，多人被隔离，有的遭到逮捕。

陆侃如就是在这种“清队”背景下入狱的。

1968年2月13日，他被革命群众扭送公安局收审，7月29日批捕，坐了4年牢。1971年12月24日免予刑事处分，其后释放出狱。

陆侃如是“清队”的首要目标。他是老右派，虽说已经“摘帽”，可也还是右派。那年代，划过右派，就是政治污点，是运动到来的首要斗争目标，所以“文革”刚开始揪斗第一批牛鬼蛇神，他就首当其冲。他是右派，早有桃色传闻，清队不先“清”他“清”谁？右派与桃色传闻自然还够不上刑事收审，可他又认干女儿，亲近小女孩，这就有了不轻的刑事罪名。

他被抓的罪名是“以认干女儿和物资引诱等手法，先后猥亵幼女四名，并利用师生关系和工作关系及经济拉拢等手段奸污和猥亵妇女十名”！

大祸突降，丈夫被抓，而且是以这种令人蒙羞的罪名被抓，年迈的冯先生顿时感到天旋地转，浑身发软，像纸房子似地塌了下去。

她稍微清醒一些，整理着一团乱麻般的思绪。

冯沅君与陆侃如自1929年1月结婚，整整过去了39个年头。39年来，他们一起漂洋过海留学法国，南下北上辗转流离。战乱、动荡、享受海滨散步的浪漫、承担政治风暴的惊恐，无论太平还是灾难，欢乐还是忧伤，他们一直都是相依为命，相濡以沫，极少分开过。如今就这样突然分开，丈夫就这样惨然离去，把沅君孤零零地抛在家中，相见无期，其情何堪！沅君与丈夫，既是夫妻，也是知己。丈夫陆侃如是风流才子，作为妻子的冯沅君当然是心中有数的。丈夫才华横溢，性情开朗，自然也难免吸引异性，这是沅君的骄傲。在工作、教学中，某些女性或许与陆先生接触多了些，其中有的沅君也很熟悉，而且大家彼此关系都很好。丈夫的花边传闻，沅君早就知道。1951年就曾有人在会上当众提过这类传闻，当时陆侃如在主席台上，沅君就坐在前排，听得十分真切。后来这类传闻越演越烈，尤其是每次运动都拿来说事，作为批判由头。沅君对此向来并不在意。她明白，“传闻”本身是真的，但所“传闻”的内容却未必真，至少是扩大化了。说丈夫“奸污”妇女，而且恰好是整数十名，沅君如何能够相信？一个65岁、无儿无女的老者，他对孩子有着深深的渴望和爱心，这竟也成了其刑事犯罪的罪名。那是个扭曲的年代，但凡罪名都是言之凿凿、有材料为证的。可没有亲眼目睹的事情，言传和资料又岂能为据？

沅君相信丈夫对自己的真情，相信丈夫终生不会背叛自己，相信他们之间的人生誓约不会变色。至于他是否真的出轨，她完全无意追究。她为自己没能给陆家生儿育女而感到终生遗憾和莫大内疚。为了弥补这一缺憾，早在新中国成立前她就恳切地劝丈夫另找年轻女子，给他生个孩子，可陆侃如死活不肯。新中国成立后，实行一夫一妻制，如果另找一个，那就意味着离婚，就得抛弃沅君，陆侃如更是绝不考虑。这样情深义重的丈夫，又怎么会背叛妻子呢？沅君出身于封建官宦家庭，研究的是中国古典文学，又接触过西学新潮思想，封建社会多妻家庭的婚姻观念，“无后为大”的香火意识，自古以来的婚恋佳话，还有近代情感的自由开放，都对沅君有影响。所以，在丈夫陆侃如的问题上，她超越了一般妻子的婚恋理念，无论从婚姻还是从感情上，发生什么变数她都能坦然接受。尤其是在感情问题上，她显然毫不计较丈夫是否出轨，出与不出又如何，她相信丈夫爱自己就够了，别人怎么说随他们去！她在《春痕》中早就说过，她自己“尚有知人之明，不曾认错人”，她与陆侃如也不只是形骸上的接触，而是已经“灵魂互相融合”。

如今的问题是丈夫已经走了，归来无期，给她留下一个婚姻空壳，留下了一顶“黑五类”家属的帽子。

陆侃如被捕后，沅君作为被捕对象的家属受到直接牵连，划清界限再次残酷地提到她的面前。她必须写出揭发材料，并在会上对丈夫进行公开批判，以表明自己的政治立场。这是当时清队斗争形势的基本要求。即使这样，似乎还是远远不够的，因为这次和1957年“反右”那次的情况已经不同了。如果说上次维持婚姻还情有可原，那么这次再维持就不可理解了。试问，既然是这么一个对妻子不忠、背叛爱情的流氓丈夫，却还要和他不离不弃，究竟什么意思？除了是政治上的一丘之貉和反动的臭味相投，还能有什么别的解释？

为了避免牵连，保全自己，日后好与丈夫重逢，沅君挥笔写了张离婚申请书，随揭发批判材料一起上交。离婚书算什么？还不是废纸一张。在那社会神经错乱的年代，多少揭发材料、证明材料，还不都是编造出来的虚假之言。当时局势混乱，法院似乎并没有受理沅君的离婚申请。申请与检讨材料一起上报，沅君算是表明政治态度，对舆论质疑有了交代，事情也就不了了之了。

下半年，山大清队斗争继续深入，校园再度掀起批判高潮。沅君住在新校宿舍，大规模批判会却都是在老校操场。每次大会，她都要步行四五里路赶到会场，为了不迟到，通常都是提前很早就出发。会议开始，她要低头弯腰站在台上挨批判。低头弯腰站半天，别说是一个古稀老人，就是朝气蓬勃的年轻红卫兵恐怕也难以承受。沅君这样站到大会结束，还要再迈着一双小脚，拖着极度疲乏的身体费很多时间走回家。回家后浑身就像散了架，好多时候错过晚饭，甚至连买饭吃的力气都没有了。

沅君坚信丈夫会有出狱的一天，会回到自己身边，她要耐心地等待丈夫的归来。她一面劳动，改造思想，一面对丈夫牵肠挂肚，托人给丈夫送去钱物，极尽关怀之情。

陆侃如在信封上称沅君“教授”，显得很客气，似乎是有意拉开距离，避免沅君受牵连，其中或许也有因为自己的罪名而对妻子难为情的因素。他把做好事的“动力”放在妻子身上，说明他对妻子表述过为了她一定要努力改造争取早日出狱的内心流露。而沅君则亲切地呼唤“侃如”，对他的想法给予热情的鼓励。他们都在盼望归期早点到来，夫妻团圆。

陆侃如走后，就剩沅君自己一个人孤苦伶仃地打发日子了。她更懒得生火做饭，每天去食堂买，甚至有时连食堂也懒得去，一次多买些，下顿饭随便填填肚子也就作罢。一个年迈老人，孤苦伶仃，心情郁闷，这样马马虎虎地对付饮食，天长日久也就给自己的身体埋下了祸根。

一天，沅君去食堂买饭。年轻的工宣队员见她衣着破旧，碗具简陋，宛如一个讨饭的老婆婆，说她每月几百元的工资偏拿个破碗装穷，故意给党的政策抹黑，真反动！沅君被说得木然发呆，不知道自己该怎么办，后来就换了个小铝锅去买饭。

沅君对个人饮食马虎，对工作却一丝不苟。她仍然按时去教学楼清扫厕所。她负责打扫两个楼上的9个女厕所，每天都是带着扫帚、小钩子、小铲子等工具提前上班。一次，有个她早年的学生来到山大，见她每天这样全副武装的去扫厕所，不禁一阵心酸，关切地对她说，可以把这些工具放在教学楼，不必每天带回家，挺麻烦的。沅君说怕有人拿走影响工作。接着劝告这个学生离她远些，不要和自己说话，以免受到牵连。

沅君认真工作，捅水道、擦洁具、刷地面、倒垃圾，将原来脏臭不堪的厕所清扫得干干净净，一尘不染，受到普遍称赞。红卫兵让她汇报清扫厕所的思想认识，沅君说自己每月工资300多元，是一般清洁工的10倍，应该比别人扫得更干净，而自己也还有偷懒思想，并不比别人做得好。师生们都肯定和称道沅君的劳动态度和成绩。在中文系师生大会上，工宣队对沅君给予表扬。原来凶巴巴的红卫兵，见沅君偌大年纪，勤勤恳恳地很是辛苦，确实不容易，后来也就对沅君和气了许多。

有次下了一夜大雨，次日清晨沅君照样提前上班。她带齐工具向教学楼走去，要穿过一片树林和庄稼地。途中有条横沟，原来铺着石板供人行走，一夜的大雨把石板冲塌，留下了一个迈不过去的豁口。道路被隔断了，沟里全是泥水。她一把年纪，又是一双解放脚，根本就跳不过去。时间很早，周围没人帮助。她寻思了片刻，为避免迟到，便坐在沟边滑下去，然后用工具撑着对面的泥坡，过了泥水沟。沟是过来了，却弄了浑身泥水，前胸后背双手两脚都沾满泥巴，裤子也全湿透了。一到教学楼，她就投入工作。有个学生拿来一双干鞋子让她换，她婉言谢绝，继续清扫。一位女工宣队员上厕所，见沅君浑身泥水，有些不忍，帮她倒掉垃圾后让她回家，并把她送过水沟，让她下午在家写检查，不要再来上班。沅君谢过工宣队员，下午照旧上班，清扫了另外 3 个厕所。

孤苦老人的日子是难过的。等待丈夫的凄凉，处境的困顿，生活的无助，都很难会有人了解。这年冬天，气候寒冷，沅君家的蜂窝煤恰好用光了。没有炉火是很难熬过冬天的，可买煤对年迈的沅君来说又谈何容易！那时买生活用煤，先要用供给的定量煤票去煤站开单，再凭单据排队买煤。买煤人多，煤站供不应求，有时需要彻夜排队才能买到。等轮到自己交单提煤，要把自己预先准备好的人力平板车推到打煤机的传送带前，打煤机打制出一个个圆柱形蜂窝煤块，由转动的传送带像流水一样一块接一块地送过来，买煤人要自己从传送带上取下煤块，直接装上平板车。取煤要麻利，装车要技巧，不然传送带上那源源不断的煤块就会掉在地上摔碎。这至少需要两个手脚灵巧的壮劳力，古稀之年的沅君怎能胜任？这事要在今日倒也不难，沅君有钱，随便找两个帮工就可以了，可当时不兴雇工，居民生活一律都是自行解决，或请亲友帮助，更何况沅君的处境也不许雇工。在当时那是剥削，她可不敢去雇工剥削人。沅君向来自尊要强，很难启口求人，但面对寒冷的冬天，却又万般无奈。不得已，她才去求自己的学生。学生当时也在受审，为了避嫌，只得偷偷把煤买来，悄悄地放进她家楼道。

白天的时间还好打发，一切苦涩的思念都淡淡地溶化在了节奏紧凑的劳动操作中。最难熬的是漫漫长夜，遥遥无期的隔绝，给她凄切的苦思。丈夫在牢狱里究竟怎么样？是不是吃了许多苦？起居劳动是否已经适应？还有夏天蚊虫冬天寒冷等等，她难免要牵肠挂肚，思绪万千。陆侃如也已经是个年奔古稀的老人，她很担心他的身体。天长地远魂飞苦，梦魂不到关山难。夫妻天各一方，独自孤零。丈夫走后，连个向她发发牢骚说说话的人都没有了。沅君深深感到孤独的痛苦，满腹惆怅，向谁诉说？

在当年的《春痕》中，她曾经说："眼望天国，身羁地狱；这种挣扎，便是人的一生。"对孤苦等待丈夫的沅君来说，她此时正是挣扎在"眼望天国，身羁地狱"的人生痛苦中。她与丈夫的心灵是相通的，可又不得不提出离婚，不得不接受被隔绝的残酷现实。当年因害怕而预感到但并未实现的"离别的滋味"，在今日却是以老来孤苦等待的另类形式实现了。

沅君是个极富思想情感的人，外表沉静，内心世界却充满了激情澎湃的浪花，寂寞、孤苦和思念让她重新饱尝了当年的“多愁善感”和“珠泪盈眶”。秋思到冬尽，春盼到夏来，望眼欲穿，她苦涩地耐心地等待着，企盼着。她相信春天会来临，总有一天丈夫会回到自己身边。

第四节　真爱留给人间

1970 年秋，山大奉命分校。理科并入其他高校，文科搬迁曲阜，与曲阜师范学院合并为山东大学。

沅君的家俬主要是书籍。中文系派人帮她整理东西，搬运上车。书籍装在柳条箱里，一箱几百斤，四个人才能抬动。全部书籍大约装了四五十箱。出发这天，71 岁高龄的冯先生身背一个黄色挎包，与文科教职工一起在黄台车站上车。曲阜师院校园空间本来就小，又突然搬来山大文科，住房非常拥挤。沅君年迈书多，学校特殊照顾，给了她两小间居室。她用北屋堆放书籍杂物，南屋做寝室。北屋堆满东西无从下脚，南屋也几乎转不开身，仅供起居而已。

好在学术无用，书籍常年被冷落，沉睡在那里也勿需惊动。当时学生都已毕业离校，校园唯有不教学的教职工。但这里生活节奏很紧张，具有军营化特点：教师要早晨6点起床，早请示、跑步、做操；上午学习讨论；下午参加劳动，或开会；晚上继续学，晚汇报。一天四个班都要到场，个人支配的时间很少。这时斗批改已经温和下来，劳动、学习、批判都步入了松弛和形式化的阶段。大家也很快习惯了这种生活规律，精神感觉上已经没有什么压力。

早晨，沅君总是起得很早，提前来到操场，等待队伍集合。隆冬腊月，寒风凛冽，队伍集合时天还很黑。集合号吹响时，贪恋热被窝的年轻教师才匆忙跑来。队伍集合完毕，开始跑步。沅君自然是跟不上队伍，她在队伍后面小步慢跑。队伍跑多久，她就坚持跑多久。队伍结束跑步，她才随之停下来，参加做操。

“文革”停课闹革命以来，大学已经连续数年不招生。后来，毛泽东指示“大学还是要办的”，于是，大学就开始了工农兵学员的招生。不通过考试，而是通过下面推荐，从工农兵中选拔学员上大学。工农兵学员来到大学，肩负着“上、管、改”的使命，即不光是上大学，还要管理大学和改造大学。1971年，第一批工农兵学员入校了。他们虽然都是年轻人，但年龄差距很大，文化层次不一，来自各个单位，经历也各有不同。他们的总体特征是有社会实践经验，生活经历上比以往在校生要成熟许多。他们敢于说话，敢于在国家相对允许的理论空间大胆地谈论自己的不同认识和见解，敢于在专业和文化知识的学习上大胆提问题。他们来自工农兵，理论上是国家的主人，肩负“上、管、改”重任，有雄厚的政治底气，所以敢大胆讲话。

校园冷落萧条已经许久，工农兵学员的到来，给校园增加了生气。

早晨跑操的队伍扩大了。洪亮的口号声响彻云霄，令人感到精神振奋。70 多岁高龄的沅君，趋着一双解放脚，艰难地跟在队伍后面不停地跑着，跑着。心地善良的工农兵学员，见沅君白发苍苍，步履艰难，感到不忍，提出照顾她不要参加出操。经会议讨论，决定一切年老体弱教师免除早操。

1972 年春，美国总统尼克松访华，上海公报发表，打破中美之间 22 年的隔绝对立僵局，开启了两国双边关系正常化的大门。这一年，全国高校普遍招收工农兵学员，沅君又走上了授课讲台。

沅君是知名老教授，全国人大代表，以往声望地位都很高，思想改造态度又好，学校革委会考虑到这些情况，决定免除沅君劳动，让她专心备课，登讲台为工农兵学员上课。沅君又惊又喜，同时也有畏惧心理。“上管改”的工农兵学员听知名老教授讲课，对双方来说都很新奇：工农兵学员来自社会基层，一下子坐到大学讲堂上听课，而且还是知名老教授，机会难得，很想听听这位“资产阶级学术权威”怎么讲；而当时上台讲课的老师，谁也不免心里打小鼓，讲课本身倒不怕，怕的是不知道这些文化知识参差不齐而政治头脑全副武装的工农兵学员喜欢听什么，怎样讲才能味调众口，令他们满意。如果讲砸锅，没脸面不说，岂不辜负领导的信任和多年改造所得来的机遇。时代变了，课题内容还是老的，沅君必须结合新形势下的理论观点讲述分析，学员们才有可能接受认可，不至于挑出严重差错。她不敢掉以轻心，非常认真地准备，仔细考虑每个环节，甚至连学生的可能提问都做了精密思索。由于备课认真，立场鲜明，深入浅出，条理清晰，学员们对她的讲课很满意。沅君自己也很高兴，感到自己还有用，自己的教师资格得到了学员们的认可。他们认可，也就说明了时代对自己的认可。

同年春，《光明日报》记者到曲阜采访沅君。沅君看上去心情很好，精神也很好。她热情接待记者，畅谈教学工作，畅谈自己研究古典文学和中国文学史的感想，对未来充满了希望和信心。其后不久，5 月 26 日，《光明日报》（第 3 版）登出长篇文章《在社会大课堂上好社会主义文化课》，署名是“山东大学中文系”，并同时刊登了冯沅君与古典文学教研室老师一起研究教材编写的工作照。当时高校教育刚恢复，还处在试验阶段，科研、教学都还没有摆脱“文革”的环境，《光明日报》这篇报道，显然是对沅君的肯定。

这年有件更大的喜事，那就是丈夫陆侃如前来曲阜与她团聚了。这年5月，组织对陆侃如做了个处分决定：撤销教授职务，工资由高教四级降为九级，以前的不再补发。不管怎么样，人已经回来了，终于结束了孤独等待的苦涩岁月。沅君欢喜异常，她情不自禁地吟诵起一首汉乐府古诗中的句子：“来日大难，口燥唇干。今日相见，皆当喜欢。”伴侣归来，精神上有了依托，生活中有了笑声，房间充盈了温馨。沅君的要求不多，很知足，高兴得像个孩子，心里乐开了花。

因中美关系缓和，久居美国的冯友兰长子冯仲辽回国探亲。消息传来，沅君很高兴，与丈夫商量一起去北京走亲戚。陆侃如当然是一百个赞成。他们向革委会请假后，很快就到了北京。

北京，蔚蓝的天空飘浮着淡淡的白云，秋高气爽，时令宜人。他们挣脱了“文革”六年来的压抑，顿感无比的轻松自由。下车后，他们首先去天安门广场，接着又去北海公园。故地重游，恍如隔世，心里充满了无限感慨。“红楼邂逅浑如昨”，尽管飞逝的岁月让他们容貌已老，但他们此时此刻的心是年轻的，是无限甜蜜的。从他们当时的留影可见，这对老人衣着朴素，叠肩而立，亲切地靠在一起，两个人都高兴得合不拢嘴，洋溢着对生活的无限热爱。在北京冯家，他们受到了亲友的盛情款待。温馨的家宴，离别的述怀，多少亲情需要倾诉，多少关爱需要补偿，大家都有说不尽的厚意深情。他们一起扶老携幼，游览观光，北海、天坛、颐和园，还爬上了八达岭长城。侄子、侄女争相搀扶，沅君尽情享受着久违的亲情和关爱，陶醉在无限幸福中。

次年春天，侄女冯钟璞与丈夫去南方，回京途中特到曲阜探望了四姑和姑父。

钟璞夫妇走后，沅君感到身体不适，而且病情日益严重。她很早就有不适的感觉，只因忙于给工农兵学员编写新教材，不肯休息去看医生，硬撑着工作。后来形容憔悴，步履艰难，教材任务业已完成，才前往医院就诊。学校离曲阜县医院约有三四里路，沅君当时已经不能步行前往，陆侃如便找了辆平板车，铺上棉被，扶沅君斜倚在棉被上，自己拉她上医院。到农房区时，道路很难走，车轮陷进泥坑，陆侃如怎么捣鼓都拉不出来。沅君要下车，陆侃如不让下，俩人争吵，引来一些村民。有父子二人立即搭手，帮助把车拉了出来，陆侃如深表感谢。村民听说是山大的老师到医院去看病，见仅有一个老人拉车，便怒斥山大不近人情。那父亲让儿子代替陆侃如拉车，帮陆侃如把沅君送到医院。其实，倒也并非山大不近人情，而是陆侃如不敢去要车，不好意思麻烦别人。不过，大家都没重视沅君的病，沅君的病在不经意中耽误了。

一位中年女大夫给沅君仔细诊视，做肛检时摸到硬块，感觉病情不祥。她开了转院证明，说曲阜医疗条件太差，建议陆侃如送沅君到省医院检查，并在临别时再次叮嘱，老人的病不能拖延，一定要去省立医院！这大夫对冯沅君的盛名素有耳闻，心地又好，等沅君走后，立即向院部通报沅君病情，院部又及时转告山大革委会。沅君是全国人大代表，学校不敢大意，立即联系省立医院检查。

检查结论是直肠癌，必须马上做切除手术。

病情很快汇报到省里。省长白如冰高度重视，责成相关部门特殊照顾，保障手术顺利进行。沅君身体虚弱，需要补药调理和强化营养，当时这类供应奇缺，市场无从解决。省里决定，由南郊宾馆特供饮食，沅君一日六餐，伙食费月标准 70 元；手术治疗期间可用战备药，如人体球蛋白等。这是很高规格的待遇。医院也高度重视手术，组织了手术治疗班子，指派一名副院长专门负责，由最专业的著名大夫主刀，挑选护士精心护理，确保顺利成功。手术当天，山大校系都派人守候，极尽关怀。

手术结束，护士把沅君推出手术室。大夫说手术很成功，为沅君做了人工肛。当时还不知道癌细胞已经扩散，手术太迟了。

术后，白如冰夫人祖敏探望沅君，带来白省长的问候。祖敏是山大中文系62届本科生，是沅君的学生。沅君拉着她的手，十分感激，连说："谢谢，谢谢白省长！"表示自己很快就会恢复，就能重上讲台，继续讲课。术后一个月，沅君已经由人搀扶到室外散步晒太阳。她心情很好，有时还戴上老花镜读读《毛泽东选集》、《毛泽东诗词》、《中国文学史》。

医院当时的病床很紧张，对沅君特别优待，用布帘给她隔了两个专用病床。陆侃如请三个保姆轮流值班，以保障24小时都有专人护理沅君。他在医院附近的招待所给自己定了个床位，除了夜晚到招待所睡睡觉，其余全天时间都在医院陪伴沅君。清晨一起床，陆侃如就去医院陪沅君吃早餐，接下来是为她读报，陪她说话，外出购物，接待客人，亲手做护理工作等等。通常是忙碌一整天，很晚才去招待所睡觉。沅君住了一年院，他始终都在陪伴。这一年，他们之间的夫妻深情很是令人感动。陆侃如对沅君的体贴照顾，真可说无微不至：热汤总要先尝，吹凉才喂妻子；水果削皮切片，牙签插上递到唇边；洗脚擦脸，喂药漱口，按摩捶背，还有柔情细语的精神宽慰。有些体贴话不便人听，他们就用法语，保姆听不懂内容，但能感觉到他们彼此间的深深爱意。他们虽然年老，可就像一对热恋中的青年人。

冬天到了，山大开始回迁济南。陆先生不得不回趟曲阜料理搬家。他们夫妇一生简朴，最大开销是买书。历年积累，藏书量在山大教师中最多，有人估计不下3万册。这么多书，几经搬迁，从青岛到济南，再从济南到曲阜，又从曲阜搬回济南，也像人生一样经历了多少心酸坎坷。房间宽敞时就搬上书架，狭窄时就憋屈在地上。这次回迁济南，沅君正病重住院，年迈的陆侃如已经无力打理这些书籍，而且，济南不过十几平米的两间小屋也根本容纳不下。据说他几次去学校图书馆，要求交给图书馆，可是图书馆不接收。长期政治动乱对学术的践踏，已经令人心灰意冷。无奈之下，陆侃如后来处理了家里大量珍贵的藏书。这些书籍，相传有些捐给了几所大学的图书馆，有的经书摊小贩或济南古旧书店流散社会，或许还有不少作为废纸毁灭，大多不知去向。

山大正在搬迁，沅君既无家安身，又需要继续观察治疗，所以仍然住在医院。医院有暖气，饭菜可口，保姆又给沅君做了宽松暖和的新棉衣。暖气、佳肴、新棉衣，这是沅君许多年没享受过的舒适生活。她很高兴，像小孩子似的，欢天喜地地对护士炫耀，说“穿新棉衣，吃高级饭，住暖气房，生病沾了光”。护士听了哭笑不得。一个月薪几百元的知名教授，多年来日常生活竟比常人艰苦许多，岂不令人心酸！人们不禁感叹：冯先生啊冯先生，人生苦短，又不缺钱，何必要如此为难自己！

不过，在她人生弥留之际的前一年，即在她住院期间，沅君总算是得到了物质和精神上的优厚补偿。她吃得好，住得好，心爱的丈夫照顾得好。亲人、学生、同仁、领导纷纷前来探望，带来特产和可口食品，也带来深厚的关爱和真情。她享受了温情的慰藉。她的精神是乐观的，她的心花是开放的。

1974 年春天，沅君的病情逐步恶化。她开始发烧，食欲降低，精神不振，往往卧床不起，神智时而昏迷。她似乎已经明白自己将不久于人世。一次，山大历史学家王仲荦前往探望，她对王先生说：“我一介寒儒，连个后嗣亦无，能为国家民族留点什么？我想个人艰窘一点，存几个钱，身后让国家作学术奖金，奖掖后人吧。”

山大革委会常派人前来探望沅君。一天，有位年轻的军宣队代表来看她，她一见身穿绿军装的军人，猛然想起罗竹风，亲切激动地拉住军代表的手，说学校困难的时候总是解放军前来相助，解放军真是最可爱的人。她问这位年轻军代表是否认识老军代表罗竹风，年轻军代表不知如何回答。陆侃如说罗竹风是20多年前的军代表，他不会认识，便让沅君喝水，劝她休息，别累着。沅君很兴奋，表示自己不累，说罗竹风在大会上说过，要我们健康地为祖国工作50年，自己1925年开始工作，到1975年才满50年，说着说着就要起床，要去锻炼身体，去工作。军代表走后，沅君躺下休息。

午休醒来，沅君让保姆扶自己起床，让陆侃如拿出她的蓝书包，装上笔记本和书。她挎上书包，说要出门，有重要事情做。陆侃如和保姆扶她走出病房，顺着走廊慢慢向前走，随她进了护士办公室。护士们见沅君进来，连忙扶她坐下，询问病情。沅君让所有人坐下，又从书包拿出书本，宣布说："现在开始上课。"接着，她便有板有眼地讲起课来。她讲课时全神贯注，精神亢奋，神采飞扬，一点也不像个病人。护士们上前劝阻，要她回去休息，等身体彻底康复再讲。沅君生气了，提醒大家注意课堂纪律，不要干扰上课，并提高嗓门，滔滔不绝地继续讲中国戏曲史……大夫来了，病人正发着烧。大夫耐心劝说，沅君停下来，被扶回病房躺下，打针入睡。后来沅君常在床上神智昏迷，连续呓语，所说的内容仍然是在讲课。

沅君重病高烧中的讲课，表现了她的高度责任感和对学生的无限爱心，成为山大中文系最感人的佳话。后来山大建校100周年晚会上有个节目《最后一课》，就是演的这段故事。节目很感人，不少观众流下了热泪。沅君在护士办公室的“最后一课”，是沅君一生“教书生涯的告别演出”。就这样，当时在场的护士和保姆，成了她真正的“关门弟子”。尽管她们或许没有听懂沅君的授课内容，尽管沅君或许是在醉梦式的昏迷中给她们授课，但沅君的态度是严肃认真的，授课内容是准确无误的，教学授受关系是清楚确立的。沅君的“最后一课”，专业意义已经无足轻重，它的伟大价值在于昭示了授课人的无限爱心。

1974年6月17日凌晨6时半，冯沅君与世长辞，享年75岁。

冯沅君去世后，陆侃如过着孤苦伶仃的生活。龚克昌等几个弟子有时过来探望，他总会问及清理“四人帮”流毒的进程，谈到紧要处，他便会老泪纵横、泣不成声，可见老人内心的伤痛之深。

冯沅君先生是一位名满文坛的作家，一位成绩卓越的学术大师，一位爱生如子的辛勤园丁，一位精神灵魂的净化师。沅君一生，没有过恨谁怨谁，心中有的只是爱。她爱祖国，爱人民，爱生活，爱工作，爱学生。她在临终前还念念不忘传授知识，她把自己的真爱留给了人间。

人生旅途上，沅君得遇了知己陆侃如。陆侃如曾经说过："无论如何，哪怕天倒下来，也要你整天陪我。"陆先生没有食言，沅君也"不曾认错人"。她与陆先生相依为命，共度一生，临终死在陆先生怀中。"此别岂永诀？宁无合会期？"陆先生之诗，蕴含了内心深处难以言表的思妻悲痛。他们的爱情天高地厚，很是令人感动。

政治上，沅君坚决拥护共产党的领导。沅君为祖国为人民做过许多贡献，祖国也给予她高度信任和荣誉。沅君去世后，由山东省委主持成立治丧委员会，在省政协礼堂开的追悼会，中共中央统战部、全国人大常委会均送了花圈，省委、省革委会负责同志均参加追悼会。骨灰盒放在济南英雄山山东革命烈士陵园内（后来陆晋如将兄嫂骨灰带回海门安葬）。这是一种政治待遇，它标志着共产党对沅君生平的充分肯定，也是对沅君忠魂的厚重宽慰。

人生是一场悲剧，美好终究被死亡毁灭了。

人生是永恒的灿烂，她把真爱留给了人间。

冯沅君没有死，她永远活在人们心中！

主要参考文献

1. 冯沅君传. 严蓉仙著. 人民文学出版社，2008年版
2. 陆侃如和冯沅君. 许志杰著. 山东画报出版社，2006年版
3. 冯友兰自述. 冯友兰著. 中国人民大学出版社，2004年版
4. 程俊英教授纪念文集. 朱杰人、戴从喜编. 华东师范大学出版社，2004年版
5. 王国维传. 陈鸿祥著. 人民出版社，2004年版
6. 小镇走出的大家. 姚伟撰文. 陆续发表于，2007年3月大河报
7. 寂寞陈寅恪. 刘斌著. 华文出版社，2007年版
8. 冯沅君创作译文集. 山东人民出版社，1983年版
9. 冯沅君古典文学论文集. 山东人民出版社，1980年版
10. 古剧说汇. 冯沅君著. 作家出版社，1956年版
11. 中国文学史简编. 陆侃如、冯沅君著. 作家出版社，

1957 年版

12. 文艺会刊（1920—1922），北平
13. 文学周报（1929 年），上海
15. 语丝（1924—1926 年），北平 / 上海
16. 胡适论学往来书信选. 河北人民出版社，1998 年版
17. 河南新文学大系（诗歌卷）. 河南大学出版社，1996 年版

后 记

很偶然的机遇，我们承担了为冯沅君先生作传的使命。冯沅君先生不仅是学识渊博、造诣高深的文学史家，亦是“五四”时期才情横溢、蜚声文坛的女作家。她是中国第一代女大学生、女研究生。20世纪30年代，她与夫君陆侃如一起留学法国，获得博士学位。冯沅君先生曾先后于北京大学、金陵女子大学、安徽大学、东北大学、山东大学等执教，她的文学创作、学术研究、人格操守、理想志趣，至今仍深受人们关注、钦佩和赞美。

此书的撰写，十分注重原始资料的搜集与积累，在有关书信、作品、亲友的回忆文章及访谈等的梳理与整合方面，费力颇多。在充分的文献考证基础之上，《冯沅君评传》的写作，亦力求行文生动形象，具有较强的可知可感与可读性。应当特别提到的是，本书不少章节的撰写参考了许志杰先生的《陆侃如和冯沅君》（山东画报出版社2006年版）和严蓉仙先生的《冯沅君传》

（人民文学出版社 2008 年版）两书，对他们所做的大量筚路蓝缕的工作，我们表达深深的敬重与感谢之情。另外，本书也有一些内容参考了姚伟先生撰写的文章《小镇走出的大家》（陆续发表于 2007 年 3 月《大河报》）及朱杰人、戴从喜所编《程俊英教授纪念文集》（华东师范大学出版社 2004 年版）等书，在此并致谢忱！

赵海菱

2011 年 12 月 20 日